趋势 洞见 实践：

强制执行公证实务研究

王明亮 等·著

法律出版社
LAW PRESS·CHINA

序一
强制执行公证有理有据，可以推行

近年来，随着我国民法典编纂工作的扎实推进，涉及市场经济体制建设和人民群众权利保障的各种立法都得到了很快的发展，唯有公证法的发展稍显冷僻。其中的原因在于我国社会对这个法律领域涉及问题了解不够，同时因为社会转型，原来涉及公证制度的一些立法以及支持这些立法的理论现在也越来越显得不合时宜，一些地方的公证事务还引起了社会争议。可是看看市场经济体制发达国家的立法和法律实务，凡涉及民事性质的法律交易的、涉及普通民众法律事务的，公证确实发挥着有力的保障和支持的作用。这种情况说明，我国建立和发展公证事业不但没有错，而且从公证方便民众减轻讼累的角度来看，它还要大发展。应当改进的是我们现有的公证制度和支持这些制度的理论体系。正是因为这样，王明亮等著的《趋势·洞见·实践——强制执行公证实务研究》一书的出版，可以说恰逢其时，其理论价值和实践意义都非常好。

不熟悉相关法律业务的朋友也许不明白这本专业性书籍研究的问题所在，其实这个非常简单。很多人会在市场活动或者一般民事活动中订立合同，如签订购买以及借贷的合同等，这样的交易之所以能够得到法律的承认和保护，其中最主要的原因就是当事人写在合同上的权利和义务，符合他们内心的真实意愿。根据我国 2017 年 10 月 1 日生效的《民法总则》第 133 条的规定，符合当事人内心真实意愿的权利义务关系，应该获得法律的承认和保护。而公证在这些合同事务之中发挥的作用就在于，在当事人订立这些合同的同时，证明了当事人在合同上签名盖章以及涉及权利义务的意思表示的真实性。当然，公证机关在制作公证文书时，也要对当事人意思表示的合法性进行审核，公证机关只是对合法的合同作出公证证明。因此，一旦当事人之间因为这些合同产生的债权债务关系发生争议，那么，公证文书就可以立刻证明当事人意思表示的合法性与真实性。也就是说，当事人之间的是非曲直通过公证立刻就可以明确。也就是因为这样，在国际上影响最大的拉丁公证联盟各国法律都规定，经过公证证明的债权文书，其中主要就是合同债权债务的文书，可以不经过法院诉讼而直接执行。这种做法，既符合法律科学原理，也符合市场经济体制要求，当然也符合人民权利保障的要求；同时，这种做法也减轻了法院和当事人的负担。

本书作者所提的，就是这样一个问题，而且作者从理论探讨和实践调查两个方面，说明了公证债权债务直接进行执行程序在我国予以推行的合法性、可行性和先进性。我对这本书的学术价值和实践价值予以充分肯定。债权债务发生争议，是我们日常生活中经常会遇到的，从事市场活动的自然人和法人当然会更多地遇到。为了解决这些争议，当事人会到法院起诉、应诉，然后经过一审、二审甚至再审程序。有时候当事人也会选择仲裁，常常还要聘请律师。无论如何这样都要花费很多的时间和金钱。但是如果当事人在订立合同的时候做一个公证，这些在诉讼中花费的时间成本和金钱费用都可以大大地省去。这是一件何乐而不为的事情！所以本书作者的研究，对于维护我国市场经济体制和人民群众权利保障十分有益。

借此机会我还想对我国公证事业的整体发展说几句话。如上分析，公证在维护我国市场经济体制和人民群众权利保障机制中实实在在地发挥着积极而且不可替代的作用，现在我国立法和整个社会事实上还是没有充分认识到，这不能不说是一件遗憾的事情。我们大家都知道，法治国家原则下，自然人或者法人从事任何活动尤其是民事活动，都要以自己的权利为基础。可是，这些民事主体在主张自己权利的时候，必须要有法律根据。法律根据是个大范畴，而且总的来说，法律根据总是要有一定的形式来证明。口说无凭的，当然不会取信于人。一旦当事人之间发生争议，就更需要当事人自己举证。尤其是像合同、遗嘱、委托、权利证书转移等，更需要一个有公信力的证明形式，把当事人自己内心的真实意愿表达清楚。比如说，张三将自己的房产证交给弟弟，这个简单的行为在法律实务上可以作出多种解释，但是张三自己的内心意愿到底是什么？这就需要证明，如果不证明，张三的弟弟拿着哥哥的房产证这个事实，就可能引发多种争执。以此来看，当事人的意思表示非常重要，但是它却需要一个形式的证明。在国际上，人们很早就发明了公证制度，以此来证明当事人之间各种法律上的意思表示，把当事人的内心意愿通过一种客观的、严肃的法律文件固定和明确下来。所以，公证就是民事法律根据具有公信力的形式，因此，它是最佳形式，或者是最有效力的形式。不论是涉及诉讼还是仲裁，公证都在其中直接确定当事人之间权利义务和责任的作用。也正是因为如此，公证本质上是属于特别的民事制度，公证法属于民法的特别法。我领衔提出的民法总则议案，也把公证作为民事法律根据的有效形式和最佳形式写了进去。虽然这个议案条文没有被立法采纳，但是我们应该明白，公证制度就是这样和民法整体制度之间存在内在的联系。如果我国立法者、公证管理机构能够认识到这些道理，那么我国的公证制度就一定能够极大地振兴，能够为保障市场经济体制和人民群众权利发挥更大的作用。

谨以此为序。

中国社会科学院法学研究所研究员、教授、博士生导师、
全国人大代表　孙宪忠
2017 年 11 月 16 日

序二
强制执行公证理论研究具有价值

当前,随着经济社会的发展,国际国内交往日益频繁,各种类型的纠纷呈递增态势,纠纷解决的成本和效率也日益受到关注。通过公证被赋予强制执行效力的债权文书,可以不经诉讼直接进入人民法院的执行程序,具有快速实现债权、节省诉讼成本、提高司法效率等优势,也因此受到越来越多的重视和运用。根据最高人民法院于2016 年 3 月《人民法院执行工作报告》白皮书公布数据表明,2013 年至 2015 年执结的案件中,公证债权文书执行案件数达到 8.27 万件,同比上升 60.89% 。

为充分发挥强制执行公证的制度功能,推进纠纷解决机制的多元化,维护当事人的合法权益,最高人民法院曾通过出台司法解释、与司法部联合发布通知等方式对公证债权文书的执行与不予执行予以规范。但随着近些年强制执行公证业务的快速发展,既有规则已远远不能满足司法实践的需求,如哪些债权文书可以通过公证赋予强制执行效力、执行证书是否为执行依据、非公证债权文书的当事人能否申请不予执行、办理强制执行公证是否一概排除当事人的诉权等问题均缺乏明确的规定,理论争议较大,实践莫衷一是,凸显出完善相关规则的紧迫性和必要性。理论是实践的先导,实践是理论的检验,在规则完善过程中,强制执行公证的理论研究成果和实践经验,无疑值得特别关注。

本书的作者长期活跃在公证业务一线,办理过数万件债权文书强制执行效力公证,具有比较丰富的实务经验,带有强烈的问题意识，研究方法体现了浓厚的实证主义色彩。本书作者善于利用司法公开的成果，对案件数量、类型等数据进行实证分析，梳理出了当前法律框架下赋予债权文书强制执行效力公证活动中存在的问题，同时紧紧抓住典型案例，并结合实体法、程序法理论展开讨论，展现出求真务实的严谨态度。

全书围绕赋强公证债权文书执行实践中的热点、难点问题，对相关司法实践进行了归纳、总结、抽象，基本反映了近年来作者在强制执行公证领域的探索，也向读者呈现出强制执行公证实践的真实样态。相信本书的出版，不仅能为实务工作者提供指导，答疑解惑，也可以为强制执行公证理论研究的进一步深入和相关规则的制定完善提供重要参考。

是为序。

中国行为法学会执行行为研究会副会长兼秘书长　赵晋山

2017 年 11 月 14 日

序三
理性地看待赋予债权文书强制执行效力公证

公证是司法制度的重要组成部分。现代社会是典型的风险社会,经济交易交往频繁,纠纷多发,加上公民权利、法治意识不断增强,公证依托法律赋予的证据效力、债权文书强制执行效力、法律行为要件的构成效力"三大效力",发挥作用的空间越来越大。公证不仅具有预防纠纷的功能,还能够通过提供真实、合法的证据促进纠纷解决,甚至通过债权文书强制执行效力而直接解决纠纷,因而也是多元化纠纷解决机制的有机组成部分。

但是,正如 2011 年我在主编《司法》(第 6 辑)"公证的中国进路"专号时提到的,公证的重要性仍然远未得到认可,尚未释放出应有的动能。存在这种状况除了有公证法律制度设计、公证管理体制、公证机构和公证人员队伍建设方面的原因外,还有一个重要因素是公证的强制执行效力尚未得到应有的认识和运用。

强制执行效力是公证最具特色的效力,几乎可以与法院的判决书相比。它是当事人放弃自身诉讼权利而自愿选择的一种快捷、高效的纠纷解决方式,是意思自治原则在公证领域的体现。债务人不履行或不完全履行债务时,债权人可以凭公证文书,不经诉讼,直接向法院申请强制执行。

纠纷解决机制是法治的核心环节之一,其合理配置对于维护社会秩序、促进社会和谐至关重要。近年来,强制执行公证这种新型的纠纷解决方式越来越受到重视;但从统计数据来看,远未得到与其作用相匹配的运用。据报道,2016 年,全国公证机构办证量近 1400 万件,其中办理赋予债权文书强制执行效力公证不足85万件,仅占6%,出具执行证书虽仅4.3万件,却帮助实现债权数以百亿元,及时、有效地保障了债权人的合法权益,同时大大减少了诉讼案件的数量,减轻了法院的办案压力。强制执行公证业务大有可为。

对公证行业来说,强制执行效力也是行业转型、发展的有力支撑。现代社会越来越注重公平正义和社会贡献,特别是随着信息技术的蓬勃兴起和社会诚信体系的日益完善,信息存储、核实、还原途径越来越多,依靠传统的信息不对称、行政垄断支撑行业发展的道路越来越窄,如近年来国家相继取消了收养、房地产赠与、继承等强制公证。公证发展要有可持续性,且不论其能否创造社会价值,至少必须要有满足民众、市场和社会需求的价值。综观公证的三大效力,证据效力关键在于保证证据的真实性和合法性,容易被其他手段和行业所替代;法律要件效力逐渐式微;而强制执行效力经济、快捷、高效的纠纷解决优势与现代社会的经济、效率、风险防控要求不谋而合。可以说,法律赋予了公证机构一把"利器",公证机构却还没有把它充分运用好。

当然,这其有各种复杂的原因,既有制度设计的先天不足,也有后天配套措施跟进不够,还有理念、观念方面的原因等。最关键的当然是制度问题,目前中国关于强制执行公证的法律规定相对较为原则,很多问题在当前体系下尚未获得足够妥善、完全的解决,如能否赋予强制执行效力的债权文书范围,公证是否足以承担起达到判决标准的严格审查,执行证书的法律定位,与法院执行机构乃至审判部门的衔接程序等。这些问题导致各地法院对债权文书的强制执行认识不一,甚至有的法院不敢适用。当下中国的强制执行公证制度建设,仍面临诸多挑战。

为回应挑战,梳理经验,提炼思考,促进公证强制执行效力的研究及其运用,北京市中信公证处依托近年来的探索实践和丰富的案例资源,开展理论研究,精心编选,推出《趋势·洞见·实践:强制执行公证实务研究》一书。该书系该处近年来有关强制执行问题的研究成果的集中展示。全书由实证篇、理论篇、案例篇和附录四个部分组成,其中有些观点、思路等经过实践检验并已在实践中被广泛运用,有些观点尚待实践检验或印证,有些观点虽然不够成熟但体现了对实践的观察和思考,有待今后进一步研究。全书具有一定的实践价值和理论意义。

该书直面强制执行公证面临的问题。例如,实证篇对公证强制执行案件的实证分析,认真梳理了法院裁定不予执行的理由,167 件法院裁定不予执行的案件中,公证债权文书的内容与事实不符的为 100 件;严重违反法律规定的公证程序的为 26 件;属于不得赋予强制执行效力的债权文书的为 18 件;公证债权文书的内容违反法律强制性规定 16 件;公证债权文书未载明被执行人不履行义务或者不完全履行义务时同意接受强制执行的为 6 件。这些分析表明强制执行公证质量需要提高,强制执行公证业务的空间有待拓展,并为提高强制执行公证业务能力指明了方向。

该书作者均为中信公证处的专业人员,多在公证行业深耕多年,热爱公证职业,并对公证业务具有较为深刻的理解,具有强烈的职业直觉、行业敏感和相当丰富的从业经历和实践经验。选取的文章是他们多年来有关强制执行公证乃至整个公证行业的思考和提炼。相信本书的出版对于强制执行公证乃至公证行业的发展具有启发和借鉴意义。

北京理工大学法学院教授、博士生导师、
司法研究所主任　徐昕
2017 年 10 月 10 日

目录

实证篇

赋予债权文书强制执行效力公证执行问题研究
——基于近年来全国公证强制执行案件的实证分析
北京市中信公证处课题组 / 003

理论篇

新常态下公证业务的路径选择
北京市中信公证处主任　王明亮 / 069
金融公证业务的发展与创新　北京市中信公证处主任　王明亮 / 079
浅议公证法律服务的平台化发展路径
——由司法部废止《联合通知》所想到的
北京市中信公证处主任助理　唐　骞 / 087
从公证时效问题透析公证制度的中立价值
北京市中信公证处公证员　解庆利 / 101
论金融创新背景下强制执行公证的对象扩展
北京市中信公证处公证员　胡贵雨 / 114

案例篇

赋予债权文书强制执行效力公证司法视点研究
——以全国首例最高人民检察院启动民事监督程序的公证强制执行案件为中心　北京市中信公证处主任　王明亮 / 127

从 14 亿元天价借款案透析公证权和审判权的边界
北京市中信公证处副主任　闫雅强 / 138
民间借贷中的委托卖房“担保”真的靠谱吗?
北京市中信公证处　薛高峰 / 144
赋予对赌协议强制执行效力的可行性分析
北京市中信公证处　蒋　宁 / 149
当执行证书遇到执行和解协议
北京市中信公证处公证员　李冬梅 / 161
一起附担保的融资租赁合同强制执行公证案件解读
北京市中信公证处公证员　肖婷婷 / 166
一起案件,两种裁决,三大焦点
北京市中信公证处公证员　王　萌 / 172
一起未成年人名下房屋抵押贷款公证引发的思考
北京市中信公证处　刘　莹　柴慧君 / 178
公证处签发执行证书的审查职责
北京市中信公证处公证员　刘　杨 / 182
债权人转让主债权,保证合同的执行证书能否出具
北京市中信公证处　聂莎莎 / 185
附录一　近年公证债权文书执行异议数据分析 / 187
附录二　典型裁定书 / 207

实　证　篇

赋予债权文书强制执行效力公证执行问题研究

——基于近年来全国公证强制执行案件的实证分析

北京市中信公证处课题组

导语：思路、意义及样本选择

一、公证执行案件的总体情况及发展特点

(一)总体情况

(二)执行异议的情况

(三)强制执行公证业务的特点

二、强制执行公证执行争议、难点及法理分析

(一)担保合同

(二)反担保合同

(三)企业间借款合同

(四)信托合同

(五)融资租赁合同

三、民间借贷公证发展历程、争议及法理解析

(一)国家金融政策调整和民间金融的发展

(二)担保性委托向借款合同公证的转变

(三)相关法律问题

四、法院裁定不予执行的理由梳理及分析

(一)公证债权文书的内容与事实不符

(二)严重违反法律规定的公证程序

(三)属于不得赋予强制执行效力的债权文书

(四)公证债权文书的内容违反法律强制性规定

（五）公证债权文书未载明被执行人不履行义务或者不完全履行义务时同意接受强制执行

五、强制执行公证的发展趋势分析

（一）对接社会需求，以公证的证明效力和强制执行效力为中心，提供全供应链的服务

（二）对接法院执行，以程序规范和立法完善为保障，促进裁判尺度和执行统一

（三）对接法治建设，以业务创新和提升影响为手段，充分发挥制度功能

六、公证行业的应对措施

（一）加强理论研究

（二）完善公证程序

（三）推进业务创新发展

七、关于最高人民法院出台司法解释的建议

（一）关于可赋予强制执行效力公证债权文书的条件和范围问题

（二）关于公证债权文书与诉讼程序的衔接问题

（三）关于公证债权文书被裁定不予执行后的救济程序问题

（四）关于人民法院的审查范围和标准问题

（五）关于当事人死亡情况的处理

（六）关于阴阳合同的问题

导语：思路、意义及样本选择

公证制度是国家司法制度的一个重要组成部分，自改革开放之初我国公证制度恢复重建以来，其在预防和解决公民、法人等主体之间的各类民商事纠纷、维护和发展社会秩序和市场经济秩序、保护和促进国际经济往来安全、健全和完善社会主义民主法制等方面发挥了重要作用。特别是近年来，随着经济社会发展和全面深化改革的

深入推进,“大数据”时代的到来和互联网金融的兴起,各类主体的社会活动越来越复杂化、多元化,经济、金融、贸易、网络等各类风险、纠纷增多,风险防控逐渐成为国家治理体系和治理能力的重要评价指标和体现之一,多元化纠纷解决机制越来越受到重视。公证制度作为一项预防性的法律证明制度,同时也具有纠纷解决的功能,在社会各个领域发挥着越来越重要的作用。但是,与强大的社会需求相比,公证制度在自身职责定位、服务理念转变、业务模式创新、工作领域拓展等方面还不能完全适应。表面原因是现行法律规范依据不足,无法为实践提供明确具体的可操作性指导;深层的原因却是理论研究不够,对实践的先导和对立法的推动、完善作用发挥还不够。

综观近年来的公证理论研究成果,研究对象多集中于旨在为制度改革提供支撑的公证基础理论研究,偏重于采用宏观性、抽象性、思辨性的研究范式厘清基本概念范畴和理论争议,如对公证制度渊源、公证法与民法典的关系、公证书的效力等的研究。从现状上来看,虽然取得了丰硕的理论成果,为公证基础理论建构作出了积极的贡献,但与实践发展的需要相比仍有差距,尤其是研究存在重证明轻执行、重实体轻程序、重理论轻实证等倾向,在与时俱进地为制度发展提供具有全面前瞻性的理论指引方面存在不足。比如,自 2000 年国务院批准司法部《关于深化公证工作改革的方案》以来,中国公证的改革发展之路已逾十六年,关于公证制度本体论研究,如流行的公证“三问”——“公证是什么、公证从哪里来、公证到哪里去”等问题却仍然未达成普遍共识。随着新一轮事业单位改革的逐步推进和公证服务模式的不断演化,公证行业内外对于公证制度基本概念的认识愈加模糊,争论愈加趋向多元化。[①] 当形而上的理论研究“陷入进退维谷的境地”[②]之际,坚持问题导向、需求导向,从自生自发的实践

① 李全一:《公证证明论》,法律出版社 2016 年版,序。
② 李全一:《公证证明论》,法律出版社 2016 年版,序。

需要出发,以具体的某一制度为研究对象开展形而下研究,分析现时现地客观背景下影响公证制度功能发挥的因素,抽象出公证制度回应社会发展的一般规律,进而倒逼整体制度的完善,在推动完善具体制度、对接现实需要的同时,或许可以为探索一条适合我国现阶段国情的公证发展之路提供新的视角。事实上,这也符合公证的学科定位,作为法律制度之一种,公证是实践性、运用性极强的一门科学,关注具体的法律运作实践是理论研究的出发点和落脚点。

据此,本文以赋予债权文书强制执行效力公证执行问题研究为题,遵循从实践中来到实践中去的研究思路,以近年来全国公证强制执行案件为研究对象,采用实证研究、案例分析、历史比较等方法,从类似案例中总结出法院对某类案件的裁判方法和法律思维的应用,尝试提炼出具有普适性的裁判要旨或裁判规则,梳理出当前法律框架下赋予债权文书强制执行效力公证执行过程中存在的问题,在制度设计、法律规定、政策影响、现实驱动等方面深入分析和查找原因,并结合公证制度原理和发展趋势,提出对策建议,以期有助于指导实践和完善制度、政策。

一方面,这是完善强制执行公证制度本身的需要。债权文书强制执行公证制度是连接我国公证制度和审判制度的重要设计,早在1951年,最高人民法院和司法部《关于保护国家银行债权的通报》指明:“在证明契约时,载明强制执行条款,嗣后如一方当事人违约,对方当事人即可请求法院依照契约执行。”据此,我国经济发达地区就已经开展了此项业务,在当时为保护国家财产、减少诉讼、稳定社会经济关系等方面起到了良好的作用。① 随着经济发展对债之流通安全性、效率性的更高要求,通过公证赋予债权文书强制执行效力,以其方便、快捷、价优的价值被越来越多的当事人所接受和采用,从公证的三大效力来看,传统的证明效力式微而强制执行效力突显的特征却非常明显,甚至日益成为一些地区和一些公证机构的主流和支

① 江伟主编:《公证法学》,法律出版社1996年版,第82页。

柱业务。虽然我国《公证法》、《民事诉讼法》以及相关司法解释对赋予债权文书强制执行效力作出了规定，但由于法律规定得过于简单、原则，理论界和实务界对债权文书的类型范围等一些问题，长期以来存在诸多争议，致使作为法院执行依据之一的公证债权文书不能被较好地执行，公证的强制执行效力受到一定程度的制约，影响了制度功能的发挥，而且理论研究略显滞后，以强制执行公证为重点的研究成果并不多见，加强这方面的研究能够夯实制度发展的理论基础。

另一方面，这是公证业务转型发展的需要。长期以来，受行政管理观念及体制的影响，公证行业中以强制公证项目为主、被动地开展业务的情况较为普遍，随着市场经济的发展，过去依靠部门规定办理的公证业务越来越少，原来存在的业务也在不断减少。公证行业要发展必须适应经济社会发展新常态的需要，从思想观念、方式方法、制度机制等各个方面入手，由权力向服务转变、由传统领域向新兴领域转变、由行政驱动向市场驱动转变，探索新的业务增长点。强制执行公证与传统简单性、重复性、见证性的业务相比，更强调与市场的适应性、对主体的服务性以及服务本身的法律化和精细化，不仅能提升公证法律服务的层次，而且能提高公证制度在整个法律体系中的地位和作用。这为传统业务日益萎缩背景下的公证业务发展提供了新的机遇。

为最大限度地保证研究结果的客观性，本课题以司法部公证统计报表、最高人民法院发布《人民法院执行工作报告》等为权威数据来源，并尽量扩大样本数量和时间跨度，选取了 2013 年 1 月 1 日至 2016 年 6 月 30 日中国裁判文书网上公布的执行裁定书为样本，结合一些地方公开的统计数据，围绕案件地域分布、法院层级、裁定结果、合同类型、裁定理由等维度对这些案例进行梳理，力图客观地反映近年来公证执行实务的现状和特征，并从执行的后端影射前端，管窥强制执行公证的发展脉络和发展方向。①

一、公证执行案件的总体情况及发展特点

（一）总体情况

1. 近年来强制执行公证业务的开展情况

近年来，强制执行公证业务发展迅猛。根据司法部公证统计报表，2012 年全国公证机构共办理强制执行公证 13.9 万多件，出具执行证书 1.4 万多件，占 10.1%；2013 年全国公证机构共办理强制执行公证 69.5 万多件，出具执行证书 1.9 万多件，占 2.7%；2014 年全国公证机构共办理强制执行公证 68.5 万多件，出具执行证书 2.4 万多件，占 3.5%；2015 年全国公证机构共办理强制执行公证 73.2 万多件，出具执行证书 3.8 万多件，占 5.2%，如图 1 所示。② 总体而言，四年间，全国公证机构共办理强制执行公证 225.1 万件，出具执行证书 9.5 万件。从法院的执行情况和当事人的反馈情况来看，执行证书几乎都进入了法院执行程序。

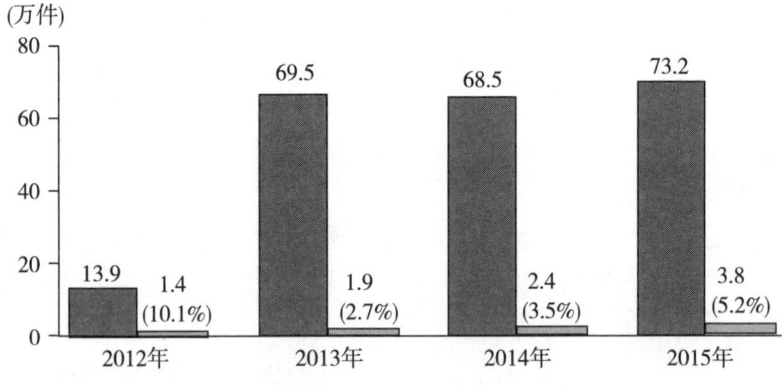

图 1　2012～2015 年度强制执行公证业务发展情况

---

① 更详尽的数据统计情况见附录一。

② 2012 年之前司法部未将强制执行公证作为单独事项进行分类统计，而是涵盖于“其他”项之中。

就北京市公证行业而言,近年来强制执行公证业务开展情况居全国前列。2012 年共办理强制执行公证 21,300 件,出具执行证书 388 件;2013 年办理强制执行公证 32,800 件,出具执行证书 881 件;2014 年办理强制执行公证 74,300 件,出具执行证书 2556 件;2015 年办理强制执行公证 104,800 件,出具执行证书 4971 件。北京市公证行业办理强制执行公证的数量以及出具执行证书的数量也在逐年上升,说明当事人保护债权的意识明显增强,且越来越青睐于这种成本低又便捷的债权保护方式;同时也反映了公证机关与法院的沟通上越来越畅通,法院也越来越认可强制执行公证债权文书是多元化纠纷解决机制的一条重要渠道。这点在同是一线城市的上海市体现得也较为明显。据统计,上海市强制执行公证数量大幅上升,仅 2015 年上海市各级法院受理的经过强制执行公证的执行案件 1435 件,累计标的 111.4 亿元,分别占执行案件总量的 1.16% 和 7.05%。[①]

从上述数据可以看出,第一,全国公证机构办理强制执行公证的业务量呈现稳中上升的发展趋势,经公证的债权文书有 95% 以上得以顺利履行,公证在债权领域预防纠纷的职能作用越来越彰显。第二,出具执行证书的绝对数量逐年增多和办理强制执行公证的占比逐年提高,意味着进入执行程序的公证债权文书越来越多,这与经济下行压力增大、债务违约情况增多有直接关系,也体现了公证在节约司法资源、减少诉讼、助力多元化纠纷解决机制建设中发挥的积极作用。第三,从数据上看,2012 年至 2013 年全国办理强制执行公证的数量激增加,除了受统计方面的影响外,与 2012 年也是民间借贷公证大力发展的一年不无关系,这一年担保性委托向合同公证转变,大量的民间借贷当事人向公证机构提出办理强制执行公证的申请。

2. 公证执行案件在非诉讼类执行案件中的比重

2016 年 3 月,最高人民法院发布的《人民法院执行工作报告》白

① 余东明:《上海强制执行公证数量大幅上升》,载《法制日报》2016 年 7 月 18 日版。

皮书对2013年至2015年全国法院执结案件的情况进行了分类，执结的非诉讼类执行案件共计121.9万件，同比上升12.23%，其中，行政非诉审查类案件49.27万件，同比下降5.45%；仲裁执行案件46.68万件，同比上升43.76%；公证债权文书执行案件8.27万件，同比上升60.89%；司法协助与其他执行案件17.67万件，同比下降6.45%，如图2所示。①

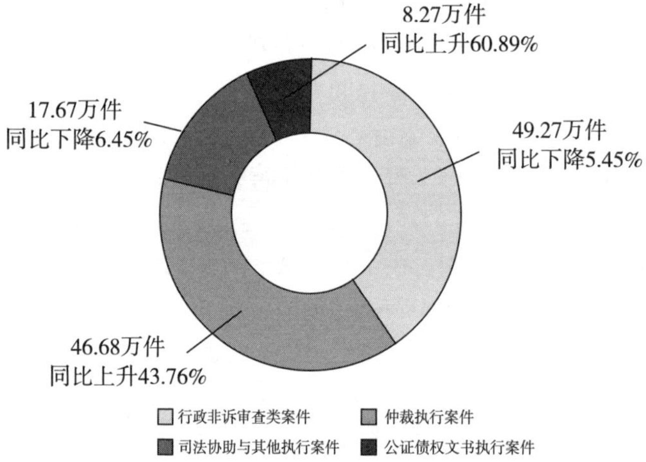

图2　2013～2015年人民法院非诉讼类执行案件情况

上述数据显示，在非诉讼类执行案件中，公证执行案件的数量最低，仅占6.8%左右，这一方面与大部分公证债权文书未进入执行程序、公证制度价值体现为预防性有关，也从另一个侧面反映出公证作为非诉纠纷解决机制，其应当发挥的作用还尚待挖掘，相当一部分仲裁的合同协议符合公证债权文书的条件，却选择了耗时更长、成本更高的仲

① 《最高人民法院发布〈人民法院执行工作报告〉白皮书》，载http://www.chinacourt.org/article/detail/2016/03/id/1821999.shtml，2016年3月15日访问。最高人民法院统计的数据为"公证债权文书执行案件8.27万件"与司法部统计的数据"执行证书数量8.14万件"存在矛盾之处。因不是所有的执行证书均到法院立案执行，执行证书的数量应大于或等于公证债权文书执行案件的数量。数据的出入可能与统计误差有关。——笔者注

裁程序。令人欣喜的是,公证执行案件同比上升的幅度是最高的,高于仲裁执行案件的17%。可见,公证制度在非诉纠纷解决机制中的作用得到越来越多的认可,公证制度在多元化纠纷解决机制中将大有可为。

(二)执行异议的情况

根据最高人民法院《人民法院执行工作报告》白皮书的统计,2013年至2015年,全国法院执结公证债权文书执行案件8.27万件。2013年1月1日至2016年6月30日,在中国裁判文书网检索出的公证执行异议裁定书共计711件,因文书上传的滞后性等因素,这个数据虽然不能完全反映公证债权文书执行案件执行异议情况的全貌,但却能反映执行中的一些特点或问题。现以这711件公证执行异议案件为基数进行深入分析。

1. 案件类型

在711件执行异议案件中,公证债权文书的合同类型大部分为借款合同,达到585件,占86.92%;其次为还款协议,数量为56件,占8.32%。其他类型合同数量为31件,占4.76%。其中,担保合同和反担保合同数量较多,分别为12件和10件;此外,综合授信合同为3件;信托收益权转让与回购合同为3件;融资租赁合同为2件;债权转让协议为1件,如图3所示。

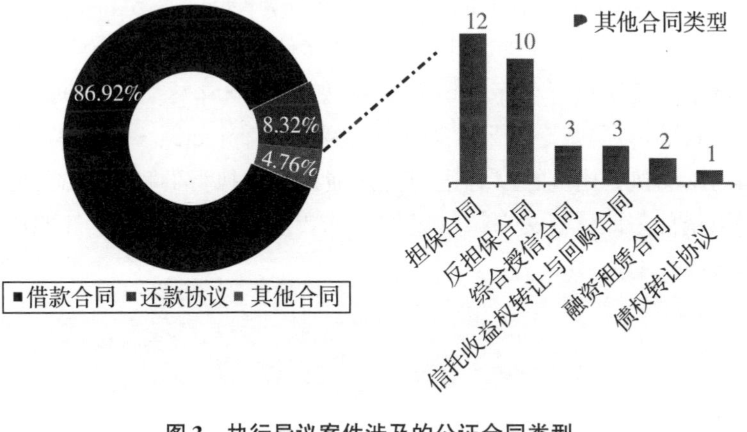

图3 执行异议案件涉及的公证合同类型

2. 案件地域分布情况

在711件执行异议案件中，北京市审结数量最多，达到154件，其次是新疆、四川、江苏、陕西和山东，分别为103件、77件、65件、41件和39件（如图4所示）。其中，从文书内容来看，北京市公证执行异议案件数量居于第一位，与近年来北京市大力拓展金融领域的强制执行公证业务有直接关系；新疆审结数量之所以高居第二，是因为存在借款合同纠纷串案的情况。

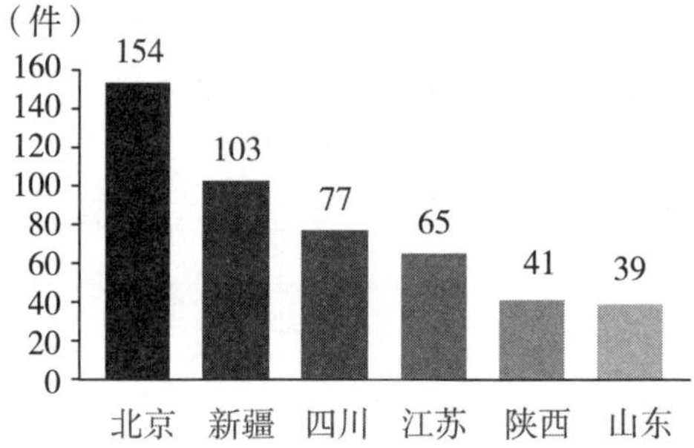

图4 公证债权文书执行异议案件地域分布情况

3. 法院裁定结果情况

总体来看，在711件执行异议案件中，裁定执行的案件为455件，占64.0%；裁定不予执行的案件为167件，占23.5%；部分执行的案件为11件，占1.5%；其他情况的案件为78件，占11.0%。其他情况多为法院执行程序异议的案件，如变更申请人、不予受理、裁定管辖权等情形，裁定结果多为中止或终止执行（如图5所示）。虽然64.0%的执行比例并没有达到公证债权文书执行的良好状态，但如果以全部公证债权文书执行案件为基数进行计算，执行案件的比例将会大大增加。

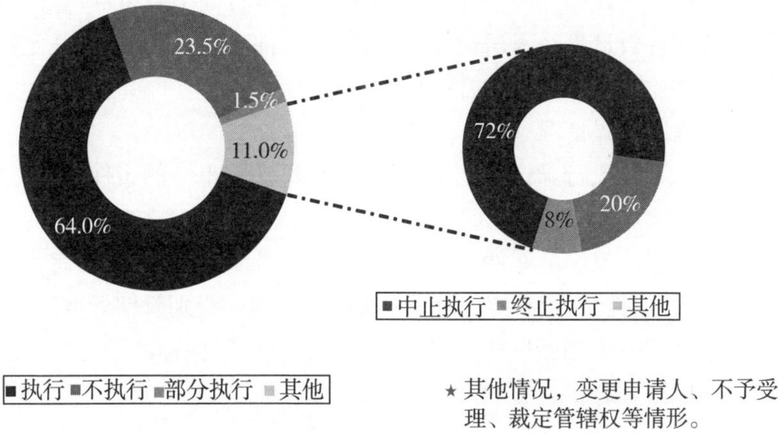

图 5　公证债权文书执行异议案件法院裁定结果

按年份分析，执行异议案件 2013 年 47 件，2014 年 142 件，2015 年 484 年，2016 年 38 件，考虑到 2016 年数据的不完整性，仅对 2013 至 2015 年的执行情况进行分析。2013 ~ 2015 年度，裁定执行的案件分别为 28 件、90 件和 313 件，占比分别为 59.6%、63.4%、64.7%；裁定不执行的案件分别为 13 件、42 件和 108 件，如图 6 所示。

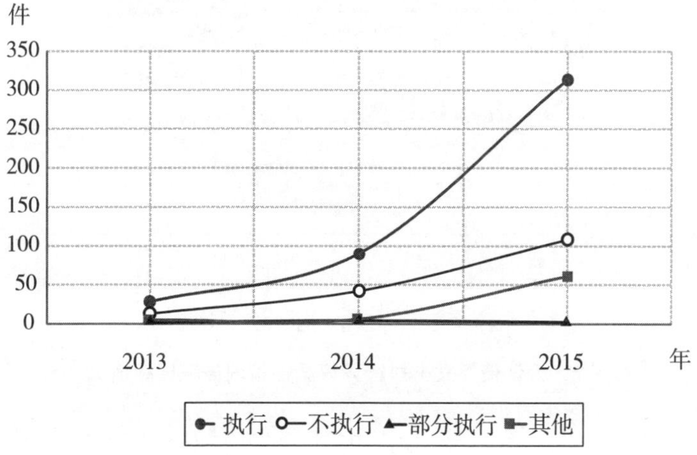

图 6　三年执行异议案件执行情况趋势

这些数据说明，随着全国公证机构出具执行证书数量的增加，执行异议案件数量也快速增长，其中大部分案件法院裁定执行，裁定执行的案件比例呈现逐年上升的趋势。

4. 法院层级情况

在 711 件执行异议案件中，由中级人民法院审结的案件最多，达 335 件，占 47.12%；其次为基层人民法院，达 275 件，占 38.68%；由高级人民法院审结的案件为 87 件，占 12.23%；由最高人民法院审结的案件为 14 件，占 1.97%，如图 8 所示。从案件级别管辖标准来看，上述数据从一个侧面反映出部分公证强制执行案件标的额比较大或者在本地区具有重大影响。

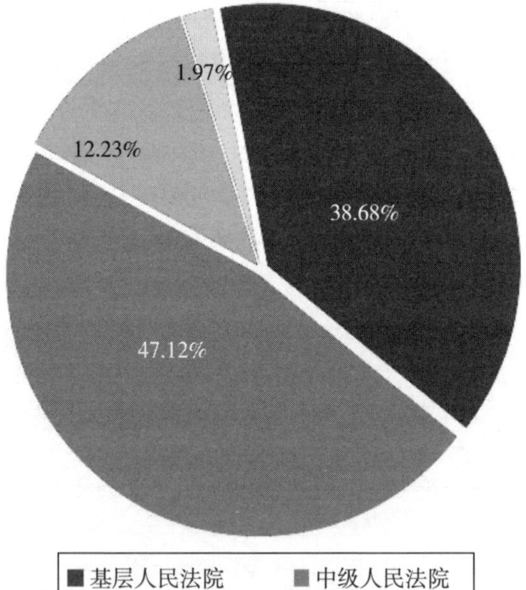

图 7　公证债权文书执行异议案件审理法院层级情况

在 711 件执行异议案件中，大部分为一裁终结的案件，达 541

件,占76.09%;复议终结的案件为168件,占23.63%;经过申诉终结的案件很少,仅为2件,占0.28%,如图8所示。是否设置公证债权文书执行异议案件的复议程序,目前的争议仍然比较大。在541件一裁终结的案件样本中,有“当事人、利害关系人对本裁定不服的,可以自裁定书送达之日起十日内向××法院申请复议”的表述为509件;有“本裁定送达后即发生法律效力”的表述为32件。可见,从法院的实践倾向和复议程序运行的效果来看,设置公证债权文书执行异议案件的复议程序对于一裁案件具有重要的监督和纠错作用,而且复议程序与当事人另行诉讼对比,在节约司法成本和当事人成本方面都具有很大的优势。

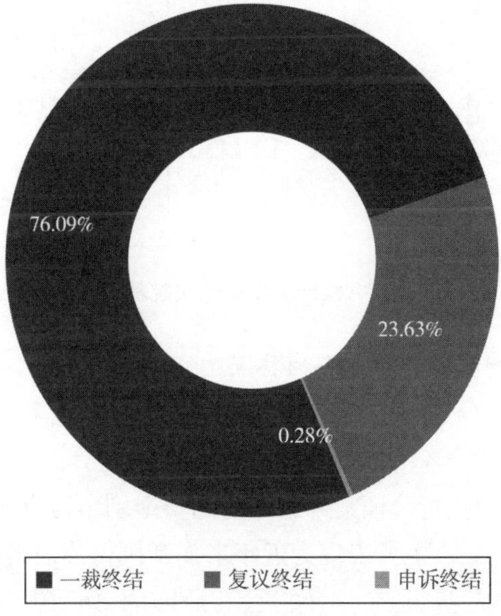

图8 公证债权文书执行异议案件法院审级情况

5. 法院裁定不予执行理由

167件法院裁定不予执行的案件主要是五类:(1)属于不得赋予强制执行效力的债权文书,为18件;(2)公证债权文书的内容与事实不符，为100件；(3)公证债权文书的内容违反法律强制性规定，为16件；(4)公证债权文书未载明被执行人不履行义务或者不完全履行义务时同意接受强制执行的，为6件；(5)严重违反法律规定的公证程序的，为26件，如图9所示。上述不予执行的理由分布可以看出，公证债权文书的内容与事实不符是法院裁定不予执行的主要理由。

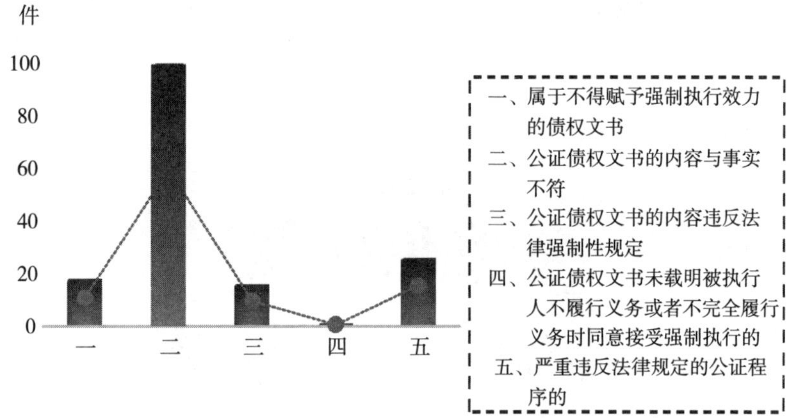

图9　公证债权文书执行异议案件法院裁定不予执行的理由

(三)强制执行公证业务的特点

综合上述分析，可以看出，强制执行公证业务至少具有以下特点：

第一，强制执行公证案件总体增加与个别年份有所变动并存，呈波动式上升趋势。主要表现为近年来强制执行公证案件每年总数虽然总体呈上升趋势，但个别年份会有所波动，如2014年与2013年、2015年相比，总数相对较少，这种波动可能受到政策、统计标准等多种因素的影响，但只要这种变化幅度不大，足以说明总体仍然呈现上升趋势，只是这种上升趋势并非直上直下的快速增长或减少，而是带有曲折性的增长。这也说明了强制执行公证业务还未完全走向成熟，强制执行公证业务还处于不完全稳定的发展状态。

第二，强制执行公证的巨大潜能与所受到的重视还不适应，呈自发发展状态。赋予债权文书强制执行效力公证是一项无须诉讼的司法解决纠纷手段，大大减轻了法院的司法负担，从而有效地利用了司法资源。从上述强制执行公证案件总数、异议的审级和数量变化等情况来看，该制度具有巨大的社会需求，也正在被越来越广泛地运用。但是，从对该制度办理案件情况统计数据相对粗略、统计项目不健全等情况来看，其所受到的重视程度仍然不够，虽然有相关法律依据，但在实践运行发展中仍然处于自发的生长状态。这一方面印证了有加强研究的必要；另一方面也说明了该业务模式具有进一步拓展、创新的可能。

第三，强制执行公证数量增长与执行异议后裁定执行数量同步上升，呈正态分布态势。虽然近年来强制执行公证执行异议的绝对数量持续上升，但从裁定执行的情况来看，无论是绝对数量还是占比都呈上升态势，说明强制执行公证案件办理的质量也在逐步提高。结合裁定不予执行的理由分类以及“大部分为一裁终结的案件”情况来看，强制执行公证异议并未危及制度设计基础的影响因素，而多是可操作性因素导致的，即这些因素完全可以通过技术性规则或程序设计予以减少甚至消除，随着法律规则的进一步细化、完善以及业务办理水平的提升，执行异议的数量将越来越少。从这点来看，强制执行公证业务的发展前景将是广阔的。

二、强制执行公证执行争议、难点及法理分析

公证债权文书的执行是强制执行公证法律制度运行情况的集中体现，体现了强制执行公证制度这一“舶来品”在中国独特的社会环境和本土司法环境下的运行情况。纵观强制执行公证十多年发展的历程，也是金融创新背景下公证的服务领域不断扩展的过程，紧跟不断出现的新型金融业态和产品，创设出契合交易习惯和需求的金融公证业务模式。这些新的业务模式均在一定程度上“有违传统”，没有明确的法律依据或需要在现行法律框架内作出进一步解释，有的业务模式的执行过程还颇有波折，遭遇不同程度的裁判尺度不一，甚

至是不执行到执行的过程。但总体来看,强制执行公证历经十多年来的深入实践,其效力和制度优势逐渐为金融机构、司法机关和社会各界所接受和认可,在政策和法律层面获得越来越多的支持,并有望出台全国性的司法解释。本部分以担保合同、反担保合同、企业间借贷合同、信托合同和融资租赁合同为重点进行深入分析,除客观呈现该类公证债权文书执行情况的全貌外,更着重于近年来强制执行公证业务在创新突破之路中,具有影响力和指导性的案件,同时兼顾规范分析和纵向分析的方法,探究相关法律规定演变和调整的情况和原因,并以此为基础进行理论上的总结和提升,探索适合现阶段的公证制度发展的应然状态。当然,本课题研究样本所反映出的强制执行公证执行的情况还有很多,如公证执业区域问题、执行管辖问题、抵押登记问题、清偿顺位问题等,有待于在日后予以详细论述。

(一)担保合同

担保合同是在债权人(担保权人)和债务人之间,或在债权人、债务人和第三人(担保人)之间协商形成的,当债务人不履行或无法履行债务时,以一定方式保证债权人债权得以实现的协议。担保方式为保证、抵押、质押、留置和定金五种。随着金融市场的快速发展,有担保的商业性借贷关系成为常态,为固定约定、防止纠纷、最快速度实现债权,产生了极大的公证需求。但是实践中,公证机构能否对担保合同赋予强制执行效力曾经存在很大的争议。例如,2003 年最高人民法院执行工作办公室在《关于中国银行海南省分行质押股权异议案的复函》中提出,"'追偿债款、物品的文书'不包括担保协议,公证机构对抵押协议赋予强制执行效力,不符合法律规定",最高人民法院执行工作办公室编写的《强制执行指导与参考》中也有文章指出"一切有担保的债权均不属于公证执行的范围"。[①] 2005 年的"上海

---

① 蒋惠岭:《〈关于公证机构赋予强制执行效力的债权文书执行有关问题的联合通知〉的理解与适用》,载最高人民法院执行工作办公室编:《强制执行指导与参考》2003 年第 1 辑,法律出版社 2003 年版,第 121 页。

吕福房地产开发经营有限公司申请不予执行公证债权文书案”中，原告主张担保合同是物权文书而非债权文书，不可以通过公证赋予强制执行效力，该主张得到了法院的支持。[①]

面对这些困境，公证行业一方面根据市场需求在实践中探索推进；另一方面加强理论方面的研究论证，不断加强与法院协调沟通的力度，开拓担保文书执行工作的新局面。一些地方法院逐渐倾向公证机构能够赋予担保合同强制执行效力的观点。2009 年，云南省高级人民法院、陕西省高级人民法院分别与本地司法厅通过联合发文的形式确认公证机构可以对担保合同赋予强制执行效力；[②]2011 年，江苏省人民代表大会也以地方性法规的形式确认“给付义务上设有抵押、质押或者连带责任保证，担保人愿意接受强制执行并经公证的，债务人不履行或者履行不适当的，债权人可以依法向有管辖权的人民法院申请执行”。[③] 尽管如此，一些基层法官对公证机构赋予担保合同强制执行效力依然存在疑问，也出现了不予执行的案例，如陕西省渭南市中级人民法院在(2014)渭中执异字第 00003 号执行裁定中认为，公证机构能够证明有强制执行效力的债权文书应是追偿债款、物品的文书，包括借款合同、借用合同、无财产担保的租赁合同等。公证处对当事人签订的抵押、保证合同进行公证并赋予强制执行效力，超出了法律和司法解释的范围，其出具的相关公证书及执行证书证明担保合同具有强制执行效力不符合法律规定。直到 2014 年 9 月，最高人民法院才在对山东省高级人民法院的批复中明确“公证机构依法赋予强制执行效力的包含担保协议的公证债权文书，人

---

① 阮国平、崔婕：《抵押合同强制执行公证书的效力认定》，载《审判前沿观察》2009 年第 2 辑，上海人民出版社 2010 年版，第 290 页。

② 《云南省高级人民法院、云南省司法厅关于公证债权文书强制执行效力有关问题的通知》(云司证〔2009〕35 号)，《陕西省高级人民法院、陕西省司法厅关于规范公证机构办理和人民法院执行赋予强制执行效力债权文书过程中有关问题的指导意见(试行)》(陕高法〔2009〕334 号)。

③ 2011 年 9 月 23 日，《江苏省公证条例》于江苏省第十一届人民代表大会常务委员会第 24 次会议通过，自 2012 年 1 月 1 日起施行。

民法院可以强制执行。”[①]随后颁布的最高人民法院《关于人民法院办理执行异议和复议案件若干问题的规定》第22条再次予以明确："公证债权文书对主债务和担保债务同时赋予强制执行效力的，人民法院应予执行；仅对主债务赋予强制执行效力未涉及担保债务的，对担保债务的执行申请不予受理；仅对担保债务赋予强制执行效力未涉及主债务的，对主债务的执行申请不予受理。人民法院受理担保债务的执行申请后，被执行人仅以担保合同不属于赋予强制执行效力的公证债权文书范围为由申请不予执行的，不予支持。”从上述规定可以看出，总体来说，担保合同可以赋予强制执行效力在实践领域已经达成共识并得到相关司法解释的认可。但是，关于哪类担保合同可以“赋强”、单独的担保合同是否可以“赋强”、公证机构对主合同的审查责任等问题，理论和实践中仍然存在争议，公证机构的态度和做法也存在很多不同。

上述演变及争议的实质在于：担保债权文书是否具备强制执行公证的法定条件，如果具备，则公证机构有权赋予其强制执行效力；反之，则无权赋予其强制执行效力。

(1)抵押合同可以被赋予强制执行效力。理论和实务界对抵押合同属债权合同还是物权合同存在争议，并以此为主要理由反对对抵押合同“赋强”。应该说，一方面，虽然从物权法理上看，财产抵押合同属于物权合同，但从债权法理上看，抵押权的发生以债权的存在为前提，其发生的目的是保证债权的实现，既不能把抵押权和债权分割开来，单独转让和处分而独自保有债权，也不能将债权同抵押权分割开来而成为其他债权的担保。另一方面，根据新《民事诉讼法》的规定，实现担保物权的案件列入特别程序，当事人为实现担保物权，向法院提出申请之后，法院可以直接裁定拍卖、变卖担保财产，当事人依据裁定直接向法院申请执行，不用再专门走诉讼这条路。那么

① 最高人民法院《关于含担保的公证债权文书强制执行的批复》(2014)执他字第36号。

被赋予强制执行效力的抵押合同当然更符合强制执行的实体要求。

(2)质押合同可以被赋予强制执行效力。该问题除了与抵押合同是否可以“赋强”在合同性质上存在类似争议外,还有其自身特点,实践中,当事人前来办理质押合同公证的不在少数。一般认为质权人如留置合同中的债权人一样已经经过合法程序占有质押财产,没有赋予强制执行效力的必要。实质上,质权人对于质押财产只是一种合法的占有的权利,赋予质押合同以强制执行的效力,从预防因质押合同而产生的纠纷、促进债权快速实现的角度来看,有其存在和发展的必要。

(3)保证合同可以被赋予强制执行效力。实务中,保证合同多以单方保函、承诺函等形式存在,只要债权人接受,保证关系即可有效成立,如建筑领域的履约保函、支付保函和金融领域的第三人无限连带责任承诺函。反对的理由认为,保证合同是从合同,依附于主债权合同存在,如果主债权合同没有公证,就会导致债务履行情况无法核实,担保责任范围无法确定,出具执行证书存在困难。从理论上分析,保证分为一般保证和连带保证。对于连带保证而言,保证人与主债务人对主合同债务均负有全部清偿的责任,一旦主债务人到期不履行主合同债务,债权人既可以要求主债务人清偿债务,也可以要求保证人承担保证责任。对哪一个合同申请强制执行公证,属于当事人意思自治的范围,如果保证人愿意作出接受强制执行的承诺,公证机构不应当干预,也不应强迫主债务人必须同时作出承诺。在实际操作上,关于出具执行证书阶段核实的问题,只要在保证合同中约定由保证人承担核实债务人违约的主要举证责任即可。对于一般保证而言,保证人仅对债务人不履行义务负补充责任,一般保证的保证人在主合同纠纷未经审判或者仲裁,并就债务人财产依法强制执行仍不能履行债务前,对债权人可以拒绝承担保证责任。因此,不宜对一般保证合同直接赋予强制执行效力。

(4)留置、定金合同不可以被赋予强制执行效力。留置合同中,债权人已经合法占有财物并具有处分权,对于留置合同赋予强制执行效力并没有现实上的意义。定金合同的双方当事人都负有履行合同的义务，而且双方角色可能随时互换，与赋予债权文书强制执行效力公证需要债权债务清晰而确定的要求相背，不符合赋予强制执行效力的条件。

(5)单独的担保合同可以被赋予强制执行效力。担保合同在实践中被赋予强制执行效力。一种是作为主合同的从合同，一并赋予强制执行效力；另一种是单独对担保合同赋予强制执行效力。能否单独赋予其强制执行效力，需要区分不同类型：对于独立性担保，担保人不仅是主债务人，而且还是独立的债务人，人民法院认可对独立担保人单独诉讼，公证机构也就可以对独立担保合同单独赋予强制执行效力。[①] 对于保证、抵押、质押普通担保合同，反对观点认为单独对担保人强制执行而不执行主债务人，有违公平原则，容易引发债权人与主债务人恶意串通坑害担保人等问题。然而，在民事领域，基于"私法自治"的原则，只要是当事人真实意思表示，作为担保物权载体的担保合同也应当能与债权文书一样申请公证机构赋予强制执行效力。正如我国《担保法》也规定，"担保合同是主合同的从合同，主合同无效，担保合同无效。担保合同另有约定的，按约定。"如果法律规定可以对合同条款进行约定的，那么这种约定应当高于法律规定的相关条款的效力。因此，只要符合约定的条件，不违反法律强制性或禁止性规定，即使主债权合同无效，经公证的担保合同在一定条件和范围内仍具有强制执行效力，这主要取决于当事人抵押合同的独立效力的特别约定。

(二)反担保合同

反担保合同是指为债务人提供担保的第三人，为了保证其追偿权的实现，而与债务人以及反担保保证人签订的担保合同。实践中常见的反担保合同分为两种：一种是主合同的债务人向本担保的债务人提供反担保，如银行对借款人发放保证贷款时，保证人要承担代

① 最高人民法院(1998)经终字第289号民事判决书，载宋晓明、金赛波主编：《金融担保案例判决书精选》，法律出版社2006年版，第891页。

偿的风险，因而要求借款人为自己再提供担保，借款人为保证人所提供的担保即为反担保，签订的合同即为反担保合同；另一种是主合同的债务人委托他人向本担保的债务人提供反担保。反担保合同的大量出现与2005年前后民营担保公司的兴起发展具有直接的关系，民营担保公司被视为中小微企业的“采血通道”，一手托着中小微企业，另一手拉着银行，既被视为控制银行风险的“防洪堤”，也成为成千上万中小微企业生存和发展的希望，在促进民间金融发展，解决中小微企业融资难问题中发挥了重要的作用。在这种背景下，强制执行公证制度作为促进债务履行、快速解决纠纷、加速资金回笼的法律风险预防机制，在民营担保公司发展中发挥了重要的作用，使委托担保合同及其项下一系列反担保合同成为了担保行业的行业惯例和合同签署的必选项。以北京市中信公证处为例，2013～2015年，中信公证处共办理委托担保合同及其项下一系列反担保合同公证4万多件。虽然反担保合同公证业务目前的开展得比较顺畅，在一些地区和公证机构的业务构成中占了很大的比例，然而这一业务发展的过程也并非一帆风顺。反担保合同在最初进入法院执行程序的时候，执行法官也多有困惑，认为反担保合同债权债务关系不明确而不符合强制执行公证的条件，但通过公证机构与法院部门加强沟通，在对法律的理解和适用上达成多方面的共识，反担保合同的执行逐渐步入正轨。

反担保合同赋强在法律方面的争议点在于：委托保证合同及反担保合同是否属于债权文书，是否具有给付内容。同担保一样，反担保也存在保证、抵押等不同的方式，不能一概而论地以反担保合同是物权合同还是债权文书为由，而简单将其排斥在强制执行公证的范围之外。反担保合同不同于一般的担保合同，一般的担保合同所担保的是债权人的债权，而反担保合同所担保的是担保人的追偿权，而且在签订合同时，追偿权并未产生，只有债务人违约、担保公司履行代偿义务后追偿权才会产生。但是，对于法律规定的理解不能是机械的、静态的，委托保证合同及反担保合同是委托保证人对委托人提供保证的约定，委托保证人履行完代偿义务后即可取得要求委托人偿付债务的权利,与一般的债权债务关系无异,可以视为一种“附条件的合同”。基于保证人追偿权的法定,只要保证人承担了担保责任就可以向债务人(被担保人)追偿,法律上也拟制了债务人了解保证人承担担保责任后有权依照法律规定向自己追偿的后果。从这些来看,反担保合同的债权债务关系是明确的、给付内容是无异议的,符合可赋予强制执行公证效力的合同的实质要件。

关于公证机构是否需要对本担保的主从合同办理强制执行公证也有争议,公证机构的做法也有很大的区别。有观点认为,涉及反担保物的强制执行公证,应当对本担保的主从合同、委托担保合同公证,因为反担保的执行以本担保人代偿和追偿权未实现为前提,而这由本担保及其主合同以及委托担保合同确定,需要以公证手段确认本担保及主债权、追偿权关系没有争议。而实践中,反担保合同的申请主体大都是融资性担保公司,银行、小贷公司等(准)金融机构与融资担保公司合作,(准)金融机构贷款,融资担保公司作为本担保人并接受借款人反担保,本担保关系相对简单、清晰、可信,且反担保合同中会揭示关联关系,如要求对本担保合同再行公证没有必要,也不具有可操作性。而且本担保与反担保联系的重要节点在于本担保人的代偿事实,这在公证机构出具执行证书时是要经过严格审查的,在合同公证阶段,对本担保关系做形式审查已足够。

(三)企业间借款合同

企业间借款经过了一个从禁止到有条件放开的过程。最高人民法院于1991年颁布的《关于人民法院审理借贷案件的若干意见》对民间借贷主体限于至少一方是自然人,而对于企业与企业之间的借贷,按照中国人民银行于1996年颁布的《贷款通则》和最高人民法院相关司法解释的规定,一般以违反国家金融监管而被认定为无效。企业间的借贷需要通过银行发放,即委托贷款。委托贷款是指由委托人提供合法来源的资金,委托业务银行根据委托人确定的贷款对象、用途、金额、期限、利率等代为发放、监督使用并协助收回的贷款业务。在公证领域,委托贷款合同公证往往只是借贷双方提出申请,银行作为贷款管理和信用中介方，不会作为公证申请人配合完成公证程序。这种只有企业双方提出公证申请的合同能否办理公证，也存在争议。广受关注的最高人民法院“180 号裁定”[①]在三级法院和最高检的审理中均将这一问题作为争议的焦点。最高人民法院最终认定，出借方委托银行发放贷款的行为是合法的，虽然申请公证时三方协议尚未签订，但缔约的意愿已经达成，银行的审批程序也基本完成。债权人和债务人先行签署二方协议并申请公证并无不妥，公证机构不应以委托贷款关系尚未成立为由拒绝公证，只要告知当事人如果三方协议没有签订，不经由银行放款，二方协议会被认定为无效，公证机构也不会签发执行证书。最高人民法院从法律关系的本质出发，对缔约过程和结果采取综合评判的标准，尊重当事人的意思自治，认定合同有效是正确的。这为今后办理此类公证提供了指引，即关键不在于是否强行要求银行作为一方当事人参与到公证办理流程中来，而是通过公证审查，确定双方的真实意愿以及委托贷款关系成立的实际情况。

企业之间资金拆借无效的规定在一定程度上对于维护金融秩序、防范金融风险发挥了重要作用。但是，从计划经济时代延续下来的这一制度不仅没有消除企业间借贷行为的发生，反而出现愈演愈烈的势头。由于这一规定，不少企业通过虚假交易、名义联营、企业高管以个人名义借贷等方式进行民间融资，导致企业风险大幅增加，民间借贷市场秩序受到破坏。近年来，山东、浙江等地法院逐渐从严掌握认定企业之间借贷的标准，不轻易否定合同效力。2015 年 8 月 6 日，最高人民法院发布民间借贷新的司法解释，[②]其第 11 条明确规定：“法人之间、其他组织之间以及它们相互之间为生产、经营需要订立的民间借贷合同，除存在合同法第五十二条、本规定第十四条规定

---

① 最高人民法院(2011)执监字第 180 号裁定书，最高人民检察院提出检察意见后，最高人民法院再次作出(2011)执监字第 180－1 号裁定书，再次确认了公证书的强制执行效力。

② 最高人民法院《关于审理民间借贷案件适用法律若干问题的规定》(2015 年 6 月 23 日最高人民法院审判委员会第 1655 次会议通过)。

的情形外，当事人主张民间借贷合同有效的，人民法院应予支持。”这一规定对于企业之间的民间借贷给予有条件的认可，有利于维护企业自主经营，保护企业法人人格完整；有利于缓解企业融资难、融资贵等问题，满足企业自身经营的需要；有利于规范民间借贷市场有序运行，促进国家经济稳健发展。

当然，企业间借贷同时也存在因主体没有金融资质而非法经营、高利转贷、洗钱等法律风险和非法融资而扰乱市场经济秩序、危害金融安全等行业、社会风险。对公证行业来说，既是机遇也是挑战，即在拓宽新的业务领域、发挥公证保障金融创新、服务经济发展的同时，防范办理风险。实践中，法人、组织之间多是通过委托贷款的形式完成借贷，公证机构往往以同一家法人单位或组织办理借贷公证的数量为判断标准，谨慎开展此项业务。就技术上而言，需要司法解释进一步明确可操作性的判断标准。需要厘清无金融资质企业合法借贷与非法经营、高利转贷、洗钱等的界限，并形成实践认定标准。从实践来看，至少可以从以下四个方面入手判断：一是资金来源，应是自有资金、向其他企业拆借的资金（不进行牟利）或向银行借贷的资金（不意图获取高利）；二是资金用途，基于生产经营需要，用于企业生产经营开支；三是企业间借贷不以营利为目的，而是相互帮助解决临时性资金周转问题；四是不违反法律、司法解释的强制性规定。

（四）信托合同

信托融资是指企业或特定金融机构以发行信托的方式为指定项目进行融资，项目发起人依托信托机构针对具体项目设立信托计划，向社会筹集资金，筹集到的资金通过信托机构投入项目中。近年来，信托产品融资规模上升显著，单笔金额动辄上亿元，投资方非常注重在风险控制中发挥公证制度的作用。从公证的角度对信托交易模式进行分类，可分为贷款类信托、收益权类信托、股权投资类信托三类。信托贷款合同与银行贷款合同并无实质差别，交易合同均为典型债权文书，对该类合同可以直接赋予强制执行效力，如上海市高级人民法院裁定的 14 亿元信托借款合同案。①

但是,对于信托收益权回购和股权投资类信托等复杂的交易合同,能否赋予强制执行效力存在争议,反对的理由主要有两点:一是信托是投资关系,而不是债的关系;二是公证只能对一些简单的合同进行公证,而对于一些复杂的交易关系则不宜通过公证这种非诉程序,必须通过诉讼程序。公证在信托领域的拓展如果仅仅停留在信托借款方面是远远不够的,必须介入更复杂的交易模式。从实践来看,信托是投资还是债不能一概而论,要尊重信托市场的交易惯例和投融资双方的交易合意,如股权投资类信托即通常所说的"名股实债",公证机构将债的关系从复杂的交易中剥离出来,使之符合强制执行公证的合同要件,就可以赋予强制执行效力。而且,复杂并不意味着债权债务关系不明确,实践也证明,公证人作为法律职业群体的一部分,可以处理复杂的交易关系。而且与法院不同,公证处于交易的前端,更有利于从根源上规范交易主体,预防纠纷。近年来,公证行业根据信托交易形式和习惯创设出一系列的信托领域的强制执行公证业务模式,在信托融资中发挥了重要的作用,如北京市中信公证处 2013 ~ 2015 年共办理信托领域强制执行效力公证 9700 多件,涉及债权标的总额 5000 多亿元。

综上可见,强制执行公证在信托中的运用主要是如何将确定的债的关系从不确定的具有投资特点的信托合同中剥离出来。对信托公司而言,法律关系、给付明确的借贷合同、保证合同等毋庸置疑,但其他融资类合同等能否适用就值得研究。尤其是在当前,"以投资之名,行贷款之实"的情况比较普遍,需要公证机构在业务办理中透过现象看本质,抽丝剥茧地确定出双方的债权债务关系。随着信托业发展越来越规范,强制执行公证应该立足信托融资特点,探索提供包

① 上海市第一中级人民法院(2015)沪一中执异字第 15 号裁定书和上海市高级人民法院(2015)沪高执复字第 4 号裁定书。案例详情参见闫雅强:《从 14 亿天价借款案看公证权和审判权的边界》,载《中国公证》2016 年第 8 期。

括尽职调查、法律风险咨询评估提示、强制执行证书出具等“一揽子”服务内容，让执行证书负载的信息更加丰富，使强制执行公证服务内容更加全面、规范。

（五）融资租赁合同

融资租赁合同是出租人根据承租人对出卖人、租赁物的选择，向出卖人购买租赁物，提供给承租人使用，承租人支付租金的合同，本质上是出租人为承租人提供融资，购买租赁物，而承租人向出租人支付租金作为融资的对价。融资租赁作为金融市场的朝阳产业，发展潜力巨大，尤其是近几年发展迅猛，对强制执行公证提出了大量的需求。实践中不少融资租赁合同是具有担保内容的，与最高人民法院、司法部《关于公证机关赋予强制执行效力的债权文书执行有问题的联合通知》（以下简称《联合通知》）“无财产担保的租赁合同”可赋予强制执行效力的规定不符，有观点认为融资租赁合同是具有担保内容的租赁合同，不可以赋予强制执行效力。[①] 但是，实际上，租赁合同和融资租赁合同是两种不同的合同法律关系，在《合同法》中也分列第十三章和第十四章。融资租赁合同是有名合同，具有特殊的含义和成立要件，在实质上体现的却是“融资”的功能。“融资”和“租赁”两种因素的混合，是由于承租人（融资人）的需要以及出租人以租代贷的专业需要。[②] 从合同法的法理来看，担保类合同是依附于主合同的从属合同，并不会改变主合同的法律性质和法律关系。按照这个逻辑，赋予强制执行效力，与融资租赁合同是否附加担保并无关系。实务中，不少有开拓意识的公证机构已经在大力开展融资租赁公证法律服务，在其引导和说明下，不少融资租赁公司也已不再考虑上述《联合通知》和法院裁定的消极因素，转而与公证机构开展积极合作，开展各类型的融资租赁强制执行公证业务。2016 年 5 月 12 日，浙江省司法厅、浙江省高级人民法院等八部门发文《关于公证服务金融改

① 如海南省海口市中级人民法院（2014）海中法执字第 207 号裁定书。

② 史树林、乐沸涛：《融资租赁制度概述》，中信出版社 2012 年版，第 32 页。

革创新防范金融风险的指导意见》明确指出"对商业银行、典当、小额贷款公司、融资担保公司、融资租赁公司、商业保理等金融服务主体所签订的融资、典当、租赁、保理等合同进行公证,并依法赋予债权文书强制执行效力。"福建、天津等地的类似文件也均提到了通过强制执行公证的手段保障融资租赁交易。可见,融资租赁合同无论有无担保,均可以赋予强制执行效力已逐渐成为共识。

当前,融资租赁合同强制执行公证中还存在以下问题值得关注:一是具备强制执行效力的是租金给付义务还是租赁物的归还。在实践中,大多数情况下融资租赁公司选择收回租金,但也不排除有的公司选择解除合同、收回租赁物。但此种处理方式下,根据合同法规定,如果租赁物价值加上已收租金的价值还不足以支付全部租金,出租人还可以要求损害赔偿;如果出租人收回租赁物,租赁物价值超过未付租金,承租人可以要求部分返还。这些情形下,因为并非给付无异议,不适合选择强制执行公证的方式进行解决。所以,赋予强制执行效力的融资租赁合同是租金给付义务。二是如何适应非典型融资租赁模式。我国融资租赁行业的不断发展和创新而产生了厂商租赁、售后回租、杠杆租赁等形式,办理强制执行公证应着重审查出租人、承租人、出卖人、担保人和投资人等融资租赁项目涉及的主体、租赁物、担保人等相关资料及其蕴涵的法律风险,并根据是否符合强制执行公证的条件进行实质性判断。

三、民间借贷公证发展历程、争议及法理解析

强制执行公证业务拓展中争议最大的问题就是民间借贷。公证要不要介入民间借贷市场;公证在民间借贷交易中的审查责任体现在哪里;公证如何做好民间借贷的风险防控;公证能不能在规范民间借贷市场中发挥作用;公证过多介入民间借贷会不会成为高利贷者的帮凶,卷入社会危机,成为牺牲品……这些问题被不断地提出和讨论,反思、质疑的声音不断,甚至还出现整顿、叫停的局面。在国家逐渐放松金融市场管控,鼓励民间金融健康发展的背景下,公证应当在

现阶段的民间借贷市场中扮演什么角色，要不要积极介入发挥公证规范市场的作用，以下从国家金融政策、民间金融发展背景及相关法律问题等进行综合分析。

（一）国家金融政策调整和民间金融的发展

自2010年以来，在银根紧缩和中小企业融资难的宏观背景下，民间借贷出现大范围的本质转型，即由“借钱应急型”模式转变为“借钱放贷型”，放贷主体由原先的个人化向机构化转变。2010年5月，国务院出台“新36条”，鼓励民间资本发起设立金融中介服务机构等。2011年，中国人民银行实施了两轮民间融资现状摸底调查，并肯定了民间借贷具有制度层面的合法性，是正规金融有益和必要的补充。2012年是中国民营金融的转型和布局年，在经历民间借贷的震荡后，政策密集出台，行业风云变幻，多元化的金融市场体系呼之欲出。自此，民间借贷全面阳光化，由体制外的“民间金融”开始全面转型为体制内的“民营金融”。2012年2月，最高人民法院连续两次下发妥善处理民间借贷案的意见，要求各级法院发挥职能作用全面助推金融改革。2015年8月，最高人民法院《关于审理民间借贷案件适用法律若干问题的规定》，厘清了民间借贷领域争议较大的一些法律问题，成为目前民间借贷最重要的法律依据。

基于市场的需求和政策的宽松，以小额贷款公司、融资担保公司、典当行、互联网金融等准金融机构为代表的民间金融异军突起，凭借其较高的资产收益和便利的融资条件，迅速得到融资企业尤其是中小企业的青睐，成为正规金融产业的有力补充。据中国人民银行的权威报告推算：中国民间融资规模近万亿元，约占贷款总额的6%，也有调查表明，全国中小企业约有1/3强的融资来自非正规金融途径。[①] 可见，我国民间资本蕴藏着巨大的能量，已成为我国国有资本、跨国资本以外的第三支力量，现有的资本市场还远没有将民间资本充分激活。

---

① 蔡律：《民间金融在调控政策挤压中扩张》，载 http://www.cs.com.cn/xwzx/16/201107/t20110715_2966285.html，2016年12月30日访问。

（二）担保性委托向借款合同公证的转变

与公证在银行、信托等领域的拓展不同，民间借贷的公证需求更具主动性。最初，民间借贷与公证的结合体现为担保性委托书公证，民间借贷主体利用卖房委托书公证的效力作为担保债务人还款的自力救济手段，然而，这种做法带来一系列的问题，也出现一些因不还款而被低价卖房显失公平的民事案件。① 这些事件导致的结果使委托书这一简单的单方法律行为公证成为风险最大的公证业务之一，各地纷纷出台意见对委托书公证进行规范，②也出现了禁办担保性委托公证的呼声。

"担保性委托"的出现是民间借贷市场不规范的产物。单纯规定不予办理"担保性委托"的做法意义不大，只能使公证业务越做越少，路越走越窄。随着行业对"担保性委托"的认识不断加深，公证机构逐步引导当事人通过赋予借款合同强制执行效力公证的手段来实现债权，使强制执行公证成为债权人实现债权的便捷途径。在办理卖房委托书公证的过程中，要重点告知委托人和受托人，委托卖房行为的法律后果以及委托人具有单方撤销委托的权利，使这种私力救济手段在实现债权方面出现障碍。在行业的共同努力下，"担保性委托"公证的申请量大幅减少，民间借贷合同公证逐渐发展起来，如北京市中信公证处 2013 ~2015 年共办理自然人之间的民间借款合同 5 万多件。民间借贷的债权按照法律预设的途径予以实现，走上正常发展的轨道。

（三）相关法律问题

1. 资金来源审查问题

民间借贷公证争议最大的问题是对资金来源是否进行审查以及

---

① 如北京市朝阳区人民法院（2013）朝民初字第 31577 号判决书和北京市第三中级人民法（2015）三中民终字第 00774 号判决书。

② 江苏省公证协会印发《关于谨慎办理以处分房产为内容的委托书公证的指导意见》，载 http://www.wj001.com/sfzx/gzfw/2015 - 03 - 23/505181.html，2016 年 12 月 30 日访问。

如何审查的问题。支持的观点认为，不审查资金来源就是纵容高利转贷，即先以低利息从银行套取贷款，后发放到社会上高利牟利，导致国家正常的低息贷款市场被高利放贷人垄断，从而使资金从实体经济中剥离出来涌向虚拟经济或地下资本市场，有害经济、社会发展，也是公证行业被某些不法分子利用的典型，是行业的定时炸弹。反对的观点认为，审查民间借贷资金来源和货币所有与占有相一致、动产以占有作为权利推定的民法基本规则不符，资金合法只是法律推定，这种推定可以被推翻，但必须是有权机关才有此种权力，要求出借人自证其资金的合法性，是以"资金违法推定"作为前提的，本质是一种有罪推定的逻辑思维，超越了公证职责范围。虽然公证员可采取一些手段审查资金来源，但是其审查结果的正确性具有或然性而不是必然性，将资金来源合法性审查这种或然性事件上升到必然性事件，实际上也超出了公证员的能力范畴，必然埋下各种后患。上述争议的焦点实际上也涉及公证的社会责任及如何实现的问题。

从法律层面分析，应当以立足公证的职能是履行社会责任而非以限制行业发展为前提。民间借贷公证是赋予借款合同强制执行效力的公证，是证明合同的真实性、合法性以及债务人愿意接受强制执行的承诺。公证机构的审查责任在于合同双方缔约的意思表示是否真实、合同条款是否合乎法律规定。公证制度的价值在于帮助当事人预防法律风险，而非债权人的投资风险和民间借贷的社会风险。但公证机构基于职业的敏感性，对频繁借贷和大额借贷予以关注，综合防控执业风险也是必要的。从民间借贷公证的实践来看，从公证机构内部的统计分析或者一个地区的大数据分析来看，鲜有一人向多人频繁借款的情况出现，可见在集资阶段，非法集资方直接寻求公证庇护的需求并不强烈，即使出现也可以有效地防范。申请办理民间借贷公证的当事人中，其实是一人向数人放贷的情况比较多，也就是俗称的"金主"或"银主"，这些人多是相对比较固定的客户，资金来源、经营状况等比较稳定，使风险保持在可控制范围内，避免使公证陷入系统性危险。从执行情况来看，仅发现一起案件涉及资金来源审查问题,被执行人就资金来源审查问题提出执行异议,后被法院裁定驳回。[①]

实践中,有的公证机构要求出借人提供存款证明、收入证明、纳税证明、卖房证明等各种各样的财产证明文件,这些做法看似严格审查,其实仍然没有摆脱形式审查的窠臼,因为很多证明文件公证机构无法核实真实性,停留在经验判断的范畴,而究竟需要审查到什么程度,才算尽职审查,才算穷尽了一切证明手段,也没有可以依据甚至是参照的标准。出借人的资金来源五花八门,在非法集资、高利转贷等违法行为和工薪收入、卖房收入等显而易见的收入形式之外,还有大量的财产形式和来源方式存在,远非一纸证明文件可以证明,如果要穷尽一切手段证明,或者程序非常烦琐,或者不可能实现,结果是将这些民间借贷当事人拒之门外,公证只能在很有限的范围内发挥作用,久而久之会被忽略或替代。综上,笔者认为,对于资金来源审查问题,公证机构不应放任不管,也不宜在个案中要求当事人提供形式上的财产证明文件,而应在实践中不断地探索资金来源审查的方式方法,对于一定期间内有大额资金频繁进出的个人名下账户要加强监测,深究其背后真正的资金来源,如可能涉及非法集资、高利转贷、债权转让行为的民间借贷,拒绝办理。

2. 阴阳合同问题

阴阳合同,并非一个具体的合同,而是一种交易现象,它是指在交易过程中,交易双方基于某种利益考虑(通常是为了规避政府部门的监管,实现利益最大化),对同一合同标的物签订了价款存在明显差额或者履行方式存在差异的两份合同,其中一份依法做了备案、登记等公示以应对监管,且双方以口头或承诺函的形式明确其只用于公示而不实际履行,另一份则仅由双方当事人持有用于实际履行。只用于公示的合同称为“阳合同”,而仅由当事人双方持有并实际履

---

① 北京市第一中级人民法院(2016)京 01 执复 16 号裁定书。

行的合同称为“阴合同”。①

公证实践中，阴阳合同最常见于民间借贷中。借贷双方就同一借款事项签订两份借款合同，其中一份约定的借款利率低于法定最高限额，并通过公证程序赋予其强制执行效力；另一份私下订立，通过“服务费”“中介费”等名义，或直接加高借款利率，往往超出了法定的民间借款利率上限，并且在实际履行中，借款人按照“阴合同”中的高利率给付借款利息。此时，借贷双方私下订立的“阴合同”才是双方经协商后，达成的真实的一致意见。因此，公证机构审查时，如发现当事人之间除公证合同外还存有“阴合同”，且双方一直按照“阴合同”的约定内容进行实际履行，则可认定公证合同的内容并非当事人真实的意思表示，而仅仅是借款行为的合法外衣，是债权人在债务人违约时，得以迅速启动法院执行程序的工具。在查清事实后，公证机构应决定不予出具执行证书。

2016 年，北京市高级人民法院作出《北京市法院执行局局长座谈会（第七次会议）纪要——关于公证债权文书执行与不予执行若干问题的意见》（以下简称北京高院《纪要》），其中第 14 条规定，债权人与债务人就同一事项订立两份不同内容的债权文书，其中一份经过公证且赋予强制执行效力的，属于最高人民法院《关于适用〈中华人民共和国民事诉讼法〉的解释》第 480 条第 1 款第 3 项规定的“公证债权文书的内容与事实不符”。该规定主要针对的是阴阳合同。笔者认为此规定欠妥。关于阴（阳）合同的问题，核心在于阴（阳）合同的认定，“同一事项”和“不同内容”如何认定。类似于“一事不再审”原则，判断“一事”是司法实践中的难点，争议也比较大，如果在执行程序中做此规定，可能导致司法尺度不统一，只要存在两份合同就裁定不予执行的情况发生。根据民事诉讼法的规定，经公证的民事法律行为，应当作为认定事实的根据，除非有相反证据足以推翻该公证。如果当事人就同一事项订立两份不同内容的债权文书，应以

---

① 雍奇秀：《“阴阳合同”法律问题浅析》，载《法治与社会》2013 年 8 月中刊。

经公证的债权文书作为认定事实的根据,而不能据此否认当事人缔约的意思表示和达成的合意。基于特定的原因,就同一事项订立不同内容的债权文书的情况还很多,如不动产登记机关要求的抵押合同和公证合同同时存在,银行委托贷款中借款抵押合同和买卖合同同时存在,融资租赁和信托等复杂法律关系中也往往存在多个合同,而且从复杂法律关系中剥离出明确的债权债务关系进行公证也成为这些交易行为中的惯例,法院裁定不予执行将影响此类交易行为的顺畅进行。因此,该问题应在个案中予以研究,而不能成为确定的规则。

但是,阴阳合同只是“同一事件签两份合同”中的一种情况。现实中亦存在当事人持自行协商订立的高利率合同来公证处申请赋予强制执行效力,但经公证人员释明后,双方自愿就同一事件另行订立合法的公证合同并依法履行的情况。此种情况下,虽存在两份不同的合同,但经公证的合同才是双方真实的意思表示。因此,如债务人在执行阶段以存在“同一事项签两份合同”,且一份经过公证赋予了强制执行效力为由申请对执行证书不予执行,法院应该结合在案证据、合同订立的先后顺序、债权债务的实际履行情况,来判断是否存在以阴阳合同规避法律的行为,而不应机械地援引北京高院《纪要》第14条的规定裁定不予执行。对于民间借贷而言,当事人虽然就同一事件签订两份以上的合同,但赋予公证合同强制执行效力后,未签订其他合同并同时属于下列情形的,法院不应认定属于北京高院《纪要》第14条中规定的“阴阳合同”:

(1)债权人以债务人逾期偿还借款本金为由向公证机构申请出具执行证书,债务人一直按照公证合同的约定的利率偿还利息的;

(2)债权人以债务人未履行任何给付义务为由向公证机构申请出具执行证书,债务人对债权人的主张予以认可或不予回应的;

(3)债务人按照高于公证合同约定的利率偿还借款,但债权人主张超出的部分系提前偿还的本金,债务人对债权人的主张予以认可或不予回应的;

(4)债务人按照高于公证合同约定的利率偿还借款,经核算月利率不超过3%,债务人认可之前偿还的为借款利息,并同意按照公证合同的约定出具执行证书的。

3.利息、违约金问题

利息、违约金问题也困扰民间借贷公证实践多年的问题,之前的争议点是:当事人自愿达成的年利率超过银行同类贷款利率4倍的合同能否办理公证;是利息不超过法定利率还是利息、违约金或罚息等之和不超过法定利率;核实债务履行情况时超过4倍利息的部分是自愿偿还的自然之债还是本金。随着实践的深入开展和相关规定的完善,现在这些问题已经基本达成共识。原民间借贷司法解释规定,民间借贷的利率最高不得超过银行同类贷款利率的4倍,超出部分的利息不予保护。民间借贷新司法解释规定,借贷双方约定的利率未超过年利率24%的,人民法院应予支持。借贷双方约定的利率超过年利率36%,超过部分的利息约定无效。通过两个百分比,实际上划分了3个区域:一是无效区;二是司法保护区;三是自然债务区。最高人民法院做此规定是合理的,实体经济所创造的利润一般来说不会超过30%,如果不对民间借贷利率进行一定的控制,对于实体经济,特别是对中小微企业的发展是不利的,容易出现金融经济挤压实体经济的情况,所以新司法解释规定出年利率36%以上的约定认定无效的上限。鉴于最高人民法院关于4倍标准的裁定,公证机构办理民间借贷公证时,宜将利率、违约金等费用之和控制在24%以下。在执行环节,关于利息问题的裁判尺度也经过重要的变化,北京高院《纪要》公布之前,超过法定利率的合同几乎全部裁定不予执行,[①]后执行法院从司法成本和效率的角度出发,也意识到公证债权文书的制度价值,对于利息和违约金之和超过4倍的情况,裁定在4倍的

① 北京市第一中级人民法院(2013)一中执复字第1125号裁定书,北京市第一中级人民法院(2014)一中执复字第484号、第556号裁定书,北京市海淀区人民法院(2014)海执异字第008号、058号、059号执行裁定书、北京市昌平区人民法院(2014)昌执异字第2481号、第2764号裁定书。

范围予以执行。鉴于该问题在民间借贷领域的普遍性,这一转变对于规范民间借贷行为、提高执行效率、快速解决纠纷具有重要的意义。

四、法院裁定不予执行的理由梳理及分析

法院裁定不予执行的理由是本课题微观领域最为关注的部分,从中既可以掌握法院对公证强制执行异议案件的裁判规则、裁判尺度和法律适用的倾向性意见,也可以从执行的角度审视公证行为在实体和程序方面的审查义务、范围和责任,为公证程序的研究提供一个新的视角。

从上文实证部分的归纳来看,167 件不予执行的案件中,法院裁定不予执行主要有五大理由,按案件数量多少排序,依次为"公证债权文书的内容与事实不符"的案件 101 件;"严重违反法律规定的公证程序的"的案件 26 件;"属于不得赋予强制执行效力的债权文书"的案件 18 件;"公证债权文书的内容违反法律强制性规定"的案件 16 件;"公证债权文书未载明被执行人不履行义务或者不完全履行义务时同意接受强制执行"的案件 6 件。根据最高人民法院《关于适用〈中华人民共和国民事诉讼法〉的解释》(以下简称《民诉法司法解释》)第 480 条的规定,"有下列情形之一的,可以认定为民事诉讼法第二百三十八条第二款规定的公证债权文书确有错误:(一)公证债权文书属于不得赋予强制执行效力的债权文书的;(二)被执行人一方未亲自或者未委托代理人到场公证等严重违反法律规定的公证程序的;(三)公证债权文书的内容与事实不符或者违反法律强制性规定的;(四)公证债权文书未载明被执行人不履行义务或者不完全履行义务时同意接受强制执行的。人民法院认定执行该公证债权文书违背社会公共利益的,裁定不予执行……"由此可见,来源于具体案件的实证分析和司法解释规定的认定"公证债权文书确有错误"的情形基本一致,除因"违背国家、社会、公共利益"而裁定不予执行的案件在本课题样本中没有出现外,其他情形都有不同程度的体现。下

文围绕这五大理由具体分析。

（一）公证债权文书的内容与事实不符

根据公证的不同阶段，将公证债权文书的内容与事实不符归纳为公证书内容与事实不符和执行证书内容与事实不符两种。统计显示，因公证书内容与事实不符裁定不予执行或作为裁定不予执行的理由之一的案件有73件，因执行证书内容与事实不符裁定不予执行或作为裁定不予执行的理由之一的案件有50件。

1. 公证书的内容与事实不符

（1）债权债务关系不明确

《联合通知》第1条规定，公证机构赋予强制执行效力的债权文书必须符合债权债务关系明确的要求。本课题样本中，因债权债务关系不明确被裁定不予执行的案件主要有两种情况：一是因合同关键内容约定不明被认定为债权债务关系不明确，如四川省高级人民法院在（2015）川执复字第32号执行裁定中认定，当事人签订的合同中没有明确利息的具体金额及计算标准，公证处仅依据申请人对执行金额及利息计算准确无误并为此承担责任的承诺，作出的执行证书并确定执行标的，不符合债权债务关系明确的要求。二是合同中同时存在多种不同性质的法律关系，如北京市海淀区人民法院（2014）海执异字第097号执行裁定认为，公证合同约定，被执行人欠申请人借款本金、应退购房款、利息、违约金、投资收益共计1665万元，结合该合同的相关内容可见，该债务清偿款的确认实际上是对于申请人与被申请人之间的借款关系、商品房买卖关系和债务转移关系所形成的多种债务的处理，但该债务清偿款并未明确载明借款本金、应退购房款、利息、违约金、投资收益各自的具体金额，难以区分不同法律关系形成的债务份额，故不符合债权债务关系明确的要求；且商品房买卖合同关系是较为复杂的双务合同关系，有关解除合同及退房、退款等事宜应属于商品房买卖合同关系调整的范围，对于单独的退款事项办理赋予强制执行效力的债权文书公证有所不当。[①]

(2)意思表示不真实

北京高院《纪要》第14条第4项规定,经公证的债权文书不是双方当事人的真实意思表示的,可以认定为公证债权文书的内容与事实不符。意思表示不真实指行为人表现于外部的意志与其内心的真实意志不一致,即行为人表示要追求的某种民事后果并非其内心真正希望出现的后果。行为人的意思表示不真实多因虚假表示、误解、欺诈、胁迫、乘人之危等原因引起。本课题样本中出现两种情况:一是行为能力欠缺,如北京市丰台区人民法院(2015)丰执异字第00096号执行裁定中,法院根据医疗机构出具的鉴定意见书并结合案件事实,认定被执行人在签订《借款合同》并进行公证时,已处于限制民事行为能力状态,其订立《借款合同》的行为在未经其法定代理人追认前,尚处于效力待定状态。因此,以公证书与执行证书的内容均存在与事实不符的情形为由,裁定对公证债权文书不予执行。二是虚假表示和虚假材料,如西安市雁塔区人民法院在(2014)雁执异字第00040号执行裁定中认为,被执行人在公证书制作过程中,向公证处陈述其2009年离异后至今未再登记结婚,现为单身,系虚假陈述。其所述的2010年购买的房屋系在其与某某的婚姻关系存续期间购买,应为夫妻共有财产。未经共有人同意,不能进行抵押担保。被执行人向公证处作出虚假陈述,隐瞒了抵押物存在其他共有人的实际情况。公证机关以被执行人的虚假陈述对《借款/担保合同》进行了公证,属于公证书确有错误。

此外,北京高院《纪要》第14条第2项关于阴阳合同认定为公证债权文书的内容与事实不符的规定,也是以同一事项存在两份不同内容的合同而否认经公证的合同的意思表示。因北京高院《纪要》实施时间不长或其他方面的原因,尚未发现相关案例。

---

① 该案后经过复议,北京市第一中级人民法院裁定对公证债权文书予以执行,参见(2014)一中执复字第779号裁定书。

2. 执行证书内容与事实不符

(1)合同履行情况未查明

债权债务的履行情况是出具执行证书的重要依据,因合同履行情况与事实不符导致不予执行的案件也有25件,包括两种情况:

一是债权人未完全履行合同义务。《联合通知》第5条规定,公证机构签发执行证书应当注意审查债权人履行合同义务的事实和证据。债权人履行合同义务的情况,是公证机构签发执行证书时必须审查的内容,也是其请求权是否成立的关键。例如,连云港市新浦区人民法院所作出的(2013)新执异字第96号执行裁定书中,对公证债权文书裁定不予执行的理由之一就是出借人实际给付的借款本金与执行证书确定的金额不符,故裁定不予执行。这就是典型的因为砍头息的原因导致不予执行公证债权文书的例子。又如,徐州市铜山区人民法院所做出的(2015)铜执异字第00115号执行裁定书认定,虽然申请执行人称其将借款本金30万元中的28万元支付给了第三人,另外的2万元以现金的方式支付给了借款人,但被执行人否认收到了借款本金,申请执行人除了收条以外无法提供其他证据证明其已经按照借款人的指令将借款本金支付给了第三人或借款人本人,故对申请执行人已经向被执行人交付了借款本金的事实不予认定,裁定不予执行。

二是债务人履行情况未查明。公证机构受理债权人出具执行证书的申请后会依照合同约定的方式对债务人义务履行情况进行核实,但此时有的债务人会对公证机构的核实通知不予回应,导致公证机构只能依据合同约定推定其不予回应的行为视为对债权人主张的默示认可;或者有的债权人因遗忘债务人已经履行了部分义务或存有侥幸心理等原因,未能向公证机构如实陈述合同权利义务的履行情况。以上情况均导致公证机构对债务人义务的履行情况作出错误判断,影响公证债权文书的执行,如北京市顺义区人民法院在(2015)顺执异字第52号执行裁定书认定,申请执行人在执行过程中认可被执行人已还部分借款本金,而公证处出具的公证债权文书未反映已还款情况,执行证书的内容与事实不符,确有错误,裁定不予执行。

(2)执行证书认定事实与公证书内容不一致

被赋予强制执行效力的债权文书,是各方当事人协商一致后在公证机构见证下订立,其中载明了当事人均无异议的给付内容,以及在不履行合同约定时自愿接受强制执行的标的、种类、品质等,既体现了民事活动中的意思自治原则,亦符合当事人对诉讼权利的处分原则。因此,公证机构出具执行证书时必须以债权文书载明的内容为认定事实,确定执行标的的基础,在无证据证明当事人已对相关权利进行了变更的情况下,执行证书所确定的给付内容必须与债权文书保持一致,否则法院均会裁定对公证债权文书不予执行。实践中一般表现为执行证书中给付标的的数额、计算方式、种类等与公证合同中的约定不一致,如北京市第一中级人民法院(2013)一中执复字第1123号执行裁定书中,公证合同中约定承担违约责任的方式为支付违约金,但执行证书中却只列明应支付逾期利息。又如,北京市高级人民法院(2014)高执复字第20号执行裁定书认定,公证合同中担保人担保责任的类型为抵押担保,执行证书中却将担保责任确定为连带保证责任。

(3)担保物权未成立

抵押权、质押权等担保物权中,很多情况下需具备一定的条件,担保物权方能生效,如以不动产作为抵押物的,必须办理抵押登记手续;以股权作为质押的,亦须在工商局办理登记手续。如果当事人未办理相应的登记手续,也会影响公证债权文书的执行。例如,陕西省渭南市中级人民法院(2015)渭中执异字第00006号执行裁定书认为,当事人之间的民事法律关系涉及担保法律关系,抵押人以其名下房屋提供反担保,但并未依法办理不动产抵押登记的相关手续,质押人以其名下车辆作为质押物提供反担保,亦未依法办理质押登记并交付车辆。公证机构将上述抵押人、质押人列为被执行人,未尽到核实义务及执行合同的监督注意义务,故执行证书认定事实有误,反担保合同的效力及抵押人、质押人等应如何承担法律责任应通过诉讼程序解决，该案裁定全案不予执行。又如，北京市丰台区人民法院(2016)京0106执异51号执行裁定书认为，《借款合同》约定，由第三人以其名下的不动产为借款提供抵押担保，但截至执行证书出具之日，涉案房屋并未办理相应的抵押登记手续。因此，申请执行人对不动产的抵押权并未依法设立，其无法就该抵押物主张优先受偿权。在抵押权尚未设立的情形下，公证处作出执行证书，将上述第三人列为被执行人，属于内容与事实不符，应当对其部分裁定不予执行。

(4)未查明公证书之外足以对执行标的产生影响的事实

虽然公证机构已经严格按照程序履行了审查义务，并且根据已经掌握的证据及了解的事实作出执行证书，但由于现实情况复杂多变、公证审查权有限，或者当事人虽然知晓相关事实的存在，却不知该事实会对执行证书出具产生实质影响而未向公证机构如实告知等原因，导致公证机构无法对公证书之外的事实全部查清，最终产生认定事实有误的后果。此种情况种类繁多，无法胜举，如与法院生效裁判冲突、出具执行证书时当事人已经死亡、内容涉及刑事案件、当事人自行对公证合同内容进行实质性变更等情况。例如，最高人民法院(2015)执监字第1号执行裁定书认为，申请执行人在申请公证时隐瞒了被执行人已经死亡的重要事实，且公证询问笔录中载明：被执行人死亡未办理完毕继承手续的，不能出具执行证书。因此，公证处出具的执行证书确有错误，故裁定不予执行。又如，在北京市西城区人民法院(2014)西执异字第40号案件中，债权人作为证人在海淀区法院出庭作证并当庭表示，债务人对其负有的债务已经通过给付现金的方式偿还完毕。被执行人以此为依据提出执行异议。法院以此认定公证书及执行证书的内容确实存在重大错误，裁定对公证债权文书不予执行。

(二)严重违反法律规定的公证程序

严重违反公证程序也是公证债权文书被裁定不予执行的重要原因，此类案件共有26件。因公证书程序违法而裁定不予执行或作为裁定不予执行的理由之一的有13件，因执行证书程序违法而裁定不予执行或作为裁定不予执行的理由之一的有16件,具体包括以下情形。

1. 未亲自或者委托代理人到场公证

北京高院《纪要》第13条明确被执行人一方未亲自且未委托代理人到场公证的,可以认定为“严重违反法律规定的公证程序”。此种情况往往因当事人冒用他人名义、伪造委托书申请办理公证,而公证机构对当事人身份、委托手续的真伪未及时发现所致。一旦出现这种情况,必然导致公证合同的效力存在问题,属于严重的程序错误。冒名行为即通常所说的“假人”,冒名人持有被冒名人的全部证件,如身份证、户口本、结婚证等,上述证件有时是伪造的,有时是真实的。冒名人不仅熟知被冒名人的各种基本信息,甚至外貌特征也与被冒名人十分相似。冒名人在被冒名人毫不知情的情况下,以被冒名人的名义订立合同,在达到自己的不法目的后即逃之夭夭,而被冒名人则成为被追责的对象。因被冒名人自始未作出亦未委托他人作出订立合同的意思表示,冒名合同不应对其产生法律上的约束。执行中,法院如经审查发现公证书系他人冒用被执行人名义办理,除非被执行人对公证合同明确表示认可,否则法院均会以公证债权文书的内容与事实不符为由裁定对执行证书不予执行。例如,兰溪市人民法院在(2015)金兰执异字第15号执行裁定书认定,公证处在对借款抵押协议进行公证时,借款人本人并未亲自到场,而系他人冒名顶替参与办理公证,借款抵押协议书上借款人的签名及手指印均系他人冒名代为。故以公证书确有错误为由,裁定对公证书不予执行。又如,北京市第三中级人民法院在(2015)三中执复字第00668号执行裁定书认定,公证机构认定事实所依据的《委托书》关于委托事项的内容约定不明,且“委托人”对代理行为拒绝追认,导致订立的合同效力处于待定状态,须通过民事诉讼程序经法院审理后方能确定。公证机构直接将“委托人”列为被执行人不当,属于公证债权文书确有错误。

2. 签发执行证书时未进行核实或未按照当事人约定的方式进行核实

签发执行证书阶段的程序问题主要存在于核实阶段，因核实程序存在瑕疵导致执行证书被裁定不予执行的有9件。核实程序是公证机构查明债权债务履行情况并据此出具执行证书的关键程序，当事人会在公证合同中就核实方式作出约定或直接向公证机构作出承诺，其选择的核实方式一般是能够与其及时取得联系的最有效、最直接的方式。公证机构如在签发执行证书时未履行核实义务，或者虽履行了核实义务但未按照当事人指定的方式进行，则无法保证及时有效地向当事人告知申请执行人的债权主张，并取得其答辩意见及相反证据，不利于对当事人辩论权利的保护。实践中，被执行人常常以公证机构未履行核实义务即出具执行证书作为申请不予执行公证债权文书的理由，如法院经审查后认为理由成立，会以程序错误导致认定事实不清为由裁定不予执行。例如，河南省郑州市中级人民法院（2015）郑执异字第98号执行裁定书认为，公证处在出具执行证书时仅对借款人进行了电话核实，但电话核实没有录音，对于另外一名借款人以及担保人没有进行核实。因此，认定公证处没有尽到依法核实的义务，程序明显违法，应依法不予执行。又如，最高人民法院（2015）执监字第1号裁定书认为，当事人约定公证机构出具执行证书前，以国内特快专递信函或电话的方式，向被申请执行人寄送履约情况核实函，或拨打电话方式向债务人核实履约情况，被申请执行人在收函后7日内可以书面回复履约情况。该条款后，被申请执行人留有电话和详细通信地址。但公证处出具执行证书时并未按照上述约定的方式核实履约情况，也未给予被申请执行人7日的回复履约情况期限，而是在同一天一并出具了公证书和执行证书，公证程序不符合法律规定。

3. 未送达公证书

《公证程序规则》第46条规定，公证书出具后，可以由当事人或其代理人到公证机构领取，也可以应当事人的要求由公证机构发送。

当事人或其代理人收到公证书应当在回执上签收。实践中也有因送达程序有瑕疵导致不予执行的案例,如最高人民法院在(2013)执监字第108号执行裁定书认为,公证处在作出公证书后未向被执行人送达,致使被执行人在执行过程中对借款真实性、数额、利息计算和抵押效力均提出异议,并由此认定公证机构未尽审查义务,属程序明显错误。公证机构也不断完善送达程序,在询问笔录中明确公证书的领取人,如当事人之外的人领取,则应持送达回执和当事人的委托书,并留存领取人的身份证复印件。关于执行证书的送达问题,北京高院《纪要》第4条规定,申请执行时效期间自执行证书出具之日起计算,这隐含了执行证书送达的问题,与法院判决送达当事人才生效不同,执行证书出具之日就是生效之日。因为公证债权文书是建立在当事人合意的基础上,执行证书作出之前,即使没有找到债务人,但公证机构根据先前公证时所约定的核实方式谨慎地、完备地履行了核实程序,核实的过程就是送达的过程,就视为按照合意送达给债务人,也称拟制送达,因此,执行证书不需要送达就可以生效。

4. 无给付内容或给付内容不明确

根据最高人民法院《关于人民法院执行工作若干问题的规定》第18条的规定,申请执行的法律文书有给付内容且执行标的和被执行人明确。北京高院《纪要》第3条规定,公证书或执行证书确定的给付内容不明确、不具体的,裁定驳回执行申请。因给付内容不明确、不具体而裁定不予执行的案件有5件。例如,北京市顺义区人民法院在(2014)顺执异字第31号执行裁定书认为,公证处出具的执行证书执行标的未明确支付利息、违约金的起止时间及计算标准,执行标的不明确,因此,执行证书应属于有错误的情形。

北京高院《纪要》第3条规定,执行证书载明由债务人给付“律师费”、“实现债权的必要费用”等,但未明确其金额或计算方式等内容的,属于给付内容不明确、不具体,对该部分的执行申请不纳入执行范围。课题样本中有两个案例与此有关:一个是上海市浦东区人民法院在其作出的(2015)浦执字第18515号裁定书中认定:“执行证书中关于实现债权所支付的其他费用的执行标的表述不明确，对公证书不予执行”；另一个是成都市中级人民法院在其作出的(2013)成裁字第6号裁定书中认定：“申请执行人主张支出的律师费用为433万余元，但并未就此支出举出证据证明，亦未对该支出的合理性、必要性作出解释，且执行依据对此执行事项也未确定具体的执行数额，故对《执行证书》载明的第4项执行事项中的律师费用不予执行。”从此案可以看出，律师费要想得到执行法院的认可，首先要在双方当事人的公证债权文书中明确约定其具体金额或计算方式。其次，该律师费的具体金额或计算方式还需要达到合理、必要的标准（不得超过司法行政部门规定的律师收费指导价的上限）。最后，还需要申请执行人已经实际支出该项费用（在实践中通常需要申请执行人提供其与律师事务所签订的委托代理合同及其已经支付律师费的发票或收据）。

5. 其他情况

实践中亦存在因违反法定程序而导致公证债权文书被裁定不予执行的其他情况，均因公证机构办理公证时在程序方面欠缺规范性导致，应引起重视。

(1)未尽到充分的审查、核实义务。例如，北京市东城区人民法院在其作出的(2014)东执异字第1746号执行裁定书中认定，“抵押人向公证处提交未婚声明一份，该声明内容为其本人自1954年8月7日至今日止在中国居住期间未曾登记结婚。该声明为打印版本，抵押人本人签字并捺手印确认。但抵押人常住人口登记卡婚姻状况登记为有配偶。公证处未审查抵押房产的房屋所有权证即出具公证书，未尽到充分的审查、核实义务，其据此签发执行证书的行为不符合法律规定，不予执行申请人所提异议请求于法有据，本院予以支持。”显然，人民法院认为公证机构在审查当事人婚姻状况的过程中，因抵押人提交的未婚声明与其户口本显示的婚姻状况不符，但公证机构并未发现这个极为明显的冲突，违反了《公证法》关于公证机构应尽到充分的审查、核实义务的规定，故裁定对该执行证书不予执行。

(2)询问笔录未签字。例如,在北京市第三中级人民法院(2015)三中执复字第00668号案件中,借款双方当事人均未在各自的询问笔录中签字确认,公证程序存在重大瑕疵。公证机构在上述情况下仍为当事人办理了相关公证,程序不当。

(3)公证机构对合同签订的基本事实未进行见证。例如,沁阳市人民法院在(2014)沁执字第00488号执行裁定中认为,公证处在对公证时,公证员对《自然人保证担保借款合同》签订过程及款项给付的基本事实未进行见证,导致申请人与被执行人之间就贷款数额及担保数额的事实存在重大争议,因此,该纠纷不宜通过申请执行公证债权文书的方式解决。

(三)属于不得赋予强制执行效力的债权文书

该问题在第二部分已有详细论述,抵押合同、反担保合同、授信合同、融资租赁合同、收益权转让合同及很多法律关系复杂的合同,都出现过被裁定不予执行的案例。随着对强制执行公证制度认识的不断深入,法院不再以是否是《联合通知》所列举的合同或合同反映的法律关系复杂而简单作出认定,而是通过个案中公证书反映的法律关系是否明确、执行证书确认的给付标的是否具体而作出认定。

(四)公证债权文书的内容违反法律强制性规定

因违反法律强制性规定被法院裁定不予执行的公证债权文书有16件,其中,超过法定利率上限为最主要的原因,在统计的案件中出现过14次。

1. 利息、违约金及其他费用合计超出法定利率上限

之所以此类情况出现的次数较多,主要是因为当事人在合同中约定利率的同时,一般也会约定违约金、逾期利息或其他费用,虽然约定的利率不会高于法定利率上限,但只要执行证书最终确定的利息、违约金及其他费用合计超出法定利率上限,均会被法院认定违反法律强制性规定,从而裁定不予执行或部分不予执行。例如,河北省高级人民法院(2015)冀执复字第36号执行裁定书认为,还款协议中

既约定了按年利率8%的利息，又约定了日8‰的违约金，两者之和远高于同期银行贷款利率的4倍，违反了最高人民法院有关民间借贷利率上限的规定，在法律规定之内的利息依法应予保护，超出部分不应保护。同时，该裁定书指出，廊坊市中级人民法院（2015）廊执异字第2号执行裁定书认定以上述理由裁定将公证书及执行证书全部不予执行欠妥，河北省高级人民法院予纠正。

虽然此类案件数量较多，但随着强制执行工作的逐步规范，因超过法定利率上限被裁定全案不予执行案件数量已经大幅减少。北京高院《纪要》第15条也明确规定，债务人依据最高人民法院《关于审理民间借贷案件适用法律若干问题的规定》第26条的规定，以约定的借款年利率超过24%为由申请不予执行的，执行裁判部门经审理，对年利率超过24%的利息部分裁定不予执行。

2. 流质条款

流质条款是指在对物担保（抵押和质押）中，担保设定人与担保权人（抵押权人和质权人，即债权人）约定，在债务清偿期届满债权人未受清偿时，担保设定人将其担保物之所有权移转给债权人的约定。[①] 我国《物权法》第186条规定："抵押权人在债务履行期届满前，不得与抵押人约定债务人不履行到期债务时抵押财产归债权人所有。"第211条规定："质权人在债务履行期届满前，不得与出质人约定债务人不履行到期债务时质押财产归债权人所有。"担保法中也有相关规定。绥化市中级人民法院在（2014）绥中法执异字第9号执行裁定书认为，当事人签订的《还款协议》中约定了债务人（抵押人）到期没有还清借款，19套房屋（抵押物）直接归债权人（抵押权人）所有，该约定违反了《担保法》第40条规定的"订立抵押合同时，抵押权人和抵押人在合同中不得约定在债务履行期届满抵押权人未受偿时，抵押物的所有权转移为债权所有"的法律规定。

---

① 季秀平：《论流质契约的解禁》，载《河北法学》第23卷第4期。

（五）公证债权文书未载明被执行人不履行义务或者不完全履行义务时同意接受强制执行

将当事人同意接受强制执行的承诺明确写入债权文书，是强制执行公证成立的必要条件。实践中，该问题的主要表现为：未将当事人同意接受强制执行的意思表示写入合同中，或者虽已写入合同，但因表述欠规范，导致在后续的执行程序中产生争议；债权文书中虽有同意接受强制执行的条款，但该债权文书仅为部分合同，签发执行证书时将其他合同的其他当事人一并列为被执行人。例如，武汉市东西湖区人民法院（2016）鄂0112执异8号执行裁定书认为，《借款展期合同》属于债权文书，应当载明被执行人不履行义务或者不完全履行义务时同意接受强制执行的事项，但公证机构出具的公证书中却仅载明"四方当事人对合同条款均无异议，对该合同办理具体强制执行效力公证的法律意义和法律后果均已清楚理解"，没有明确载明"被执行人不履行义务或者不完全履行义务时同意接受强制执行的"承诺，因此，公证债权文书存在确有错误的情况。又如，南京市秦淮区人民法院（2015）秦执异字第2号裁定书认为，公证处仅通过公证程序赋予从合同强制执行效力，未赋予主合同强制执行效力，故主合同缺乏执行依据，而执行证书中却将主合同的债务人作为强制执行的对象，缺乏法律依据。

五、强制执行公证的发展趋势分析

综上可见，强制执行公证经历了一个从纸面上法律到实践中法律、从争议不断到渐趋统一、从原则性规定到不断细化、从注重制度社会功能到兼顾私权保护的过程，制度完善和运行也越来越从自发走向自觉、从被动应对走向主动适应。这是社会现实需求决定法律制度发展变迁，也是法律制度对社会现实回应的体现。在当前社会信用体系尚未完全成熟的情况下，随着经济社会的发展，人们的法律行为尤其是市场交易行为越来越复杂多样，而且越来越注重交易的安全、效率和经济，强制执行公证必然越来越受到重视。这种重视建立在制度本身固有的契合社会需要及其不断调整以适应、满足社会需要的基础上。换言之，一方面强制执行公证制度的发展会是立足现实需求和制度优势进行深度演进，发挥私权保护作用；另一方面会是遵循规律不断进行自我完善，同时兼顾其作为法律制度实现社会价值的一面，体现其制度的合理性、合法性和正当性。

（一）对接社会需求，以公证的证明效力和强制执行效力为中心，提供全供应链的服务

随着社会需求的日益多样，功能载体日益复杂，对强制执行公证本身的专业化、综合化服务要求越来越高。一是对强制执行公证服务内容的需求越来越全面。当前的强制执行公证服务主要是根据当事人的申请，对债权文书进行公证并依法赋予其强制执行的效力。主要是公证机构坐等当事人上门，让当事人提出公证申请并提供证明材料，由公证机构对当事人提供的证明材料进行审查，最后出具相关文书的模式。随着经济交往形式的丰富、社会分工进一步细化、互联网深入发展等，人们的需求越来越要求人性化、全面化，这种模式越来越不适应市场需要，强制执行公证只有不断拓宽服务内容，完善自身的综合法律服务类型及执行效力，才能在多元化的非诉纠纷解决机制下求生存、求发展。二是对强制执行公证服务效率的需求越来越高。强制执行公证越来越多地被社会认可，其主要优势即在于其相比于诉讼、仲裁等在督促债务人履行债务过程中相对较高的时间效率。时间就是金钱，这在商事活动中尤为重要，如若双方发生纠纷，无法协商化解，通过诉讼解决，即使简易程序亦须耗费数月时间，如若经过一审、二审程序，纠纷解决的耗时将更长，这也是强制执行公证为何更能迎合社会发展的需求。三是对强制执行公证服务经济性的需求越来越高。获取经济利益永远是商事活动中当事人追求的最大目标，如何尽可能地以最小的付出实现最大的回报，是当事人选择维权手段时常常优先考虑的重要因素。在多元化的纠纷解决机制中，强制执行公证想获得更大的竞争优势，在提升自身效率的同时，不断优化资源配置，节约花费成本，提升经济优势亦是重要的发展之道。

证明效力和强制执行效力是强制执行公证的核心。当事人选择强制执行公证,最终的需求是实现债权,而债权是否能通过公证实现,关键在于债权债务关系是否真实存在并符合法院强制执行的条件等,判断该事实依赖于公证本身的效力是否能得到最大的发挥。公证制度根本的法律价值在于其准司法的证明效力,强制执行公证的根本价值即是赋予债权实现形式在当事人意思自治基础上准司法的强制执行效力,一方面,通过公证的证明效力证明债权债务关系;另一方面,通过强制执行效力使债权能够被强制实现。故从满足社会需求、降低债权实现风险来说,公众对强制执行公证最根本的期待即是不断提升该项制度的证明效力和强制执行效力。不断提升两大效力,正是强制执行公证自我创新并适应社会需求的内在基础和根本价值所在。

综上,立足强制执行公证的证明效力和强制执行效力,改变以往只证明合同的方式,树立强制执行公证服务理念,对当事人提供全供应链的服务,是公证业务发展新的方向,也更能发挥公证制度预防纠纷的价值,一方面代表国家行使证明权,作为一个客观、公正、与客户无利害关系的证人,以国家的名义对公司或公民之间的契约关系作证;另一方面又作为掌握法律知识的专业人员,以快速经济实现债权为目标,创新性地为客户提供各种咨询意见、法律建议、风险处理及化解等预防并解决纠纷的全流程全方位服务,以维护和实现客户的最大利益。

(二)对接法院执行,以程序规范和立法完善为保障,促进裁判尺度和执行统一

强制执行公证制度最重要、最关键的是公证债权文书能否得到顺利执行,而这需要相关立法保障。恰如有学者所言,执行程序法是露出牙齿的法律,是"咬人"的法律,执行程序立法供给不足是我国执行难和执行乱的症结所在。[①]

---

① 参见肖建国:《从制度上阻击"执行难"》,载 http://www.zidir.com/hatml/xf/1266_02918.html,2016 年 12 月 30 日访问。

该制度涉及公证机构和法院强制执行两个环节。第一环节由公证机构签发执行证书，第二环节由当事人持执行证书向有管辖权的法院申请强制执行，法院受理后启动强制执行程序。标准尺度统一是强制执行公证由个案执行实现类案执行，减少不确定性的关键所在；与法院相关部门的无缝衔接是强制执行公证提高服务效率和经济性的关键所在。

但从实践中为看，公证机构尚未能与法院执行实现完全有效地对接，存在双方对程序认识不统一、司法裁判执行标准认定不一等情况，导致强制执行公证在保障债权实现的效果上仍然存在风险，行业内对其争议时有出现。具体而言，在第一环节，对于签发执行证书的条件和程序等仍然存在争议，甚至存在质疑执行证书的作用而建议取消执行证书制度的声音。不可否认，执行证书的签发程序可以督促债务人自行履约，减少诉讼发生；可以帮助法院尽快查清事实，减少工作量和执行阶段的异议率。但同时也存在着执行证书法律地位还不够明确、法院审查公证债权文书和执行证书的标准不够统一，导致公证机构无法适从等情况。在第二环节，法院有权依法审查赋予强制执行效力的公证债权文书，但如何审查却缺乏立法支撑，如对于该文书是形式审查还是实质审查、是由个人还是组成合议庭进行审查等存在争议，相关法律、法规和制度机制亟待完善。债权文书能否被法院接受并强制执行需要解决上述问题。当然，在当前立法尚未完善的情况下，对于司法不一现象，必要时只能对一些不便强制执行或存在不一观点的情形通过事先约定尽可能地避免，最终解决还有待出台法律加以规制。

因此，今后推进强制执行公证制度的发展，势必通过实践推动立法的方式，逐步消除公证机构与法院之间在法律适用、程序适用上的分歧，进一步对接法院执行，以促进裁判尺度统一为目标，不断提升执行效率。

（三）对接法治建设，以业务创新和提升影响为手段，充分发挥制度功能

强制执行公证是法律赋予公证机构的特殊职能，对预防纠纷、减

少诉讼、督促债务人及时履行义务、保护债权人的合法权益、及时调整债权债务关系等具有重要意义。党的十八届四中全会提出了全面推进依法治国的目标,强制执行公证作为国家法律制度一种,必须融入国家法治建设进程,充分发挥其预设的制度功能和价值,才能获得持续不断的发展。从发展历程来看,强制执行公证也正是立足于自身特点,不断适应经济社会发展需要,创新业务领域和服务手段,充分发挥其预设的风险防控、快速实现债权等制度功能,才得以走到今天并不断提升其影响力。

强制执行公证的创新发展需要立足于制度的内在逻辑。强制执行公证制度运行的重要基础在于当事人的意思自治,可以说强制执行公证是当事人意思自治的延伸和必然需求。随着市场经济的发展,在民商事关系领域法律赋予了当事人越来越多的选择自由。概括而言,只要不违反国家强制性法律规定的事项,当事人的意思自治已越来越多地得到社会的普遍认可。相应地,在意思自治催生下的强制执行公证领域,对于何种债权债务关系适用强制执行公证应更多地给予当事人选择的自由,使意思自治在强制执行公证过程中得到最大限度的体现,继而拓宽非诉方式的解决途径,节约司法资源。如今市场经济的发展必然带来法律关系的日益复杂,立法应通过对强制执行公证范围的扩展,给市场经济提供法制环境下更广阔的自由发展空间,提升市场活力。

强制执行公证功能的充分发挥需要增强其社会接受性。相比传统的诉讼业务,强制执行公证发展历程相对较短,聘请律师走诉讼程序在不少人心中已是实现债权根深蒂固的惯常思维。相比高昂的诉讼成本,物美价廉的强制执行公证赢得群众的普遍认可还需要时间与事实的推动。在完善强制执行公证制度,不断提升其执行效力和权威性的同时,加大对强制执行公证的宣传推广同样不容忽视。相关部门应通过网络媒体加强对强制执行公证典型案例、相关机制的报道,突出对其服务理念与制度优势的宣传,突出其解决实际问题的功效,加强群众参与,营造社会氛围,让更多的人了解强制执行公证,提高强制执行公证的社会认同。

六、公证行业的应对措施

面对强制执行公证发展的新形势、新任务、新需要，公证行业应提高站位，转变观念，化被动为主动进行理论研究，准确地把握制度发展的规律、特点等，乘势而上做好理论储备和支撑；抓住当前制约行业发展的关键问题，顺势而为进行突破和创新，同时因势利导，兼顾经济社会、行业发展所处的阶段和区域需求特点，有所为有所不为，做深、做强、做大特色法律服务。

（一）加强理论研究

理论来源于实践又指导实践。在探索完善强制执行公证制度过程中，需要重视理论研究的基础性、指导性作用。强制执行公证制度是在不断探索和总结我国法治建设经验的基础上建立和发展起来的，并在实践中显示出强大的生命力，但还有许多重大理论问题需要进一步研究、阐明，有许多工作机制、工作程序方面的问题需要进一步探索、完善，需要重新审视、重视理论研究的重要意义，理顺理论研究的方向、思路。

1. 问题导向，服务实践

开展理论研究，既是对强制执行公证原理、工作规律的认识过程，也是把握工作动态、进行理性思考、解决适用法律政策中疑难问题的实践过程。理论研究包括基础理论研究和实务研究两类。基础理论研究重在研究宏观、抽象性问题，研究强制执行公证的性质、地位、职权配置等深层次问题；实务研究重在研究工作机制和具体业务问题。有必要坚持问题导向，立足强制执行公证业务实际，厘清当前上述两类研究的重点、难点，通过专题性研究等方式，突出研究的针对性和实效性，在重要的问题上达成共识，并及时促进成果转化为解决问题、服务业务、推动立法的实际效果。

2. 内外挖潜，整合资源

针对当前理论研究与实际工作的结合还不够紧密，高质量、有深度的研究成果还比较少，为政策立法出台、为业务服务的作用还没有得到充分显现等实际，走内外挖潜相结合、理论研究和实践探索相结合的道路，倡导整合行业资源、组织行业之力进行科学研究、论证，同时适当吸收有关专家学者参与，以提高研究成果的质量。

3. 加强宣传，提升影响

理论研究在解决业务问题的同时，能够提升制度的深度、广度和形象。针对当前强制执行公证乃至公证理论研究在理论和实务界影响还不够的实际情况，在提高理论成果质量的同时，对于强制执行公证的功能优势、典型案例等，应通过借助微信、微博等新媒体、行业内外交流研讨等方式，加大宣传推广力度，提升强制执行公证的行业和社会影响力。

（二）完善公证程序

完善、规范的程序是提供可预期、可确定的服务的关键。从实践发现的问题和未来发展趋势来看，规范强制执行公证程序，发挥程序对实体的保障功能，是公证工作的当务之急。这既是提高公证质量，用过硬的质量取信于民，发挥公证在社会治理中的作用的需要，也是通过在重大程序问题上达成共识，降低公证执业的不确定风险的需要。总体而言，以下三个方面尤为重要：

1. 完善审查范围和标准

推动形成相对统一的强制执行公证审查标准，明确审查要求，对提升强制执行公证的办理质量有重要的推动和规范意义。首先，确定强制执行公证的审查重点、证据标准，建立与公证职能、责任、收费相匹配的审查标准，包括审查债权文书成立、有效的各项法律要件，以及是否违反法律强制性规定，债权债务关系是否明确，标的是否可被强制执行。不同事项的证据标准也不应“一刀切”，应根据当事人的特征、处分行为属性、合同标的额等有所差别，或是要求“证据确实充分”或是达到“优势证据”即可，如标的额几十万元的民间借款合同，就不需要审查双方的婚姻状况，配偶是否同意，仅须审查合同当事人的意思表示是否真实，合同内容是否真实合法；而涉及房产抵押的借款合同，就不能仅依据房产证上载明的权利人作出判断，须对抵押人的财产权属情况、婚姻状况进行严格审查，涉及夫妻共同财产的，配偶必须同时作为公证申请人。其次，区分公证业务的法律风险和社会风险，明确公证员在该项公证业务中的基本职责、义务，不因小概率因素加重当事人的程序负担，不将系统风险防控义务加诸个案之上，如民间借贷的资金来源审查问题，不能因为资金来源未实质审查而认定公证员未尽到尽职审查义务。最后，结合公证新介入的领域特点对新型业务模式的审查尺度迅速作出回应，掌握交易模式的内在机理和与公证契合的关键因素，在不违反法律的情况下尊重其交易模式，不设置违反其交易习惯和惯例的程序障碍，同时深挖风险点，做好系统风险防控，如现在公证领域广泛开展的信托融资领域公证业务，均是公证与信托交易模式结合而创设的新型业务模式，带动了公证业的发展。

2. 规范出具执行证书程序

对债务履行情况进行核实，出具执行证书，是强制执行公证进入执行程序的关键环节。首先，对当事人主体资格和债权主张的审查，是否是原公证书中的当事人，有无发生债权转让或继承等情况，债务人是否死亡，配偶是否作为共同债务人出现，第三人抵押担保是否办理抵押登记，债权人是否提供合同履行的证据。公证员应当引导债权人在法律规定和合同约定的范围内合理主张自己的债权请求，并指导债权人在法律规定的范围内核算债务履行情况，以明确具体的债权数额。对债权人主张不符合法律规定的部分或超过合同约定的部分，应当依法予以纠正，同时还应当告知债权人不如实主张债权将会面临被法院裁定不予执行的相应后果。其次，完备核实程序，按照合同约定的核实方式进行核实，以能够确认核实信息可以有效送达债务人为原则，如出现由于联系不能而需要以拟制事实代替客观事实的情况，要穷尽所有已知的联系方式进行核实。根据案件的具体情况，给予债务人合理和必要的举证期间。债务人提出异议的，应要求其针对异议主张提供相应的证据，对于债务人提出的证据能够证明其异议情况的或足以动摇申请人的债权主张的,应当告知双方当事人通过诉讼程序解决纠纷。对于部分债务人仅试图通过故意拖延异议举证期间,或无法就其异议主张提出相应证据的,则应当由债务人承担举证不能的后果,不应当因此影响执行证书的出具。最后,起草执行证书时,要将公证债权文书签订的简要情况写入执行证书,并将合同中约定的、与最终确定的执行内容有关的主要条款,予以适当总结和提炼,一并列入执行证书,确保最后的执行内容有据可查。在执行证书中简要描述公证机构对债务履行情况的核实过程,以说明公证机构出具执行证书的过程已遵守了约定的或法定的核实程序,并已经尽到充分的审查、核实义务。确保债务数额明确、具体,符合合同约定,同时不违反法律规定,明确各个被执行人的责任范围,确保各债务人责任分配合法、准确。

3. 强化假人、假证、假合同审查

假人、假证是公证执业面临的普遍而且具有根本性的问题。首先,做到"人证相符",核对债务人包括担保人的身份信息,通过比对身份证、户口本、婚姻状况证明以及有技巧、有针对性的询问方式来确定当事人的身份情况。有条件的公证处配备人脸识别系统,通过对身份证件上的信息与现场拍照取得的信息进行识别匹配。针对有些兄弟姐妹之间的"假冒"情况,肉眼识别+机器识别可能并不奏效,需要公证员凭借丰富的办证经验来判断"真假",从当事人的神态、说话语气、态度、对办理公证事项的知晓度等综合来把握。其次,做到"证证相符"。常见的房产抵押贷款情形下,抵押人为隐瞒共有权人存在的情况,往往声称自己未婚、抵押物系己方个人财产。公证员在办理涉及查明抵押物权属的情况时要综合考虑一系列证件所反映的相符问题,如对户口本、结婚证、离婚证、民事调解书、购房证明、产权证明等综合考虑进行匹配,查明是否"证证相符",避免因未尽到审查、核实义务,导致执行证书被裁定不予执行。最后,做到"形实一致",在银行、信托公司、担保公司等金融机构为一方当事人的情形下,格式合同文本居多,内容一般比较完善,形式与实质相符的程度较高。而在民间借贷领域，尤其要注意审核合同内容的表象和实际的交易情况是否一致，也就是上文提到的阴阳合同问题。民间借贷的实际复杂情形并不是公证机构一纸符合规定的合同文本所能承载的，如私下高利率、保证金、服务费的约定，名为借贷实为买卖或者投资等，有从业领域限制的基金公司、典当行等机构将合同改头换面成其他合同等，公证员在承办该类业务时一定要"抽丝剥茧"，厘清当事人之间真实的法律关系，注意区分包装后的合同实质是否符合法律的规定。

(三)推进业务创新发展

业务创新是解决当前强制执行公证面临诸多问题的重要手段。结合上述有关行业发展趋势的论证，强制执行公证的创新发展至少包括以下三个方面：

1. 理念观念、思维方式的创新

随着事业单位管理体制的改革，传统的、带有行政化色彩的公证业务已经不是公证行业发展的主要支撑，公证业务发展应该由权力思维向用户思维转变，弱化公证的行政垄断色彩，强调公证的法律服务属性；由传统的坐堂办证思维向简约、极致、迭代思维转变，为当事人提供更为便捷、高效、人性化的服务，并根据市场的需要适时推出新的服务内容和方式；由单兵作战、各自为政向大数据思维、平台思维转变，在实现办公、办证系统的信息化基础上，在全行业建立一个统一的信息平台，利用大数据思维和平台思维实现与相关行业(金融、房管、法院等)的互联互通，并在这个过程中彰显公证行业的不可替代性；由顽固保守向跨界思维转变，不再固守传统的业务边界，而是立足强制执行公证的优势，适应经济社会发展和市场主体需要，提供符合当事人需求的公证产品和服务，并做精做强。

2. 服务内容、方式方法的创新

基于强制执行效力而证明合同并赋予强制执行效力的服务内容和工作方式越来越同质化，价值含量会越来越低。这就要求强制执行公证的持续发展需要延伸服务链条、拓宽服务内容，如从公证之初即加强对债权合同各项合法性因素的综合审查，明确当事人知晓各项权利义务及可能承担的法律后果，固化当事人真实的意思表示，引导当事人规范立约，尽可能避免后续因条款争议、非法因素等产生的债权纠纷。同时，加强对当事人证据保全意识的提醒，对于钱款收支等重要事项应提前提醒证据的收集、保存，将强制执行公证服务的服务内容拓宽至涵盖提存、资金监管、支付监管等各类公证法律事务，避免后续纠纷。从纠纷解决入手，及时减少风险损失，包括对强制执行公证中债务人、担保人可能的证据突袭行为进行妥善处理，对强制执行公证中债权文书可弥补的合法性瑕疵进行处理等。

3. 业务领域、平台机制的创新

民商事活动对强制执行公证有着较大的社会需求，如近年来，社会的融资需求和融资规模越来越大，参与主体越来越多元化，各类金融衍生品层出不穷，尤其是互联网金融的兴起，彻底改变了传统金融的模式，金融公证逐渐成为公证创新发展的重要领域。有必要依托强制执行公证的强制执行效力、中立的第三方地位、法定的提存优势等核心资源，拓宽服务领域，搭建服务平台，如北京市中信公证处建立的社会金融公证服务平台，紧紧围绕公证债权文书的强制执行效力这一核心将公证法律服务分别向前、向后延伸，建立起一个完整的服务平台，使公证服务覆盖整个金融产业链。此外，建立全国统一的公证登记平台也是行业的当务之急，1995 年的《担保法》早已确定了公证机构是动产抵押的登记部门，但二十多年来，公证机构并未建立起全国统一的抵押登记平台，在实践中也只有少部分公证机构在办理此项业务。平台的缺乏导致抵押权人无法查询抵押物的权利负担状态，债权人出于对风险的考虑不敢贸然接受当事人提供的抵押物，因此，阻碍了社会资金的有效配置甚至影响到全社会创新、小企业孵化。公证登记平台的建立也是满足社会防范金融风险的需求。

七、关于最高人民法院出台司法解释的建议

从前文的梳理可见，目前我国有关公证债权文书强制执行法律

依据散见于《公证法》《民事诉讼法》《公证程序规则》、最高人民法院、司法部《关于公证机关赋予强制执行效力的债权文书执行有关问题的联合通知》等法律、法规、司法解释以及地方性规定或文件中，尚未形成完整的体系，整体法律位阶较低，尤其是分散于诸多批复性的司法解释中，显得相对凌乱，且前文的研究也表明，该制度在司法实践操作的过程中还有许多值得完善的地方。

据此，建议出台专门的司法解释，对当前已经达成一致意见的相关可操作性规定进行归拢，对实践中已经成型并具有可操作性的做法进行固化，对一些原则性的规定进行细化，对一些相互冲突的规定进行梳理、替换等。结合前文研究，建议在新的司法解释中至少对以下问题进行完善：

（一）关于可赋予强制执行效力公证债权文书的条件和范围问题

可赋予强制执行效力公证债权文书的条件和范围是公证债权文书强制执行制度中的基本性问题。建议采取概括式立法的方式，明确可赋予强制执行效力公证债权文书的条件，原则上符合条件的债权文书均可以赋强。同时，列举出常见的债权文书类型，适当扩大强制执行债权文书公证之范围，除《联合通知》规定的范围外，还包括融资租赁合同、授信合同、委托保证合同、收益权融资合同、单方保函等实践中已广泛开展强制执行公证业务的合同类型。鉴于公证债权文书范围的扩大，《联合通知》关于债权人和债务人的称谓问题也需要做相应调整，建议修改为“权利人”和“义务人”。除此之外，还有两个争议较大的问题需要明确：

1. 明确可单独对担保合同（包括物保和人保）赋予强制执行效力

虽然最高人民法院《关于人民法院办理执行异议和复议案件若干问题的规定》和最高人民法院（2014）执他字第36号《关于含担保的公证债权文书强制执行的批复》已经明确包含担保协议的公证债权文书，人民法院可以强制执行，但如上文所述，该问题在实践中仍然存在争议。连带责任保证意味着保证人与主债务人对主合同债务均负有全部清偿的责任，一旦主债务人到期不履行主合同债务，债权人既可以要求主债务人清偿债务,也可以要求保证人承担保证责任。对哪一个合同申请强制执行公证,属于当事人意思自治的范围,如果保证人愿意作出接受强制执行的承诺,公证机构不应当干预,也不应强迫主债务人必须同时作出承诺。关于出具执行证书阶段核实的问题,只要在保证合同中约定由保证人承担核实债务人违约的主要举证责任即可。

2. 明确双务合同在满足条件的情况下可以赋予强制执行效力

双务合同中双方互负义务,一方请求权受到对方抗辩权的制约,因此大多数人认为双务合同不符合"债权债务关系明确"的要求,所以主张可赋予强制执行效力的公证债权文书应限于"单务性"的债权文书。但是在社会交易活动中,当事人订立的合同绝大多数为双务合同,且《联合通知》中也规定了诸如借款合同、借用合同、租赁合同等双务合同可以赋予强制执行效力,尤其是借款合同已然成为最为常见的公证债权文书,如果仅将公证债权文书的范围限定于单务合同,不利于充分发挥赋予强制执行效力公证制度在维护市场交易稳定、化解民商事纠纷的作用。双务合同能被赋予强制执行效力须同时满足两个条件:一是双务合同应具有明确的先后履行顺序。一方当事人按约完全履行了自己的义务后,对另一方当事人便享有单方、纯粹的债权,公证机构对合同履行情况进行核实后可出具执行证书。二是合同关系明确。给付标的仅限定为货币、物品、有价证券,给付债务的数量要确定。

(二)关于公证债权文书与诉讼程序的衔接问题

按照现在的制度设计,公证债权文书是排斥诉权的,只有人民法院裁定不予执行后,当事人才可以提起诉讼。诉讼的目的在于通过审判程序判定当事人之间的权利义务关系并取得执行依据,而赋予强制执行效力公证也是债权的一种法律确认,其本身就是执行依据,因此,在同一实体法律关系上,当事人不能同时设立两个程序法上的效力。基于当事人意思自治的选择,经公证程序赋予债权文书强制执行效力后,债权人已然取得了一份具有法律效力的执行依据,就不能再取得另一份执行依据，当事人任何一方均不得在公证债权文书有效的情况下再向法院提起诉讼。但在一些特殊情况下，当事人诉权可不再受到法律限制。实践中会遇到公证机构无法出具执行证书的情况，公证机构通常会作出“不予出具执行证书的决定”，这种情况下的诉权是否恢复存在争议，影响了当事人救济权利的行使。

建议司法解释对诉权恢复的情形予以明确，如公证机构出具“不予出具执行证书的决定”；公证债权文书的执行申请由于不具备形式要件而被法院裁定不予受理；因给付内容不具体、不明确，或者没有载明强制执行承诺而被法院裁定驳回执行申请。

关于公证方面的建议表述为“公证机构出具执行证书时应尽到谨慎审查的义务，重点审查债权人履行合同义务的事实和证据以及债务人不履行或不完全履行债务的事实，如公证机构确实无法查明合同履行情况，出具了不予出具执行证书的决定的，当事人可向人民法院提起民事诉讼”。

（三）关于公证债权文书被裁定不予执行后的救济程序问题

关于人民法院裁定不予执行公证债权文书后当事人能否提出执行异议复议以资救济的问题，理论和实践中还有争议，有观点认为将执行法院对公证债权文书的审查作为执行行为，适用《民事诉讼法》第225条规定的程序，当事人对裁定不服的，可以向法院提出异议，对法院驳回异议的裁定还可以向上一级法院提起复议。也有观点认为，执行法院对公证债权文书的审查是对执行依据的司法监督，是法院执行工作的一部分，但并非执行行为，不能适用执行异议和复议的程序解决，应通过诉讼程序解决。上文的数据显示，在541件一裁终结的案件中，赋予当事人复议权利的案件有509件，占比94%，可见，实践中设置复议程序的倾向较为明显。

北京高院《纪要》具体规定了公证债权文书执行中可以提出复议的一些情形，包括裁定驳回执行申请、裁定驳回不予执行公证债权文书的申请、因利害关系人提出不予执行申请裁定不予执行、依职权裁定不予执行、裁定部分不予执行。对于裁定全案不予执行的，没有作出规定。从法理上分析,对裁定整个案件不予执行的公证债权文书,同样要赋予当事人申请复议的权利。当事人双方达成合意,依照严格的公证程序,获得具有执行力的公证债权文书,由执行法院一个裁定就除去了执行力,进入漫长的诉讼过程。根据"有权利必有救济"的法治精神,应该设置上级法院的复议程序。有反驳的观点认为,当事人可以通过诉讼得到救济,不予执行的裁定没有否定和消灭当事人的实际权利。但是"迟来的正义并非正义",诉讼在时间上、物质上的成本都是很高的,而增加复议程序的成本是很小的,不收费用,时间也比较快。建议司法解释对该问题予以明确,执行法院对公证债权文书的审查应适用《民事诉讼法》第225条规定的程序,债权人对裁定不服的,可以向法院提出异议,还可以向上一级法院提起复议。

(四)关于人民法院的审查范围和标准问题

从方法论上来看,确定人民法院对公证债权文书的审查范围和标准有两种方式:一是从正向直接明确规定的方式,比如根据最高人民法院[(2014)执他字第36号]《关于含担保的公证债权文书强制执行的批复》,人民法院对公证债权文书的执行监督应从债权人的债权是否真实存在并合法,当事人是否自愿接受强制执行等方面进行审查。这种审查是实质性的审查。二是从反向规定不予通过审查的情形,如最高人民法院《关于适用〈中华人民共和国民事诉讼法〉的解释》第480规定的可以认定为公证债权文书"确有错误"的情形包括"(一)公证债权文书属于不得赋予强制执行效力的债权文书的;(二)被执行人一方未亲自或者未委托代理人到场公证等严重违反法律规定的公证程序的;(三)公证债权文书的内容与事实不符或者违反法律强制性规定的;(四)公证债权文书未载明被执行人不履行义务或者不完全履行义务时同意接受强制执行的。"可见,该条规定既包括实质审查也包括形式审查,如对文书类型的审查属于形式审查,而对内容与事实是否相符等则属于实质审查。由于公证债权文书合法性是法院强制执行程序合法与正当性的基础,执行措施直接影响到当事人的权利义务并具有强制性,且公证程序规则不如审判程序缜密严谨，因此，法院在执行过程中适当地对公证债权文书的进行实质性的审查是必要的。对哪些问题进行形式审查、对哪些问题进行实质审查；同时，还有两个问题值得注意：一是是全面审查还是仅对被执行人提出的异议进行审查；二是法院能否主动依职权审查。

基于我国公证制度的性质和功用定位，公证机构承担着国家证明权的责任，在各个阶段的责任均为实质审查，即对公证事项的法律真实性和客观真实性负责。尤其是公证机构在签发执行证书前，还需要依法履行审查义务，既有形式上的审查，也有实质上的审查，所以其出具的执行证书的真实性、合法性应受到法律强制力的保障，除非涉及明显违法或损害他人利益的情形，法院无须进行实质审查，只须进行形式审查。一方面，能有效地避免法院和公证机构的重复劳动，合理利用了有限的司法资源；另一方面，是对当事人意思自治、程序选择权的尊重，也是兼顾司法被动性和作为维护社会正义最后一道防线社会功能的体现。

综上，建议以立法的形式明确法院采取形式审查为主、实质审查为辅的审查方式，即法院对债权人提交的公证材料应采取形式上的审查，主要是审查申请执行的材料是否齐全、申请人和被执行人主体是否适格、申请期限是否逾期、受案法院是否具有管辖权等。这种审查是为了保证公正债权文书能否形式上进入执行程序，因此，应该是依职权进行的全面审查。对公证债权文书制发的程序是否合法、给付内容是否确定、内容是否合法、是否载明债务人愿意受强制执行的承诺等实质性问题，只有被执行人提出异议或“明显”缺乏事实根据或违反法律规定或损害被执行人合法权益的情形存在，否则，一般都应当予以执行；其中，对于被执行人异议的审查，从尊重当事人意思自治、保障司法被动性的角度出发，应局限于异议的内容，而非全面审查。

（五）关于当事人死亡情况的处理

我国继承法采取的是限定继承原则，而且继承人和继承范围都应当通过一定的途径予以确定。在诉讼或执行程序中遇到当事人死亡的情形时,都是中止当前程序,先确定继承人和继承范围,而后才能确定后续程序如何继承进行。在出具执行证书过程中债权人死亡的,其继承人或权利继受人取得相关证明材料,可以向公证机构申请出具执行证书;债务人死亡的,其权利继受人是被执行人,法院往往要求在执行证书中列权利继受人为被执行人。但是,此时权利继受人一般都不会配合,导致执行证书无法出具。建议做如下处理:公证机构能够查明继承人情况的,且继承人对承担债务没有异议,可以出具执行证书,原债务人和继承人均列为被执行人;如公证机构无法查明继承情况,或者继承人之间有争议,则不宜出具执行证书,当事人通过诉讼途径解决。

(六)关于阴阳合同的问题

如上文所述,在当事人之间对同一笔债权存在多个合同时,公证哪一个合同属于当事人意思自治的范围,不能简单地以存在多个合同为由认定公证债权文书的内容与事实不符。经过公证且赋予强制执行力的债权文书,是双方当事人在申请办理公证时合意的结果,意思表达真实、明确。在债权文书公证过程中,公证机构已经尽了自己应尽的审查义务,不能因为非当事人的原因而推翻具有法律效力的公证文书。因此,双方当事人私下另行签订“阴合同”的行为不能影响公证债权文书的效力。建议取消北京高院《纪要》第 14 条第 2 项的规定,“债权人与债务人就同一事项订立两份不同内容的债权文书,其中一份经过公证且赋予强制执行效力的”不应当被认定为“公证债权文书的内容与事实不符”。如果实践中出现阴阳合同的情况,根据公证证明效力的优先性,应当以经过公证且赋予强制执行效力的债权文书为准。

理 论 篇

新常态下公证业务的路径选择

北京市中信公证处主任　王明亮

一、公证既有业务的优化和创新

（一）涉外、国内业务的主要种类

（二）公证业务的发展创新

二、互联网时代公证的跨界业务路径

（一）互联网时代的基本特征

（二）互联网时代公证行业面临的挑战

三、公证业务发展的路径选择

（一）传统领域的公证业务如何巩固

（二）新的业务领域如何拓展

2014年5月，中共中央总书记习近平在河南考察时说，中国发展仍处于重要战略机遇期，要增强信心，从当前中国经济发展的阶段性特征出发，适应新常态，保持战略上的平常心态。这是中央领导人首次以"新常态"来描述新周期中的中国经济，新常态之"新"意味着与以往不同，新常态之"常"意味着相对稳定，这就意味着中央高层对我国现阶段的经济形势有了新的判断，习近平认为未来的中国经济将会呈现出如下三个主要特点：速度——"从高速增长转为中高速增长"，结构——"经济结构不断优化升级"，动力——"从要素驱动、投资驱动转向创新驱动"。笔者认为，作为主要服务于民商事领域的公证法律制度这一上层建筑也将不可避免地紧跟其经济基础的发展趋势：性质——"由权力向服务转变"，业务领域——"由传统领域向新兴领域转变"，动力——"由行政驱动向市场驱动转变"，这三个问题也是公证制度将来要健康发展所必须厘清的三个基本问题。市场经济模式要求公证制度必须向着法律职业化、服务精细化的方向发展，本文欲以公证业务的发展为突破口，来重新反思市场经济下的互联网时代到底需要什么样的公证法律服务？我们如何对现有的传统业务进行巩固并进行新的业务领域的拓展？进而引起广大同人（法律职业共同体）、学者参与到对公证权的基本性质、公证体制改革的终极目标、公证制度发展的基本动力等一些关乎行业生死存亡的根本问题的讨论中来，以期对公证行业的下一步改革提供一些思考。

一、公证既有业务的优化和创新

（一）涉外、国内业务的主要种类

传统的公证业务分为涉外业务和国内业务，二者的分类标准是公证机构所出具公证书的使用地是在国内还是国外，公证书在国内使用的为国内业务，公证书在国外使用的为涉外业务。国内业务又分为民事类业务和经济（商事）类业务，民事类业务主要指的是公民个人之间因婚姻家庭、遗产继承、购买或处分不动产、资金借贷而产生的公证业务，主要包括遗嘱、继承、赠与、民事协议（包括婚前财产协议、夫妻财产约定、离婚协议等）、委托、声明、民间借贷等公证事项。经济（商事）类业务主要指的是企业之间或企业与公民个人之间因各类商事活动而产生的公证业务类型，主要包括法人授权、股权转让（质押）、向银行或其他非银行金融机构的贷款融资、证据保全、现场监督等公证事项。涉外业务主要见于我国的公民个人或企业前往国外旅游、留学、移民或投资等领域，其基本的公证业务种类为出生、无犯罪、亲属关系、国籍、证明信、委托、声明、学历、学位、成绩单、各类证照、公司章程、法人授权、签名等公证事项。

（二）公证业务的发展创新

自 2000 年 7 月国务院批准了司法部《关于深化公证工作改革的方案》以来，公证机构由原来的司法行政机关的内设科室逐步改制为享有独立法人地位、依法独立行使公证职能并独立承担民事责任的事业单位,这大大激发了广大公证从业人员的业务办理积极性,公证从业人员的法律职业化水平和市场服务意识也随之得到大幅提升。一些东部沿海经济发达地区和部分西部地区的公证机构形成了自己鲜明的业务特色:北京、成都和包头的一些公证机构从公证债权文书的强制执行效力出发,敏锐地寻找市场需求,向包括银行、信托公司、典当行、融资性担保公司在内的各类金融机构宣传公证制度在预防纠纷、快速实现债权方面的优越性,使公证已经成为这类公司开展正常业务的关键一环,取得了良好的社会效果;上海和厦门的一些公证机构从公证文书的优势证据效力出发,牢牢地抓住市场需求,设计并开发了一整套各类证据固定的软件系统,在方便社会各界维护自己合法权益的同时又使公证制度在证据领域不可替代的作用得到极大地彰显;昆明的一些公证机构利用自身在不动产登记领域的专业优势积极延伸公证法律服务的"链条"、拓展公证法律服务的领域,使公证成为了当地二手房交易的消费习惯,同时,"绿色继承"的实践更是有利于提升我们整个行业在社会大众心目中的专业形象和公益形象,让公证变得真正的有价值。

二、互联网时代公证的跨界业务路径

(一)互联网时代的基本特征

互联网技术发展的本质是让互动变得更加高效,包括人与人之间的互动,也包括人机交互。在互联网时代,由于互联互通技术的高效应用,信息割据成为历史,任何形式的垄断将变得不再可能,商品和服务的提供者都必须坚持以用户体验为中心,利用(移动)互联网、大数据、云计算等技术围绕用户建立起一整套商品或服务提供的模式,以赢得用户的认可。对于互联网时代的基本特征,笔者更愿意借用和君集团合伙人赵大伟在其畅销书《互联网思维独孤九剑》中所归纳的互联网时代的九大思维:用户思维、简约思维、极致思维、迭代思维、流量思维、社会化思维、大数据思维、平台思维、跨界思维。在这九大思维中,用户思维是核心,它指的是商品和服务的提供者必须从整个价值链的各个环节，建立起“以用户为中心”的企业文化，只有深度理解用户才能生存。简约思维、极致思维、迭代思维这三类思维关注的是商品和服务的提供者向用户提供商品和服务的质量，只有能够持续地向用户提供简单的、超越其预期的、不断更新换代的商品和服务的组织才能在市场竞争中立于不败之地。流量思维、社会化思维、大数据思维、平台思维这四类思维关注的是商品和服务提供者的营销方式，只有能够首先引起用户的关注并在利用大数据精准地分析每一位用户需求的基础上，再利用互联网技术向其推介自己的商品和服务以满足用户的需求、达到各方共赢的组织才能在互联网时代逐步发展壮大。跨界思维关注的是商品和服务提供者的创新能力，跨界思维是互联网时代的标志，一个组织乃至一个行业在互联网时代必须具备在法律的框架之内敢于创新的勇气和能力，才能不被其他行业和组织跨界打劫甚至遭遇毁灭。

总的来讲，这九大思维的本质是：民主、开放、平等，民主指的是商品和服务的提供者在打造自己的商业模式时必须充分听取用户的意见和建议，让广大用户的优质体验贯穿到整个商业模式的每一个环节。开放指的是在互联网时代，一个组织的价值，是由其掌握的信息量决定的，开放变成一种生存的必须手段，你不开放，就没有办法去获得更多的链接，也就没有办法掌握更多的信息量，大数据也就无从谈起。平等指的是在互联网时代任何一个组织和个人都是平等的，没有哪个组织和个人是互联网的中心，每一个个人或组织都可以在互联网中自由地表达自己的观点和意愿，并付诸自己的行为，为自己的行为负责。

（二）互联网时代公证行业面临的挑战

1. 由权力思维向用户思维转变

公证权的性质到底是什么？是国家权力还是社会服务？围绕这个问题，学界和实务界有多种不同的观点，但主流的观点认为公证权既不是典型的国家权力也不是一般意义上的社会服务，而是将公证权定性为社会公共权力中的证明权，这种权力是居于国家权力和社会服务之间的一种法律授予的权力，兼具公权力和社会服务的特征。但笔者想要表达的是，不论公证权的性质如何，在互联网时代下首先要强调的一定是公证权的法律服务属性，这是社会经济发展的大势所决定的，公证制度的发展不能逆历史的潮流而动，离开了用户思维，公证制度的发展只不过是一句空话。

2. 由传统的坐堂办证思维向简约、极致、迭代思维转变

传统的办证方式是公证机构坐等当事人上门，让当事人提出公证申请并提供证明材料，由公证机构对当事人提供的证明材料进行审查，最后由公证机构对当事人的公证申请出具公证书的模式。互联网时代要求我们必须为当事人提供更为简约（当事人更明白、少跑路）、极致（超越当事人的预期）的服务，并根据市场的需要每隔一定的周期推出新的服务内容和方式（迭代思维）。

3. 由单兵作战、各自为政向大数据思维、平台思维转变

传统的公证业务办理是由各公证机构的公证员具体负责，各公证机构之间甚至是在公证机构内部并未对各公证事项形成电子化的案卷资料，更未建立对各公证申请人的诚信档案、公证法律消费习惯的大数据分析系统，各公证机构和公证员还处在单兵作战、各自为政的状态，整个公证行业一盘散沙、信息闭塞。互联网时代要求我们在实现办公、办证系统的信息化基础上，在全行业建立一个统一的信息平台，利用大数据思维和平台思维实现与相关行业（金融、房管、法院等）的互联互通，并在这个过程中彰显公证行业的不可替代性。

4. 由顽固保守向跨界思维转变

前文曾提到，传统公证行业的业务领域主要集中在遗嘱、继承、赠与、民事类协议、委托、声明、股权转让（质押）、贷款融资、证据保全、现场监督和涉外等领域。但随着互联网时代的到来，跨界“打劫”已经不再是什么新鲜事了：房多多“打劫”了房屋中介、余额宝“打劫”了银行、淘宝“打劫”了实体店铺、微信“打劫”了短信、数码相机“打劫”了乐凯胶卷、E-mail“打劫”了邮局、苹果“打劫”了诺基亚……即便在我们熟悉的法律服务领域，赠与公证、上市公司的股权质押公证业务

已经被“打劫”、中华遗嘱库将要“打劫”遗嘱公证、中国财富传承管理师联盟将要“打劫”继承公证、安存将要“打劫”证据保全公证……如果我们现在仍然不努力、不反思、不创新并继续顽固保守，那么公证行业会越来越被边缘化。这绝不是危言耸听，笔者的观点是：如果社会有需求你不去满足，那么一定会有其他的制度和方式去满足社会的需求，等其他制度和方式取代你以后，你再想站出来的时候恐怕也就没你公证什么事儿了。互联网时代的座右铭是：你今天不去跨界“打劫”别人，你就被别人跨界“打劫”。

三、公证业务发展的路径选择

（一）传统领域的公证业务如何巩固

前文提到，传统领域的公证业务岌岌可危，笔者认为应当从如下几个方面巩固传统公证业务不被跨界打劫：

（1）全行业统一认识，一方面争取提高遗嘱公证的收费标准；另一方面增加对遗嘱公证补贴的力度，适当提高承办遗嘱公证人员的绩效工资，同时设立专人负责办理遗嘱公证的审批和投诉复查工作，减轻承办公证员的内部责任并防止投诉复查人对承办公证员进行过度的纠缠。众所周知，遗嘱公证最能体现公证员作为法律专家在财富传承领域的作用，在遗嘱公证过程中，承办公证员必须依照现行法律、法规和办证规则的规定，对立遗嘱人的行为能力、意思表示、所涉及财产的权属状况、遗嘱所附条件的合法性及可行性进行全面的审查并全程参与，同时公证机构还有义务保障立遗嘱人意思表示内容的最后实现。正是基于上述原因，我国《继承法》赋予公证遗嘱优先于其他形式遗嘱的效力，整个社会也对公证遗嘱寄予了很高的期望。问题的另外一面是：①由于公证员在办理遗嘱公证过程当中所负的重要责任，承办公证员必须对此花费比其他公证事项更长的工作时间和更多的精力。②不论遗嘱公证办理得多么完美，总会有遗嘱公证的非受益人（利害关系人）来公证处找承办公证员理论甚至进行人身攻击，虽然99%非受益人（利害关系人）都是无理取闹，但是这个无理取闹的过程让大多数的公证员对遗嘱公证望而却步。③遗嘱公证往往涉及立遗嘱人的重大财产的处分,所涉及的财产金额动辄几十万元、上百万元甚至上千万元,公证书中的任何一点瑕疵都有可能成为遗嘱受益人不能按照遗嘱获得遗产的原因,承办公证员承担的责任是非常大的。④因为遗嘱公证的公益性,各地方物价部门要求各公证机构对遗嘱公证均实行按件收费,每件收费标准从200~400元不等,这与公证员的付出完全不成正比。于是,遗嘱公证的矛盾便逐渐显现出来:一方面因为遗嘱公证较高的法律效力和承办公证员所负的重要义务,社会民众对遗嘱公证的需求量大增;另一方面因为遗嘱公证的收费低廉、承办公证员在办理遗嘱公证和面对非受益人(利害关系人)的无理取闹时所需要花费的时间、精力成本之大以及承担的责任之大,导致执业公证员对遗嘱公证都采取推诿、拒办的态度。通过以上分析不难看出,要想彻底解决公证员推诿拒办遗嘱公证的问题,必须从以下两个方面同时采取应对措施:①争取适当提高遗嘱公证的收费标准,这一点如果短时间内不能实现,那么至少应该在公证机构内部增加对遗嘱公证补贴的力度,让办理遗嘱公证的公证员感受到公证机构在坚持多劳多得的基本原则;②设置专门的岗位负责办理遗嘱公证的审批和投诉复查工作,这一措施能够较好地把控遗嘱公证所存在的风险并且能够将无理取闹的非受益人(利害关系人)与承办公证员隔离开,防止他们对承办公证员进行过度的纠缠甚至骚扰。

(2)推行"绿色继承公证"制度,简化办证程序,仅让当事人提供获取证明材料的线索,由公证机构帮助当事人寻找证据并代为办理不动产的过户登记手续,以此来换取社会的认可。2015年1月,来自北京市政协的12名政协委员联名提出提案,建议废除房地产登记部门和银行要求当事人在办理房屋和银行存款继承时提供继承权公证的做法。[①] 委员们对继承权公证列了三宗罪:①手续烦琐;②人为地

① http://www.fawan.com.cn/html/2015-01/27/content_537071.htm.

制造纠纷；③收费高。首当其冲的便是继承公证的手续烦琐，需要提供很多超出当事人能力范围的证明材料（如被继承人父母的死亡证明），继承人需要在派出所、民政局、单位、房管局和医院等各个部门来回奔波，需要耗费大量的时间和精力。国土资源部于2015年3月26日向社会公布的《不动产登记暂行条例实施细则（草案征求意见稿）》第13条第3款规定："因继承或者受遗赠申请不动产登记的，申请人自愿公证的享有不动产权利的证明，可以作为登记原因证明材料。"

针对上述提案和《不动产登记暂行条例实施细则（草案征求意见稿）》的规定，我们应该意识到继承权公证的危机：继承公证不再是当事人申请办理不动产继承和受遗赠的必经程序，而只是当事人自愿选择的途径之一，至于当事人是否愿意选择继承公证还要看继承公证与其他路径相比是否具有优势，《不动产登记暂行条例实施细则（草案征求意见稿）》仅仅是确认了继承公证的优先效力。如果再不反思我们的办证程序和服务方式，那么社会将越来越不认可继承公证制度，我们整个行业的当务之急是：尽快简化办证程序，仅让当事人向公证机构提供寻找办理公证所需证明材料的基本线索，由公证机构代公证申请人前往有关机构寻找证据，并代为办理不动产的过户登记手续，切实解决社会各界所诟病的办理继承公证手续烦琐的问题。

笔者认为，这样改变至少有如下三点好处：①通过公证机构的代为调查取证能避免公证申请人在派出所、民政局、单位、房管局和医院等各个部门来回奔波，公证申请人需要做的仅仅是到公证机构作出放弃或申请继承遗产并委托公证机构的工作人员进行调查取证的意思表示、签署相关的法律文件，最后到公证机构领取不动产的权利凭证，只有通过这样的服务我们的继承公证制度才能获得社会各界的认可。②通过公证机构的代为调查取证使公证机构能够更充分、更直接地与继承案件的证据材料及其掌控部门接触，能够有效地避免遗漏继承人或其他影响案件事实认定情形的出现。③在继承公证收费不做改变的前提下，公证机构增加了服务内容，这其实是变相地降低了公证收费，继承公证收费高的这一诟病实际上也迎刃而解。

（3）由中国公证协会牵头建立全国统一的公证信息平台（在此之前可先由各省、自治区、直辖市建立分平台），负责全国重要公证信息的查询和汇总工作。虽然中国公证协会已经于2014年1月开通了公证遗嘱备案查询平台，但公证行业的信息化建设在全国各个行业中尚处于落后的位置，全国3000多家公证机构所掌握的信息还处在沉睡的状态，各省、自治区、直辖市均尚未建立自己的公证信息平台，要在全国建立统一的信息平台看来任重道远。其实，在公证机构所掌握的信息当中有很多的信息是非常有价值的，如家庭成员的信息、不诚信（使用假证件、冒用他人身份）的当事人信息、融资人诚信信息（是否按时还款）等。我们应该充分利用互联网时代大数据的优势，将一些重要的公证信息收集好，利用好，为公证行业与其他部门的数据共享和行业的下一步发展奠定坚实的数据基础。

（4）继续推进与银行、房管、法院的信息共享工作，以充分获得这些部门对公证工作的认可和支持，从而巩固现有的公证业务。从实用主义法学的角度来看，公证实际上是公证申请人为实现自己合法权益而用的一种手段而非目的，要实现申请人的目的通常还需要其他部门，如房管部门、人民法院或银行的配合，所以这些重要部门对公证法律文书的认可程度实际上决定着公证制度是否真正"有用"。从这个角度来讲，笔者认为推进与银行、房管、法院的信息共享和日常沟通协调工作是公证工作发展的生命线，我们的目的就是要让公证法律文书在这些部门不仅"能用"，而且"好用"。

（二）新的业务领域如何拓展

互联网时代的核心是用户，谁掌握了用户谁就将在竞争中占据主动。以北京市中信公证处开展的融资类公证为例，自2004年至今在开展的这类公证业务中积累了大量的资金方和用款方的用户资源，这些资金方大部分都是十多年以来良好的合作伙伴，而一些用款方也因为自身经营的需要对资金有持续的需求。为了切实降低社会的融资成本，扩大广大居民的投资渠道，北京市中信公证处于2014年年底开通上线了北京市中信公证处“社会金融公证服务平台”，该平台的主要功能就是为有融资需求和理财需求的双方当事人提供信息登记、发布借贷需求、法律咨询、融资对接、合同公证、提存、代办抵押或解押登记、代为申请强制执行等服务。“社会金融公证服务平台”除办理合同公证按照国家规定收取公证费用外，其他登记、咨询、融资对接、撮合服务均免费。

开通“社会金融公证服务平台”的初衷是想利用掌握的大数据资源，一方面为融资人提供成本最低廉的、差别化的融资服务（不同融资人对融资的速度、期限和成本承受能力都有所不同）；另一方面为不同的资金方推荐与其融资业务品种相匹配的融资客户，并由公证处对该融资客户的资质和风险等级进行初步的评估，为资金方出具法律意见书，最终由资金方综合各方情况来决定是否给融资客户发放贷款。显然，“社会金融公证服务平台”的上线开通充分体现了用户思维、流量思维、平台思维和跨界思维。

综上，互联网时代要求我们必须紧跟新时代的思维，充分地解放思想，紧紧围绕法律所赋予公证制度的“优势证据效力”和“强制执行效力”，找准公证与市场需求的契合点，坚持“用户思维”这个中心，在法律的框架内敢于“跨界”、敢于“创新”，为行业新一轮的发展贡献自己的力量。

金融公证业务的发展与创新

北京市中信公证处主任　王明亮

一、金融公证与公证业务创新战略

二、公证创新与金融创新同步发展

三、公证创新发展的内在驱动力

四、公证业务发展中需要什么样的创新

五、结语

作为现代经济的核心，金融在经济社会中影响广泛、作用深远，尤其是近几年，经济下行压力逐渐增大，供给侧结构性改革不断深化，金融业在服务实体经济发展、支持宏观经济形势平稳转型中发挥着重大的作用，成为政府进行市场结构调整的重要工具。随着我国金融体制改革的加快以及金融市场的建立与发展，日益开放的国民经济中金融资本的集中趋势明显，也必然伴有不可忽视的金融风险。2015 年中央经济工作会议将“防范化解金融风险”作为 2016 年经济工作的五大任务之一。作为预防纠纷、替代诉讼的纠纷解决机制，公证制度在服务国家金融稳定、规范金融市场、引导金融资产配置等方面发挥着越来越重要的作用。

伴随着金融市场的发展壮大和新型金融业态的创新升级，金融公证业务取得了长足的发展，两者相辅相成、相互促进、相得益彰。在公证传统证明业务日益萎缩和“公证证明论”观点受到挑战的今天，以赋予债权文书强制执行效力公证（以下简称强制执行公证）为主的金融公证业务日益成为一些地区和一些公证机构的主流和支柱业务，对公证事业的发展产生举足轻重的影响。本文从金融市场的发展和多元化金融体系形成的经济背景出发，结合《公证法》颁布十多年来公证业务探索发展的艰辛历程，研究金融与公证业务发展的内在联系，探索金融公证业务创新的方法和路径，进而挖掘公证制度发展的根本动力，推动公证事业的健康发展。

一、金融公证与公证业务创新战略

金融公证，从内涵上讲，是指公证机构根据当事人的申请，依法对与金融活动有关的法律行为、法律事实和法律文书的真实性和合法性进行证明的活动。金融公证依托公证的强制执行效力、中立的第三方地位、法定的提存优势等核心资源，涵盖了借款合同、担保合同、信托收益权转让与回购、综合授信、融资租赁、还款协议、债权转让协议等各种合同类型以及提存、资金监管、支付监管等各类公证法律事务。从金融公证与公证业务发展的关系分析，金融公证是近年来公证法律服务拓展的一个新的领域，与传统民事领域公证体现的证明效力不同，金融公证使公证的强制执行效力得到充分的发挥，法律赋予公证制度的强制执行效力与金融领域的债权法律关系具有内在的统一性。强制执行效力是指经公证的以给付为内容并载明债务人愿意接受强制执行承诺的债权文书，债务人不履行或者不适当履行债务时，债权人可以直接向有管辖权的人民法院申请强制执行，而不再经过诉讼程序。强制执行公证的对象是以给付为内容的债权文书，要求债权债务关系单向、明确、具体。金融领域大量的借款合同都符合给付之债的要求，而强制执行公证事前对合同的审查和快速实现债权的优势也契合了金融市场对资金安全和效率的追求。

金融公证不仅是公证法律服务的重要领域，还需要从公证业务的发展方向和创新战略的高度上认识金融公证对公证业务发展的重要性。近年来，公证业务的发展面临着很多挑战，传统的证明业务在日益萎缩，可以说进入了“瓶颈”期，但是从事物的发展规律分析，公证业务在萧条、跌到低谷的时候，往往意味着在孕育着革命性、根本性、结构性、来自深层的变化。这种变化可以称为“业务的创新战略”。行业普遍认为,中国公证发展到今天,确实面临着业务的创新和转型的问题,但关于创新转型的方向是什么,公证业务新的增长点在哪里,却是众说纷纭,观点各异。传统的公证证明业务在发生变化,公证的业务构成也将发生深刻的变化。公证和金融的关系也不再是简单的服务手段与服务领域的关系,而是同步发展、追求价值目标内在统一性的关系。股份制银行与互联网金融的崛起意味着金融业在发生革命性的变化,公证也要抓住这个机遇,紧跟金融业的创新发展步伐,大力发展强制执行公证业务,这是突破公证业务发展“瓶颈”,彰显公证制度价值的重要路径,也是关系到公证业务长远发展的战略性问题。

二、公证创新与金融创新同步发展

中国正进入风险社会时代,金融业尤为如此,可以说是一个高收益和高风险并存的行业。近年来,社会的融资需求和融资规模越来越大,参与主体越来越多元化,各类金融衍生品层出不穷,尤其是近年来互联网金融的兴起,彻底改变了传统金融的模式,给金融市场的规范和管理带来越来越大的挑战。

公证服务金融市场发展主要体现在两个方面:一是维护金融安全。金融安全与金融风险是紧密联系在一起的,关系整个金融体系的稳定和国家的经济安全。世界上没有绝对的安全,现代金融学理论上的金融安全是一个动态的概念,是一种动态发展的安全状态,包括与宏观经济体制、经济结构调整变化的动态适应。金融安全状况如何,取决于防范和控制金融风险的能力与市场的感觉和态度。政策的调控和政府的监管往往侧重于金融稳定,不发生较大的金融动荡,强调的是静态概念。而在具体的金融交易行为,或者说每一个融资合同的审查中,公证这样的中立和专业的机构都扮演着非常重要的角色。公证的介入不仅有利于规范金融市场,打击高利贷、地下钱庄以及各类金融诈骗行为,公证紧跟市场的节奏,在金融风险防范、维护金融动态安全中发挥着重要的作用。二是提高资本效率。效率优先是金融体制改革的发展趋势，效率代表了资金在融资市场中的有效性，直接体现成本和收益。能否如约履行和违约后能否快速执行是投资主体最为关心的。经公证的借款合同真实合法，避免了双方的合同争议，在很大程度上促进了合同的履行。违约后不经诉讼直接进入法院执行程序为实现债权提供了快速、便捷、低成本的救济途径。

创新驱动了公证业务的发展，公证的业务创新要跟随金融业务的创新。这些年公证业务的发展，增长最快的部分是金融业务。全国过亿的公证机构很多都是以金融公证业务为主，虽然尚未发现关于具体公证事项的业务收入情况的权威统计结果，但金融公证业务所占比重应该不小。有的公证机构从最初改制时一年几千件公证业务慢慢发展到一年十几万件甚至二十几万件业务，也得益于金融公证业务的开拓和发展。从发展趋势上分析，这些年金融业的不断变化催生着公证业务模式的更新。从股份制银行、融资性担保、典当行、信托公司、融资租赁、商业保理业务到蓬勃发展的私募股权基金市场，随着各种创新型交易市场的不断出现，公证发挥作用的形式和业务模式也逐渐从单一走向复杂，从某一环节的介入发展到全链条的服务。现在公证业务的创新更加多元和深入，越来越多的基于金融业务发展的复杂的交易结构模式，越来越多的以互联网为依托的金融产品，其发展速度远远超过以往任何时候。做好金融业务，增加公证业和金融业的黏性，就要全过程地参与到金融业的创新过程中。

金融公证业务的发展也需要“鸟之两翼”：一个是公证强制执行效力的推广与应用，使金融公证进入一个普遍认可的发展阶段；另一个是金融业是否把强制执行公证作为防范金融风险的必选项。随着这十年多来金融公证业务的发展，金融业越来越认识到强制执行公证的重要性，在新型金融业态论证和发展的初期，就开始了与公证机构的磋商和合作，如互联网金融、电子商务等，快速发展的金融业已经越来越离不开强制执行公证的保驾护航。在这些新的业务领域，中国公证与大陆法系的公证相比，可以说站在了同一个起跑线上，这也给我国的公证行业提供了更多的机会，这个时代需要有价值的公证服务来支撑。

三、公证创新发展的内在驱动力

2015 年中央经济工作会议强调要着力推进供给侧结构性改革，调整社会需求和服务供给之间的矛盾，提倡创造性供给，实现可持续的经济增长。公证也面临着社会需求和公证服务供给矛盾的问题。前些年，收养公证、股权质押公证、赠与公证相继被取消，现在继承权公证也面临着被取消的危险，这说明这些业务不能体现当事人的需求。在市场经济的形成中，要反思社会需要的公证业务是什么样的公证业务？这跟计划经济时代不一样，在市场经济发展的今天，迅速崛起的一些对公证的新的社会需求，要引起警觉，要对市场有灵敏度，要早期地研究它，介入它，采纳它，才不至于被淘汰。公证服务不仅要以客户需求为导向，还要主动发现社会的隐形需求，找到新的供给，创造新的附加价值，实现公证的可持续增长。以近年来快速发展的民间借贷公证为例，中小企业从正规金融渠道筹集发展资金十分困难，被迫寻求非正规金融渠道。民间金融凭借其较高的资产收益和便利的融资条件，迅速得到融资企业尤其是中小企业的青睐，成为正规金融产业的有力补充。据中国人民银行的权威报告推算：中国民间融资规模近万亿元，约占贷款总额的 6%，也有调查表明，全国中小企业约有 1/3 的融资来自非正规金融途径。民间借贷对公证的需求尤为强烈，是一种公信力或者说信任的需求，对债权人和债务人而言都是一种信誉的保障。无论机构还是个人，只要是正常进行借贷行为的市场主体，都需要这份保障，公证的价值在这样的领域才更能体现和有所作为。

为什么要强调公证业务转型和创新，因为公证的内涵和外延从来就不是一成不变的，公证的业务也在发生深刻的变化。公证的三大效力中，法定公证的效力一直是中国公证人奋斗的目标，但实现起来存在很多的困难。强制执行效力是目前公证中最能发挥效用的，其作用最典型的表现是两个方面：一是减少诉累；二是节省成本。可以看到，公证业务的变革其实也是势在必行，可以将公证业务体系分为三种类型：基础的证明业务、非证明业务和其他的公证辅助业务。在这些类型之上，即是价值实现体系。研究公证的业务现状可以看到，证明业务这个基础的公证业务发生了革命性的变化，这种证明业务在弱化的同时，其价值的重要性也在减弱，非证明业务和公证的辅助业务的价值在凸显。从发展的曲线来看，公证证明业务达到一定高度之后，从加速增长进入减速增长的时期，而金融强制执行公证业务则正好相反，当证明业务进入到衰退期，就需要新的业务模式的兴起。如果仅盯着原有的公证证明业务，就跟诺基亚、柯达一样被社会淘汰，公证行业也需要创新，不断孕育下一个业务模式。因此，要以市场需求为导向，将公证的强制执行效力和证明效力摆在同样重要的位置，鼓励和支持强制执行公证业务的开展，推动公证业务发展迈上新台阶。

四、公证业务发展中需要什么样的创新

公证业务总体业态就是这样，传统业务领地的频频失利应促使我们主动求变，既包括理念和观念的变革，还包括具体的创新方法和路径。

创新1：角色的转型。公证的行政化色彩给公证业务的创新带来的弊端越来越明显。公证机构能否成为独立的市场主体参与法律服务市场的竞争，是问题的关键所在。当前，国家大力推行简政放权，减少对微观经济社会事务的管理并且越来越退到间接管理的位置上面，这对于公证业务的发展是一个良好的契机。近年来公证的发展，尤其是金融公证业务的发展是非常迅速的，这是一个非常健康的业务。公证行业要把握机遇，转变观念，适应市场变化，在法律服务市场竞争的环境中求得生存和发展。

创新2：领域型创新，也称为业务模式创新，要发展金融公证，就要时刻保持对金融业态的敏感性。在中国经济发展的过程中，新的

金融业务不断出现,有的金融业务会有较快的发展。2000 年担保业兴起,2005 年典当行业兴起,2009 年后大发展的信托业,2010 年后发展起来的民间借贷,以及最近兴起的融资租赁、保理业务。在笔者看来,金融公证业务的创新不能离开金融业发展的根本,它所针对的是新的价值创造体系,要把公证原有的价值链打散,把公证的价值链环节植入不断发展起来的金融业,这是公证应该做的创新。

创新 3:平台型创新。平台思维是互联网时代的基本特征,现在"互联网+"热遍中国,互联网金融的模式,支付结算、网络融资、虚拟货币、渠道业务等有很多。特别是网络融资发展非常迅速,P2P、众筹、电商、小贷……其发展机制与传统银行的信贷很不一样。这代表未来的一种趋势,意味着会改变金融公证业务的业务构成比重。探讨互联网金融的模式,建立社会金融公证服务平台,对于公证业务互联网平台化是很重要的。还有全国统一的公证登记平台的建立也很有必要,融资租赁业建立了登记平台,银行业也建立了登记平台。《公证法》《担保法》明确了公证机构的登记地位,而公证却没有建立自己的登记平台。在没有明确抵押登记而对应的主管机关里,公证处通过建立自己的平台进入一个金融市场发展中。这种平台体系对推动行业发展,推动价值实现的变革,具有重要的意义。

创新 4:程序型创新。互联网技术的发展对公证程序也提出了挑战,现在非常热门的 P2P 借款,如陆金所、红岭创投等,这些网上借款公证要介入会和传统的办证规则相冲突、有矛盾。能否出具电子式公证书,网上电子合同能否赋予强制执行效力?这在技术上已经不是难题,也谈不上什么风险,而是观念上能否突破。杭州法院首次确认了"法大大"平台上签署的电子合同的法律效力,还有上海的首例微信买卖合同纠纷案,这意味着电子合同的效力可能得到普遍的认可。那电子合同公证又何尝不可呢?在平台安全、技术安全的条件下,对网上电子合同赋予强制执行效力,出具电子公证书,正是公证适应市场需求、实现技术创新的体现。

创新 5:价值链整合。基于强制执行效力而证明合同并赋予强制执行效力的公证越来越同质化，价值的含量会越来越低，可操作性会越来越简单。要树立全价值链、全供应链服务的理念，把强制执行公证业务的链条进一步拉长。比如，基于公证数据中大量的客户资源，对各种借款进行差异化评估的分析，提供优质的借款和放款信息。对放款人出具法律意见书，起草并公证借款合同，代办抵押登记，出具执行证书并代为执行。改变以往只证明合同的方式，对当事人提供全价值链、全供应链的服务，是公证业务发展新的方向，也更能发挥公证制度预防纠纷的价值。

五、结语

公证业务的发展过程中，跨界融合的现象越来越多。公证行业要发展，要寻找支柱业务，就离不开金融公证，实现与金融业的融合。公证必须主动地和金融对接，不断创造新的金融公证业务模式。公证业务的创新不仅仅是业务模式的创新，更需要的是理念、观念的创新，公证行业不能只从公证看公证，要从金融的发展与创新的角度来看公证业务的发展与创新，这是金融公证业务发展与创新永远都不能回避的课题。在金融业高速发展的同时，公证服务金融改革创新的职能优势越来越突出，公证制度必将在推动金融改革、预防金融债权纠纷、防范金融风险中大有可为。

浅议公证法律服务的平台化发展路径

——由司法部废止《联合通知》所想到的

北京市中信公证处主任助理　唐　骞

一、继承公证的反思
二、目前公证行业亟待解决的问题
（一）观念应该由审查思维向整体服务思维转变
（二）服务方式应该由当事人提供证据向帮助当事人寻找证据转变
（三）对公证赔偿的态度由零容忍向有限容忍转变
三、公证法律服务的发展路径
（一）建立抵押登记平台
（二）建立社会金融公证服务平台
（三）建立公证在线受理及电子证据存管平台
（四）建立家事法律服务平台
四、结语

一、继承公证的反思

2016年7月5日，司法部发布编号为司法通〔2016〕63号通知，明确废止1991年司法部、建设部《关于房产登记管理中加强公证的联合通知》（以下简称《联合通知》），[①]这也意味着在房屋发生继承或接受遗赠时，继承权公证书或接受遗赠公证书不再是办理房屋过户

---

① 2016年7月5日，司法部发布关于废止《司法部、建设部关于房产登记管理中加强公证的联合通知》的通知，即本文提到的编号为司法通〔2016〕63号的通知。

登记的必要条件，前段时间被媒体炒得沸沸扬扬的关于继承房屋要求强制公证的话题以施行了25年之久的《联合通知》被彻底废止而告终。其实，早在2014年最高人民法院就在当年的第8期公报上刊发了"陈爱华诉南京市江宁区住房和城乡建设局不履行房屋登记法定职责案"，[①]以公报的形式表明了最高人民法院对《联合通知》的态度和立场。而于2016年1月1日开始实施的《不动产登记暂行条例实施细则》第14条的规定[②]更是将《联合通知》所确立的房屋登记规则进行了改变，增加了由不动产登记机关对不动产因发生继承或受遗赠而需要办理过户登记时自行审查的规定。由此，我们不难看出，公证制度在不动产领域的最后一块重要阵地也已经丧失，我们应该进行反思，到底是什么问题导致运行了25年的《联合通知》被彻底废止？

北京市的12位政协委员给继承公证列出了三宗罪：手续繁、人为地制造纠纷、收费高。[③] 笔者认为，最主要的还是当事人的体验不好，当事人费好大劲跑完的材料交给公证处出个公证书，没有体现出公证制度的价值。所以，从这个角度来看，如果我们还想将继承公证延续下去，则必须要关注当事人的体验，在保持现有收费标准不变的前提下增加服务的内容、改进服务的方式，如在当事人授权后由公证处的工作人员代为前往相关部门调取相关证据，并代为办理不动产的过户登记手续。申言之，我们的服务标准应该是：当事人只需要来公证处签署一个授权并作出是否继承的意思表示，然后就等着拿过户后的不动产权证，其他的所有事情都统统交给公证处来做。只有这样，我们的服务才会被社会所认可，收费自然才会让当事人觉得物有所值。

---

① 《最高人民法院公报》2014年第8期。

② 该条规定：因继承、受遗赠取得不动产，当事人申请登记的，应当提交死亡证明材料、遗嘱或者全部法定继承人关于不动产分配的协议以及与被继承人的亲属关系材料等，也可以提交经公证的材料或者生效的法律文书。

③ http://news. sohu. com/20150127/n408094049. shtml.

其实,继承公证被取消所反映的问题只是冰山一角,我们应该从这个事件中去分析问题背后的原因——为什么会继承公证会被社会说成是手续繁、人为地制造纠纷、收费高的一项公证法律服务?公证机构在这项公证的办理过程中究竟是怎样的一种心态?这也许还得从公证制度在我国的发展历程说起。公证机构在我国最初是人民法院下设的一个科室,在“文化大革命”结束司法部重建以后,公证处被划归司法行政部门管理,成为了各级司法行政机关下设的一个科室。2000 年司法部决定对公证体制进行改革,推进公证机构由行政体制向事业体制、合作制转型。① 由此我们不难看出,公证机构原来一直是人民法院或司法行政机关的一个内部科室,执业公证员都是国家公务员,其在办理公证的过程当中一直把自己当做继承法律关系真实性与合法性的审查者,严格依据继承法要求当事人提供其为合法继承人的证明材料,经过调查核实并确认无误后对整个继承法律关系的真实性和合法性予以证明。在这样一种业务模式下,公证机构以监管者、审查者的身份自居,缺乏服务尤其是提供整套遗产继承法律服务的意识。公证机构为了最大限度地规避风险,减轻自己的责任,则会将严格的举证责任转嫁给公证申请人,于是就出现了现在流行的办证逻辑:当事人举不出证据,那么公证机构就不给出具公证书。当公证机构需要提供的证据很难获取时(如在新中国成立前死亡的被继承人父母的死亡证明),当事人就会对公证机构转嫁的举证责任的合理性提出异议,加之高额的公证收费,当事人更是觉得公证机构什么都没干,收一大堆材料,出两页纸,就收取高额的公证费,合理吗?申言之,我们行业现阶段所面临的主要矛盾是:(1)人民群众日益增长的公证法律服务需求与公证机构供给不足之间的矛盾;(2)公证机构积极拓展和尝试公证法律服务的新领域、新方式与以监管者

① 司法部关于《深化公证工作改革的方案》(国务院 2000 年 7 月 31 日通过,司法部 2000 年 8 月 10 日印发);司法部律师公证工作指导司《关于开展合作制公证处试点工作的通知》(〔2000〕司律公字第 001 号,2000 年 1 月 19 日印发)。

和审查者的姿态自居、对公证赔偿零容忍之间的矛盾。同时，这两个主要矛盾之间也有其内在的逻辑关系：前一对矛盾是现象和结果，后一对矛盾是本质和原因。

二、目前公证行业亟待解决的问题

以上述分析我们不难看出，公证行业当下亟待解决的问题是：观念应该由审查思维向整体服务思维转变；服务方式应该由当事人提供证据向帮助当事人寻找证据转变；对公证赔偿的态度由零容忍向有限容忍转变。

（一）观念应该由审查思维向整体服务思维转变

公证制度起源于西欧，由苏联引入我国，2000 年司法部颁布《关于深化公证工作改革的方案》最主要的原因还是强调公证的法律服务属性，推进将行政体制的公证处尽快改为事业体制，改制的公证处应成为执行国家公证职能、自主开展业务、独立承担责任、按市场规律和自律机制运行的公益性、非营利的事业法人。由此，我们不难看出，早在十多年以前主管部门就已经认识到了公证制度的法律服务属性并决心将公证处由行政体制向按市场规律和自律机制运行的公益性、非营利的事业法人进行转变。遗憾的是体制虽然变过来了，但执业公证员的观念并未随之而改变，我们还是继续沿袭传统的办证模式和习惯，以监管者和审查者的姿态自居，而并不注重当事人的服务体验，最终导致积重难返，整个继承公证法律制度被不动产登记部门所抛弃。需要强调的是，虽然继承公证不再是办理房屋继承或受遗赠过户的必要条件，但继承公证毕竟还是可选项之一，而且具有很高的公信力，可以有效免除当事人向不动产登记部门的举证责任，我们仍然可以通过我们专业的、高效的服务来赢得当事人的认可。未来我们的道路只有一条：切实围绕当事人的实际需求，建立起一整套公证法律服务体系，把当事人和不动产登记部门现在需要做的事情主动承担下来，当他们闲下来时，才会有我们的位置。

（二）服务方式应该由当事人提供证据向帮助当事人寻找证据转变

随着观念的改变，我们应当改变自己的服务方式，从当事人的角度积极地为他们出谋划策，帮助他们寻找支持他们主张的证据。当事人并非法律专家，只有公证员才知道什么样的证据才能够证明待证事实以及如何变通处理各种证据之间的衔接关系。所以，从这个角度来讲，公证员应该根据当事人提供的线索主动地承担起证据收集和调查的工作，这样的服务模式有如下几个好处：第一，可以大大地减轻公证申请人的举证工作量，使当事人真正感受到公证法律服务的价值。第二，有利于公证员查清事实，防止出现遗漏继承人的情况。第三，基于公证机构受理继承案件规模化的效应，有利于节约社会资源，提高工作效率。

（三）对公证赔偿的态度由零容忍向有限容忍转变

上述两点主要是从一线执业公证员的角度来谈转变的问题，第三点的转变主要针对的是公证管理人员：包括公证处的领导班子成员和司法行政机关的公证工作管理人员。传统的观念认为，公证工作不容有任何错误（包括事实认定的错误和法律适用的错误），只要出现错误导致公证书被撤销甚至赔偿的就一定要严惩涉案的公证处和承办公证员。这样的管理思维导致一些公证处领导和执业公证员对待公证业务的态度趋于保守，加之其对执业公证员的考核缺乏绩效机制，执业公证员则更是没有办理公证业务的积极性。可以想象，这样的管理思维如何能够推进公证事业的发展？笔者认为，公证事业要想取得发展必须具备如下三个必要条件：一是公证员的收入必须与其办理公证的数量和质量挂钩，这解决的是公证员“想干”的问题。二是公证处的领导班子必须能够看清楚公证行业的立业之本在哪里？我们应该朝着哪个方向去努力？这解决的是公证员“怎么干”的问题。三是公证管理人员必须能够容忍公证工作错误甚至赔偿的发生，这解决的是公证员“敢干”的问题。我们对公证员应该秉持信任、包容和鼓励的态度，只要公证员在办理具体公证业务的过程当中没有故意和重大过失，且公证员在事后能够认识到自己的疏忽和错误并积极整改，那么作为公证管理人员就应该容忍错误的发生。这因为：首先，凡是人干的事情不可能百分之百永远正确，出现一些细小的差错是正常的。其次，公证业务及其领域的拓展和创新本身在法律上就蕴涵着较大的不确定性，如果我们因为这种不确定性所导致的个案赔偿就随意否定执业公证员的积极拓展和创新精神和举动，那么我们无疑是生生扼杀了公证事业发展的机会，整个行业将陷入人人自危的泥潭，谈何创新？谈何发展？

说到这里，笔者想顺便谈一谈对公证损害赔偿的看法。传统的观念认为，公证损害赔偿是不能接受的，一旦出现损害赔偿，那么就要对公证员和公证机构进行严惩。笔者认为，损害赔偿的发生还要看具体的情况，不能一概而论。如果损害赔偿的发生仅仅是因为公证员在创新和拓展公证业务过程中的细微过错，或者是因为不同法律职业群体对某些模糊地带法律问题的认识不一致所导致的，则不应该对公证员和公证机构进行严惩，因为这样无疑会抑制公证员办证的积极性和主动性，更谈不上创新和发展了。从另一个角度来讲，公证赔偿实际上是公证公信力的另一种体现，它体现出了公证机构敢于负责、勇于担当的态度，所以说赔偿对于公证机构来说并不一定是件坏事情。做错了只有敢于承担而非逃避，全社会才会进一步相信公证制度，当事人才会继续利用公证制度去维护他们的合法权益。而唯有此，才能形成一个良性的循环，让越来越多的人认识到公证制度的价值和作用。

三、公证法律服务的发展路径

笔者认为，中国的公证事业应该紧紧围绕债权文书、证据存管以及家事法律服务三个领域做文章，因为这三个方面是公证具有其特殊优势的领域。我们必须紧紧围绕这三个领域，牢牢把握住需求流量的入口，拉长我们的服务链条，并建立综合性的服务平台，为当事人提供良好的服务体验。之所以选择这三个领域是基于如下三个方面的原因：第一，公证的强制执行效力是公证制度所特有的效力，具有快捷、专业、低成本地实现债权的优势而被广大债权人所青睐。债权文书领域是公证强制执行效力发挥作用的重要领域，在这个领域公证制度有其特有的优势。第二，公证的优势证据效力是被我国法律所确认的、重要的基本效力，在互联网时代的大背景下，出于对维护自身合法权益的考虑，各个交易主体对证据存管有着天然的避险需求，所以未来在证据存管尤其是电子证据存管的领域公证制度将大有可为。第三，家事法律服务是我们行业传统的业务领域，经过二十多年的深耕细作，在这个领域已经建立了良好的社会信任，需要进一步提高的只是我们的法律服务能力和服务方式。我们应该牢牢把握住我们的传统优势并以家事法律服务顾问的定位为社会提供更加优质、高效的“一揽子”法律服务。我们的目标是，在这三个领域中当事人为任何法律行为或遇到任何的法律问题时，首先想到的是公证而非律师，公证机构应该在这三个领域占据法律服务的主导性地位，由公证机构牵头为当事人解决其碰到的任何法律问题。

需要强调的是，以后公证机构的服务不应该再是片段化、碎片化的服务，而应该强调“一揽子”整体化、平台化的服务，要为当事人解决他想解决的一切法律问题，在这三个领域，公证机构应该成为解决当事人所有法律问题的主导性机构。从方便当事人的角度，我们还应该建立起与法院、财产登记机关的互联网对接平台。我们应该有平台思维和流量思维。平台思维强调的是，我们应该打造平台化的服务（为当事人整体解决“一揽子”法律问题），这个平台不仅可以对接当事人，也能够对接法院和财产登记机关，目的是让法院和财产登记机关能够安全、便捷地采信公证书，以鼓励当事人使用公证的法律手段解决纠纷；流量思维强调的是，我们一定要牢牢地把握住当事人需求的流量入口，不要轻易地拒证，在这三个领域当事人有任何的法律问题，我们都要为他们出谋划策并提供“一揽子”的解决方案，只有这样，我们才能在未来的法律服务市场竞争中占得先机。为了在这三个领域取得全社会和立法者的信任，我们应该从平台体系建设入手，强调平台化、体系化的服务，之所以要打造平台是基于如下三个方面的理由：第一，公证与律师在业务的发展方面相比最大的区别就在于我们的平台优势，律师突出的是其个人的业务能力和资源，而公证行业突出的是公证机构乃至整个行业的公信力和平台化优势，而非执业公证员的个人能力。第二，未来的互联网时代需要的是安全、高效和"一揽子"综合性的公证法律服务，而光靠执业公证员个人的超强业务能力是无法满足这一时代需求的，打造平台是我们发展的唯一路径。第三，公证行业平台化的发展并不依赖于某个业务能力超强的执业公证员或公证机构的发展，也不会因为某个行政领导对公证行业发展思路的改变而改变，这更有利于整个公证行业的长远发展。因此，我们应该紧紧围绕上述三个领域着力打造如下四个平台。

（一）建立抵押登记平台

1995 年颁布的《担保法》第 43 条规定："当事人以其他财产抵押的，可以自愿办理抵押物登记，抵押合同自签订之日起生效。当事人未办理抵押物登记的，不得对抗第三人。当事人办理抵押物登记的，登记部门为抵押人所在地的公证部门。"《担保法》的这条规定，实际上是赋予了公证机构作为抵押登记部门办理抵押登记的权力。但遗憾的是，二十多年来，公证机构并未建立起全国统一的抵押登记平台，在实践中也只有少部分公证机构在办理此项业务。全国统一抵押登记平台的缺乏导致抵押权人无法查询理抵押物的权利负担状态，债权人出于对风险的考虑不敢贸然接受当事人提供的抵押物，因此，阻碍了社会资金的有效配置甚至影响到全社会创新、小企业孵化，且无法有效地防范金融风险。这项制度在实践中被荒废了，没有发挥其预期的作用，归根结底还是我们没有利用好，没有执行好。

建立全国统一的抵押登记平台，至少有如下三个好处：第一，可以有效地防范融资风险，让抵押权人安全实时地查询到抵押物的权利负担状态，从而能够促使抵押权人自主决定是否针对该抵押物给借款人发放贷款。第二，能够进一步促进社会资金的有效配置，进一步拓宽中小企业的融资渠道、降低融资成本,真正为解决中小企业融资难、融资贵的问题服务。第三,能够有效地向社会宣传公证制度并彰显公证制度的公信力,使公证制度融入整个社会法治体系当中去,让更多的金融机构、更多的人去了解并使用这项制度。此外,在抵押登记平台项下我们还可以创新地去登记一些权利,包括一些非典型性的担保物权(如经营权质押、土地承包经营权质押等)和融资租赁登记。在实践中,目前尚未有登记机构办理上述两类权利的登记手续(中国人民银行征信中心办理融资租赁登记[①]除外),但当事人出于风险控制的需要对这两类权利的登记有着较强的需求,我们应当利用公证机构具备法律专业性、中立性、权威性的特点建立起完善的全国统一登记平台,为公证制度介入上述商事活动提供契机。

(二)建立社会金融公证服务平台

当今社会,任何行业的发展都离不开资金的融通,从这个意义上来说金融是经济的命脉一点都不为过。而金融债权与公证的强制执行效力有着天然的契合之处,为此,我们应该紧紧围绕公证债权文书的强制执行效力这一核心将公证法律服务分别向前、向后延伸,建立起一个完整的服务平台,以期将我们的服务覆盖整个金融产业链。具体来说,第一,我们应该从金融产业链的最上游即"获客"阶段开始,积极地为金融机构(资金方)提供优质的资产端客户(借款人),并对客户的资信进行尽职调查并出具法律意见书,由资金方根据法律意见书来决定是否给客户放款。第二,如果资金方和客户达成交易的意向,那么将由公证机构组织资金方、借款人、担保人签订本次交易的合同并对相关的债权文书办理公证,赋予其强制执行的效力。第三,由公证处的工作人员代为办理相关抵押物、质物的抵(质)押登记手续,在登记手续办理完毕后通知资金方发放贷款。第四,一旦借款人出现违约,公证机构将依据资金方的申请向借款人进行债务的

① 中国人民银行2014年3月28日发布《关于使用融资租赁登记公示系统进行融资租赁交易查询的通知》(银发〔2014〕93号)。

履约核实并出具执行证书。第五，由公证机构选定合作的律师事务所代理资金方向人民法院申请启动对借款人和担保人的强制执行程序，直至资金方实现债权。从上面的五个步骤不难看出，除了第一个步骤中推荐客户的工作以外，其他的步骤都是典型的法律工作，公证机构完全能够胜任这几项工作，而对于资产端客户的积累我们完全可以通过互联网技术及我们的公信力和平台优势来完成，从而实现最后的金融全产业链公证法律服务。这样一个平台之所以能够成功应该是因为对市场各方都有好处：第一，对于融资人来说，这样的一个平台降低了其融资成本（省去了很多的中间环节）、拓宽了其融资渠道，提高了融资效率。第二，对于资金方来说，这样的一个平台降低了其“获客”的成本，同时也使其能够享受到一整套优质、高效、安全的公证法律服务，我们的整套服务既能够在事前保障其债权的安全性又能够在事后使其快速地化解不良债权，资金方何乐而不为呢？第三，对于公证机构来说，这样的一个平台既能够充分体现公证制度的价值，使公证制度深入人心，又能够提高公证机构的综合法律服务能力，增加公证机构及其从业人员的收入和社会地位，是公证事业可持续发展的方向。第四，对于全社会来说，这样的一个平台能够有效地降低整个社会的融资成本，拓宽中小企业的融资渠道、规范融资行为，促进社会经济的繁荣发展；同时，还能够快速地解决纠纷，大大减轻人民法院的案件审理压力，有利于多元化纠纷解决机制的形成和创新。由此，这样的一个社会金融公证服务平台无论是于国于民、于公于私都是有百利而无一害，我们又有什么理由要固守证明的藩篱，拒绝甚至扼杀这样一个新生的事物呢？

（三）建立公证在线受理及电子证据存管平台

互联网及电子计算技术、移动通信技术的应用正在深刻改变我们的生活方式和商业模式，可以预言：包括审判、仲裁和公证程序在内的一系列（准）司法程序在未来的社会发展中必将改革自身的现有程序以顺应互联网时代的要求，这是时代发展提出的客观要求，是大势所趋，不可阻挡。对于这个趋势，我们应该有清醒的认识，只能去顺应这个趋势,而不能固守藩篱、因循守旧甚至逆潮流而动。审判和仲裁程序现在都认可了网上开庭、网上仲裁程序,[①]但对于网上办理公证尤其是在互联网上办理法律行为的公证在我们行业内部还存有较大的分歧。反对者大多认为:公证程序规则要求在办理法律行为公证时公证员必须面见公证申请人,而在通过互联网办理该项公证时,公证员无法面见公证申请人,便无法感知其作出意思表示时所处的环境,该法律行为是否存在无效、可变更可撤销或效力待定的情形,这些情况都不得而知,所以不能通过互联网办理法律行为的公证事项。对于反对者的担忧,笔者作为执业公证员能够充分理解其严谨的态度,但是在这个法律服务竞争日益激烈的互联网时代,如果人民法院和仲裁庭都认可了通过互联网作出法律行为的有效性,公证机构又有什么理由拒绝呢?如果仅仅是因为通过互联网所为的法律行为可能存在无效、可变更可撤销或效力待定的瑕疵情形就对此种创新的意思表示受领方式进行抵制的话,那么我们又如何能够在法律服务市场竞争中保持我们的优势而不被市场所淘汰呢?退一步来讲,即使我们的个别公证有问题,当事人还可以通过诉讼、仲裁或执行异议等制度进行救济,我们不能因噎废食,因为怕承担责任而拒绝创新和发展。笔者建议,可以首先在一些法律行为后果影响较小的领域如小额借贷、事务性委托、声明等领域先行试点通过互联网办理法律行为公证,待总结出一定的经验和技术进一步成熟后再推广至其他领域。

互联网时代的证据通常是电子化的,我国新修改的《民事诉讼法》也对电子证据进行了专门的规定。[②] 电子证据作为一种单独的证据种类已经获得了法律的认可,公证机构作为证据收集和存管的权威机构应该对电子证据的收集和存管进行专门的研究并建立统一

---

① 尹利勇、黄志庆:《双方当事人都不在场?照样能开庭!》,载《南方法治报》2016 年 11 月 4 日第 3 版。

② 《民事诉讼法》第 63 条第 5 项规定了电子数据作为证据的单独种类。

的电子证据存管平台,实现当事人对电子证据 7×24 小时的存管及保全需求。当然,要想在全行业建立起这样的统一平台并非一朝一夕的事情,但我们应该朝这样的方向努力,因为这在未来是我们的安身立命之本。未来的民商事活动通过互联网进行的比例将越来越大,而当事人对交易安全的需求将直接导致他们对电子证据保管需求的激增,如果我们不能够安全、高效地满足当事人的此种需求那么在不远的将来一定会有其他的商业模式来替代我们,①当事人的消费习惯一旦养成后,再想去改变可就不那么容易了。笔者认为,有条件的公证机构可以先行建立起一套符合市场客观需求的电子证据存管平台,等积累了一定的经验后再向全行业推广。另外,电子证据存管平台并非仅仅是证据存管这么简单,因为电子证据是一切通过互联网作出法律行为的基础,当事人之间将来出现任何的纠纷都将以该证据作为认定事实的依据,通过互联网将法律行为做成公证书也将紧紧依赖该电子证据存管平台,我们做成公证书所依赖的电子卷宗就保存在这个电子证据存管平台之中。从这个角度来看,电子证据存管平台是我们做好一切互联网公证的基础,说它是我们未来的安身立命之本一点也不为过。

(四)建立家事法律服务平台

家事领域是公证制度的传统领域,从比较法的角度来看,公证制度在西欧大陆法系国家的业务领域也集中于此。在前文我们已经提到我们的继承公证之所以被社会所诟病完全是因为在高收费的前提下我们自己的服务没有做到位,盖章收费、质次价高成为了继承公证的代名词。为了巩固并进一步拓展家事服务的新领域,第一,我们应当建立起综合性的家事法律服务平台,在这个平台下我们首先应该建立起一支专业的服务队伍(包括公证员、业务助理和专业的代办人员),将夫妻(婚前)财产协议(离婚协议)、遗嘱、继承等公证事项进行整合,推出一整套切合实际需求、适合不同层次人群需要的公证法

① 载杭州安存网络科技有限公司官网:http://www.ancun.com/notary。

律服务产品，既能够发挥我们的传统优势，又能够以公证机构为中心为社会提供“一揽子”家事法律服务解决方案。第二，还应该利用我们的业务资源建立起家事法律登记平台，在该登记平台项下，我们应着重建立起遗嘱登记、夫妻财产制登记、家族成员登记、民事信托登记等登记子平台，因为这些信息资源都是一笔宝贵的财富，在保护民商事活动的交易安全、政府大数据采集和分析等方面将发挥重要的作用。

在笔者看来，建立家事法律登记平台至少有如下三点好处：第一，能够提高我们公证法律服务的质量和安全性。比如，现在中国公证协会在全行业所建立的遗嘱登记平台就解决了公证遗嘱的查询问题，公证机构在办理遗嘱继承公证时可以通过这个平台查询被继承人所立公证遗嘱的信息，从而能够准确地判断被继承人生前所立的公证遗嘱的有效性，防止错案的发生。第二，能够为我们进一步拓展服务领域提供帮助并保障交易安全。比如，夫妻财产制登记平台和民事信托登记平台的建立能够使当事人在进行民商事活动中对涉案夫妻的财产状况和财产信托状况进行查询，公证制度能够在该民商事领域有机会进行拓展，且通过查询涉案夫妻的财产制状况和财产信托状况可以有效防止欺诈行为的出现，保障交易的安全。第三，能够为政府采集家族成员信息和制定相关人口政策提供大数据支持，提升整个公证行业在社会中的地位。比如，家族成员信息登记平台的建立不仅有利于相关政府部门查询、采集相关人口信息，更重要的是这些家族成员信息是政府下一步制定相关政策的数据基础。目前在国内，尚未有任何一个部门能够像公证机构那样掌握全国各个家族成员的详细信息，这些资源一旦被电子化并可供查询的话将是一笔宝贵的财富。

四、结语

公证行业如果想在未来的法律服务市场竞争中不被淘汰，抵押登记平台、社会金融公证服务平台、在线受理及电子证据存管平台、家事法律服务平台的建设或许是努力的方向。公证行业应当建立起与律师行业截然不同的法律服务体系，我们的优势应该是平台化、体系化的综合法律服务而绝非个人的单打独斗，我们在债权文书、证据存管以及家事法律服务这三个领域有着律师无法比拟的优势，我们应该主导这三个领域的任何法律问题，用积极的服务态度去改变社会对我们的偏见。当然，凡事不能一蹴而就，限于笔者的认识和学识，提出的方案也许略显单薄和粗犷，也欢迎各位同人对本文“拍砖”，如有不妥的地方欢迎指正。同时，我们也希望本文在行业内能引起广大同人对行业发展的思考并起到抛砖引玉的作用。笔者相信，只要我们看清了事物发展的趋势和方向，并沿着正确的方向顺势而为，将公证行业的优势与社会发展趋势充分结合，公证行业的明天将会更加精彩！

从公证时效问题透析公证制度的中立价值

北京市中信公证处公证员　解庆利

一、公证时效问题的提出

二、时效问题法理探析

三、公证时效问题分析

(一)当事人向公证机构申请证明民事权利的期限

(二)当事人申请出具执行证书的期限

四、时效制度演变体现的中立价值

五、公证制度的中立价值

一、公证时效问题的提出

时效是指法律规定的某种事实状态经过法定时间而产生一定法律后果的法律制度。法理上研究最多的是诉讼时效。简单地说,诉讼时效指权利人向人民法院请求保护其权利的法定期限。公证制度是一种预防性法律制度,通过对非争议、非诉讼的既存事项,依法进行真实、合法的判断性证明,从而实现预防纠纷、减少诉讼的目的。作为非诉纠纷预防和解决机制,公证也有时效问题,即权利人向公证机构申请证明或者确认其民事权利的期限,权利人怠于行使权利时,可能面临公证程序的不利后果。

长期以来,公证时效制度没有在公证立法中受到重视,甚至在公证理论研究中也很少被单独提出。实务中,有的公证机构依据诉讼时效的规定进行证明活动,也经常引起非议。公证活动的非诉性、前瞻性、预防性决定了其与诉讼活动的不同,因此,公证时效问题也不能简单地套用诉讼时效的相关规定。建立独立的公证时效制度,是完善公证制度的一个重要方面，也是实现公证工作法制化的一个重要手段；对于督促当事人及时保护自己的合法权益，消除财产的不确定状态，促进经济的流转也具有重要的意义。

以公证的证明效力和强制执行效力为基础，公证时效制度也包括两类问题：一是当事人进行民事法律行为或出现一定的法律事实后向公证机构申请证明其民事权利的期限，如自然人死亡后，继承人要在多长时间内申请办理继承权公证；证明当事人的身体状况、身份信息或婚姻状况等文件在开具后多长时间内申办公证。二是在赋予债权文书强制执行效力公证中，债权人向公证机构申请出具执行证书的期限，如债权人在合同到期两年后向公证机构申请出具执行证书；权利方如有证据证明诉讼时效的中断或中止，公证机构是否可以作出认定。在时效问题上，公证机构的职能权限、受理标准、审查主动性、审查标准等都是非常重要的问题。参照诉讼时效的原理，诉讼时效届满后对债权的保护程度将有所减损，公证时效届满后，公证机构对权利人的保护程度也会有所减损。因此，公证时效问题关系到当事人利用公证手段维护合法权益的程序性利益，也对当事人实体权益的实现具有重要的影响。

二、时效问题法理探析

时效问题是实体法和程序法交织的一个问题，诉讼、仲裁、公证等领域都应将之作为研究对象。而对于时效届满的法律后果，诉讼法理论上的研究最为广泛和深入，从中可以窥探时效问题的法理基础。

诉讼时效届满的法律后果问题，即诉讼时效的效力问题，国内外存在多种学说。第一，实体权利消灭说。该学说认为，诉讼时效届满，权利人不及时行使民事权利，导致该民事权利本身消灭，义务人履行而权利人接受履行的，则构成不当得利，权利人应予返还。日本立法采取此观点。[①] 第二，诉权消灭说。该学说认为，诉讼时效届满，

---

① 《最新日本民法》，渠涛编译，法律出版社2006年版，第39页。

并不使权利人的民事权利消灭，而只使附着于实体权利之上的诉权得以消灭。诉讼时效届满后，权利人向法院起诉要求保护权利的，法院将以丧失诉权为由不予受理。由于无诉权的民事权利为自然权利，诉权消灭后，自然权利依然存在，义务人也可以自愿履行，法律不加干预。法国立法采取此观点。[①] 第三，胜诉权消灭说。该学说直接源于二元诉权说，即将诉权分为起诉权与胜诉权，其中，胜诉权的意义在于获得法院的强制执行力。有别于诉权消灭说认为全部诉权业已消灭，胜诉权消灭说认为，诉讼时效届满后消灭的仅仅是胜诉权而已。时效期间届满后，当事人向法院起诉的，法院首先应当立案受理，查明时效期间是否届满，是否存在能够引起诉讼时效中止、中断的法定事由，是否具有可以延长时效期间的正当理由。如果发现原告的诉讼请求已超过诉讼时效期间，又没有中止、中断或延长的情况，则应主动认定原告丧失了胜诉权，从而丧失了获得法院强制执行的可能。苏俄立法采取此观点。[②] 我国学界普遍认为，《民法通则》关于时效的规定也体现了胜诉权消灭说的精神。[③] 第四，抗辩权产生说。该学说认为，诉讼时效届满，对于权利人的权利而言，并不产生任何影响，不存在所谓的“胜诉权”消灭之说。但是，对于义务人而言，由于诉讼时效届满，因此，义务人获得了一种对抗权利人请求权的抗辩权。正如拉伦茨所说的：“时效不是权利消灭的原因，它只给义务人一个抗辩权。”[④]这种抗辩权是一种永久性的抗辩权，虽然权利人的请求权并未因诉讼时效届满而发生任何变化，但是义务人抗辩权的取得使权利人请求权的实现出现阻碍。当然，这种抗辩权也属于权利的一种，该权利是否行使属于抗辩权人自由行为的范畴。若义务人行使了因诉讼时效届满而产生的抗辩权，则权利人的权利

---

① 《法国民法典》，罗结珍译，北京大学出版社 2010 年版，第 492 页。

② 郭明瑞：《诉讼时效的效力问题》，载《法学》2008 年第 9 期。

③ 刘贵祥：《诉讼时效若干理论与实务问题研究》，载《法律适用》2004 年第 2 期。

④ ［德］卡尔·拉伦茨：《德国民法通论》（上册），王晓晔等译，法律出版社 2004 年版，第 334 页。

将不能实现；若义务人没有行使此项抗辩权，当权利人向义务人主张权利时，义务人则依然应当履行自己的义务。[①] 因此，在诉讼程序中，时效届满后，当事人向法院起诉的，法院应当受理；受理后，法官也不能主动释明诉讼时效利益。当义务人提出时效抗辩时，经审理抗辩事由成立，则应当判决驳回权利人的诉讼请求；若义务人未提出时效抗辩，法官须保持中立而不应主动释明时效利益，应按照正常的诉讼程序审判。德国、[②]我国台湾地区[③]立法采取此观点，我国2015年2月发布的最高人民法院《关于适用〈中华人民共和国民事诉讼法〉的司法解释》（以下简称《民诉法司法解释》）采用此观点。

三、公证时效问题分析

公证时效问题的研究也要从时效基本法理精神出发，遵从学说演变的基本规律。如前所述，公证时效制度包括当事人向公证机构申请证明民事权利的期限和申请出具执行证书的期限两个方面的内容。在这两种情况下，公证机构应遵循或如何把握时效期限，超过公证时效会给当事人带来什么不利后果，是实体权利的丧失，还是程序权利的丧失？是公证机构拒绝受理，还是受理后对时效问题作出判断？公证如何通过时效制度实现对社会生活和市场秩序的调节，彰显公证制度的价值和作用？具体分析如下。

（一）当事人向公证机构申请证明民事权利的期限

诉讼时效期间一般是两年，身体伤害等特殊情形是1年，最长的诉讼时效是20年。公证的时效尚没有明确的规定，一方面因为公证事项的种类很多，公证时效期间应视民事法律行为的不同而不同，不可一概而论；另一方面也有人认为没有必要规定公证时效，当事人提出申请后可依据具体情形作出处理。公证制度的事前预防性决定了

---

① 史浩明、张鹏：《胜诉权消灭说Vs抗辩权发生说：诉讼时效届满后的法律后果》，载《法律适用》2004年第11期。

② 《德国民法典》，陈卫佐译注，法律出版社2015年版，第76页。

③ 王泽鉴：《民法总则》，三民书局2009年版，第581页。

公证时效的特殊性：一是起算点模糊。既然是预防纠纷，则大多数情况下纠纷尚未发生，不像诉讼时效的起算点相对比较明确。二是难以设立普通时效期间。法律行为类、法律事实类和法律文书类公证的性质差别很大，涉及的法律问题和社会问题也很多，很难确定相对合理的一个期限。三是宜弹性不宜强制。公证时效不宜规定得太严格，以超过时效为由拒绝公证可能不妥，最好规定倡导性期限，提醒当事人及时申办公证，避免时间过久，证据灭失带来的不利后果。

结合具体的公证事项，公证时效期间的设定包括以下四种情况：

1. 继承等具有确权性质的公证

在死亡事实发生后，应建议当事人最好在1年内办理继承权公证，既能尽快消除遗产的权利不确定状态，又便于收集证据材料。有遗赠情况的，受遗赠人应当在知道受遗赠后两个月内，作出接受与否的表示。到期没有表示的，视为放弃。接待咨询中，公证员要尽到提醒义务，避免时效过期给当事人带来的不利后果。

2. 依据相关部门出具的证明文件办理的公证

派出所的无(有)犯罪记录证明、民政局的未婚证明、医院的身体状况证明等，这些证明文件的有效期往往比较短，当事人宜在文件出具之日起的30日内办理。

3. 保全证据类公证

保全证据公证书要在诉讼中使用，一般来讲，应当自侵权之日起两年之内申办公证。但公证机构也经常会遇到诉讼时效过期、中断、中止等问题，如果不考虑诉讼时效进行证明活动，可能在诉讼过程中与诉讼时效产生冲突；如果依据诉讼时效即拒绝公证，又会剥夺权利人申办公证的程序权利，有违公证中立之嫌。笔者认为，这种情况下，公证机构可以受理，但为了减少执业风险，应在笔录中明确告知诉讼时效可能影响保全证据公证书的效力。

4. 招标、投标、拍卖、开奖等现场监督类公证事项

关于招标、投标、拍卖、开奖等现场监督类公证事项，当事人应当

提前申请公证。

公证实践中还有很多涉及时效问题的情况，不再一一列明。总之，超过公证时效，当事人的实体权利不会丧失。当事人向公证机构申请证明其民事权利的权利，是法律赋予当事人的重要的程序性权利，公证要最大限度地保护和支持当事人的此项权利，除非客观情况导致不符合出证条件。

（二）当事人申请出具执行证书的期限

强制执行公证是社会经济发展的产物，和仲裁制度一样，是司法权部分社会化的结果。① 出具执行证书是强制执行公证制度的一个重要组成部分，是公证书被强制执行不可缺少的程序。公证机构出具执行证书要审查经公证的债权文书的履行情况，明确债务人的给付义务，人民法院据此进行强制执行。这和人民法院的审判程序具有相似之处，在时效把握的基本原理上也有很多共通之处。

2016 年 2 月印发的北京高院《纪要》第 4 条规定："申请执行时效期间自执行证书出具之日起计算。执行实施部门不依职权对债权人申请执行是否超过申请执行时效期间进行审查。债务人以申请执行超过申请执行时效期间为由提出异议的，由执行裁判部门进行审理……"该条明确了当事人持执行证书向人民法院申请执行的时效期间，坚持了被动审查的原则，可见执行阶段法官对时效原理的把握和审判阶段法官的态度是一致的。

那么，公证机构出具执行证书的时效问题该如何把握呢？有观点认为，公证机构不同于法院，没有权力对债权是否超过诉讼时效作出认定。如果当事人超过两年时效申请出具执行证书，公证机构不能受理，应告知当事人直接去法院诉讼，由法院作出认定这种做法。未损害权利人的实体权利和程序权利。但这种观点忽略了当事人请求公证机构保护的程序权利，强制执行公证制度的核心价值就是使

---

① 范愉：《以多元化纠纷解决机制保证社会的可持续发展》，载《法律适用》2005 年第 2 期。

当事人在自愿的基础上通过非诉方式解决纠纷,促进交易效率,节省司法资源。当事人对借款合同办理了强制执行公证后,意味着债权人同时具有了申请出具执行证书的权利,债务人不履行或不适当履行合同时,有权向公证机构申请出具执行证书,非依法定事由不能拒绝出具执行证书。

笔者认为,执行证书体现了公证的准司法权属性,是对合同履行事实的查明和认定,属于权利人向公证机构请求权利保护的范畴,具有纠纷裁决和判断的特点。在执行程序中公证时效也面临着人民法院的审查和监督,因此,公证机构应严格依据相关法律对诉讼时效问题的规定执行。在时效中止、中断、延长的问题上,同样应当采取诉讼程序及执行程序中保持法官中立性和被动性的解决方式,即应当采取抗辩权产生说。具体实务中的处理方式如下:

1. 关于诉讼时效届满后债权人申请出具执行证书的处理

对于诉讼时效届满的法律后果,我国现行立法贯彻了抗辩权产生说。同样的,在公证实务过程中,也需要一以贯之。诉讼时效届满后,债权人的债权依旧是一项完整的民事权利,法院仍予以保护,只是法律另外赋予了债务人一项对抗债权人请求权的抗辩权。这种抗辩权的行使与否属于债务人的私法自治,法官和公证员均不得主动释明。公证机构收到超过两年时效的出具执行证书申请后,首先应当受理该申请。在受理后,公证员应当询问债权人在期间届满前有无向债务人主张权利的行为,有无证据证明该主张。如果证据充分或者债务人认可(如债务人的转账凭证),则适用时效中断规则,重新计算诉讼时效;如果重新计算后时效未届满,则按照正常程序向债务人核实。如果债权人证据不充分,或者重新计算后仍超过诉讼时效,则在向债务人核实中要尤其注意,绝不得主动向债务人释明时效问题。在核实中,公证员应当询问债务人对债务有无异议。如果债务人未提出异议,明确表达了还款意愿,或者作出了分期履行、部分履行、提供担保、请求延期履行、制定清偿债务计划等承诺或行为的,则视为同意履行债务,公证机构可以出具执行证书,反之则不能出具。

如果无法联系到债务人,则不予出具执行证书。

2. 关于时效期间的起算点

这包含两个问题,公证时效的起算点和出具执行证书后执行时效的起算点。依据诉讼时效的相关规定,公证时效的起算点应当自债务履行期限届满之日起计算,如债权人有充分证据证明在时效期间内向债务人主张权利,则适用时效中断的规定,时效重新计算。关于出具执行证书后执行时效的起算问题存在较大争议。原来公证实务中多采取保守做法,倾向于认为应当自债务履行期限届满之日起计算,提醒当事人尽快到人民法院申请执行。北京市高级人民法院《纪要》出台后,明确了申请执行时效期间自执行证书出具之日起计算,这肯定了当事人向公证机构申请出具执行证书是一种主张权利的行为,体现了积极维权的态度,应产生时效中断的效力。

3. 关于债务人在履行义务以后提出时效抗辩的问题

北京市高级人民法院《纪要》第 9 条规定:公证债权文书的执行申请受理后,债务人主动履行了全部或者部分义务,又以不知道申请执行时效期间届满为由请求返还已给付的款物的,不予支持;经法院强制执行并已将款物发还债权人,债务人以不知道申请执行时效期间届满为由请求返还已发还的款物的,不予支持。再次体现了执行程序中法官对时效的态度也采纳了抗辩权发生说的精神,最大限度保护债权人的利益。

四、时效制度演变体现的中立价值

中立性是审判权的重要特征,法官作为司法机关中依法行使国家审判权的审判人员,应当独立地、中立地享有法定的审判权,是具有当然的裁判权威的第三方。公证权也是一种居中判断性证明权力,是基于当事人的申请和国家法律、法规的规定而产生的。公证权的行使具有公共权力属性,绝不代表当事人任何一方。公证行为不应偏袒任何一方,需要保持中立。这种中立性就如同审判权一样,也是以国家的法律、法规、规章以及国家政策、社会公益、道德为准则的，是一种国家中立性。[①]

在上述关于时效届满的法律后果的各种学说中，实体权利消灭说和诉权消灭说虽然有利于督促权利人快速行使权利，但很明显偏向于保障义务人的时效利益，导致处理结果也倾向于保护义务人。在实体权利消灭说中，法律直接规定权利人的民事权利消灭，也便失去了在具体案件中摆正中立姿态的前提。在诉权消灭说中，虽然实体民事权利存在，但是由于失去了诉权，法院也不会受理该案件，即法官将直接拒绝给予司法权的保护。在胜诉权消灭说中，虽然实体民事权利存在，起诉权也存在，但是在审理案件的过程中，法官将主动查明诉讼时效是否届满，一旦届满，则直接判决权利人败诉。相对于实体权利消灭说和诉权消灭说而言，法院对此类案件先予受理的做法体现了某种程度上的中立性。然而，这种做法也带有一定的职权主义色彩，"越俎代庖"地代义务人处理其权利，有违私法自治的基本原则，与民商事领域中法院应处于被动地位的定位不相符。抗辩权产生说充分体现了法官的中立性和被动性，仅赋予义务人抗辩权，行不行使抗辩权是义务人的自由，法官并不能主动释明时效利益；只有当义务人提出诉讼时效抗辩时，才能阻碍权利人行使权利。这样一来，法官就可以在两造对等中保持中立。我国法律关于时效问题的规定也体现了这种精神。通说认为，自《民法通则》颁布后，我国对此问题采取的态度一直是胜诉权消灭说，而 2008 年最高人民法院出台的《关于审理民事案件适用诉讼时效制度若干问题的规定》第 3 条规定：当事人未提出诉讼时效抗辩，人民法院不应对诉讼时效问题进行释明及主动适用诉讼时效的规定进行裁判。由此，关于时效的通说态度逐渐转向抗辩权产生说。2015 年的《民诉法司法解释》进一步确立了诉讼时效抗辩权产生说。《民诉法司法解释》第 219 条规定："当事人超过诉讼时效期间起诉的，人民法院应予受理；受理后对方当事人提出诉讼时效抗辩，人民法院经审理认为抗辩事由成立的，

① 钱广庆：《公证权力的司法属性》，载《中国公证》2004 年第 3 期。

判决驳回原告的诉讼请求。”这样一来，既符合法院恪守中立和被动的精神，维护了私法自治原则，也体现了在债务违约高发、市场诚信体系屡被破坏的社会情势下加强债权人利益保护的趋势。

五、公证制度的中立价值

公证员保持中立是公证公信力的基础。申请公证的当事人与接收公证书的人员都是因为信赖公证机构在证明过程中能够中立地对待证事实真实性、合法性进行审查，因而对公证书的效力十分推崇。引入抗辩权产生说的公证时效制度，就是公证权中立性的重要体现。公证机构应在债权人和债务人之间保持中立，不能以任何明示或暗示的方式向债务人释明时效利益，受理出具执行证书申请后，债务人具有提出时效异议的权利，是否对时效提出异议是债务人的自由。如果债务人提出时效异议，公证机构审查后确认已过诉讼时效，则对债权人的权利不予保护，不予出具执行证书。如果债务人不提出时效异议，或以任何方式确认未履行事实或欠款事实，则债权人的权利仍然是一种完整的权利，公证机构仍予以保护。现在，越来越多的人因信赖公证而将其作为一种重要的纠纷预防机制来选择，公证法律服务已然被作为一种预防纠纷甚至是解决纠纷的重要手段来处理社会问题。在出具执行证书的过程中，公证机构应秉承中立原则，怀着如同法官一样客观审慎的态度依法处理已经发生的矛盾纠纷。

司法制度的设立肩负着按照法律的精神平衡各方利益和各种价值的重任，法律制度的中立价值不是机械的、一成不变的，而要随着社会情势的变更而不断调整。实体权利消灭说和诉权消灭说优先保护义务人的权利，是在市场经济不景气、交易行为不活跃的情况下，督促权利人尽快行使权利，改变权利不确定、不稳定的状态，使交易主、客体都能尽快进入下一个流通环节中，从而实现繁荣经济、促进市场秩序良性运转的目的。胜诉权消灭说具有一定的进步性，意识到保护权利人的程序性权利的重要性，先前社会中债务人违约情势不如现今这么严峻与广受重视，并不需要强势地保护债权人的利益，胜诉权消灭说已然足够。但如今无论国内还是国际上,民商事交易都十分频繁,市场主体的商业意识与法律意识大为增加,利益诉求更为激烈。尤其是债权市场的违约率越来越高,不仅是普遍认为高风险的民间资本市场,而打破刚性兑付的银行间市场也面临着违约频发的危机。这也是我国现行法采取抗辩权产生说的社会基础,在违约情况出现时,优先保护债权人的利益,仅仅赋予债务人超过时效的抗辩权,法官或公证员不对时效问题进行释明及主动适用时效的规定作出判断,既是中立性的角色定位,又能最大限度保护债权人的时效利益。

现如今,我国正处于重要的社会转型时期,社会交流与交易变得极为频繁与深入,社会结构、组织形式、利益格局深刻变化,社会矛盾与纠纷高发,呈现出纠纷主体多元化、利益诉求复杂化、纠纷类型多样化的局面。社会纠纷数量大为增长,诉讼案件量也随之水涨船高。近年来,浩繁的诉讼案件早已令法院负荷巨大。自党的十八届四中全会以来,国家大力深化改革多元化纠纷解决机制,整合多种社会资源,综合运用各种纠纷解决机制,以期更为有效地化解矛盾纠纷,维护社会稳定。多元化纠纷解决机制就是指在一个社会中,诉讼和非诉讼纠纷解决方式各自以其特定的功能和特点,联结成一个互补的、满足社会主体多样需求的程序体系和动态的运作调整系统。① 而现在,公证事业在我国多年的发展,尤其是强制执行公证的实践已经表明,公证制度作为一种重要的国家司法制度,具有对纠纷的预防功能,能够发挥诉前解决纠纷的作用。公证的中立地位决定了其在解决纠纷中的天然优势,其和诉讼、仲裁、行政裁决等制度一样,是多元化纠纷解决机制的重要组成部分。公证员依法执业,受法律保护,任何单位和个人不得非法干预。公证员需要对债权文书的真实性、合法性进行查验证明,承担责任,在此过程中的职业要求与律师明显倾

① 范愉:《以多元化纠纷解决机制保证社会的可持续发展》,载《法律适用》2005 年第 2 期。

向性的职业要求是不一样的。在公证过程中，公证员应当不受任何单位和个人的非法干预，保持自身的客观公正，独立地行使国家证明权，具有很强的中立性。尤其在强制执行公证方面，由于当事人可以凭借公证机构出具的执行证书直接向人民法院申请强制执行，在出具执行证书过程中，公证员的地位和审慎程度也必须类似于审判人员，公证员需具有的中立性与法官的中立性具有内在的统一性。

公证拥有极强的公信力和重要的预防纠纷作用。公信力是由公证的法律证明权属性决定的，是公证效力的集中体现。一般来说，事实问题的明确就首先为矛盾的解决奠定了基础。而事实问题的明确往往需要证据来证明。作为一种对证据材料的真实性、合法性的判断性证明，公证为事实问题的明确提供了强有力的支持。这样的证明效力十分之高，具有无可争议的法律证明力，依据《公证法》可以直接作为认定事实的根据，供机关、团体、企事业单位和公民直接使用。根据《民事诉讼法》第69条的规定，人民法院也应当将公证证明的法律事实和文书作为认定事实的根据。这些是其他书证所不具备的。而强制执行公证是公证的强制执行效力的集中体现，对于解决社会纠纷而言，强制执行公证具有三大优点：(1)督促债务人积极履行义务。由于债务人自身已明确作出了赋予债权文书以强制执行力，其内心便已明确知晓不履行或不完全履行债务的法律后果，因此，债务人内心将受到更为强烈的及时完全履行债务的推动力。在公证实务中，大多数债务人在做了强制执行之后也都能够自觉地履行债务。(2)有利于债权人及时实现债权。公证机构依法赋予强制执行效力的债权文书具有与判决书、仲裁裁决书一样的执行力，债权人可直接向法院申请强制执行，从而省却了诉讼或仲裁等环节。这样一来，就能够减少像诉讼或仲裁等程序那样巨大的时间成本、费用成本和人力成本等。(3)节省司法资源。强制执行公证能够省却诉讼或仲裁等程序，对于法院与仲裁机构来说，能够减轻其诉累，节省宝贵的司法资源，便于其更好地处理其他大量的案件。对于事实清楚、债权债务关系明确的纠纷而言，效率价值也应当受到与公平价值相似程度的尊重;正如法谚"迟来的正义并非正义"所阐述的精神一样,尽可能迅速地解决社会纠纷本身就是一种社会公正。公证机构对这些债权债务关系进行强制执行公证、出具执行证书,减少了诉讼和仲裁案件,大大提高了此类纠纷的解决效率,减少了法院的诉累。因此,构建公证与调解、仲裁、诉讼等有机衔接、相互协调的多元化纠纷解决体系,能够引导群众更多地选择非诉讼渠道和方式解决纠纷,创新理念思路、体制机制、方法手段,提高社会治理现代化水平。

论金融创新背景下强制执行公证的对象扩展

北京市中信公证处公证员　胡贵雨

一、问题的提出

二、强制执行公证的对象含义及扩展

(一)公证债权文书的含义

(二)适应新的金融市场环境下公证债权文书含义的扩展

三、金融市场业务的创新与强制执行公证的与时俱进

(一)民间资本市场融资方式的创新

(二)赋予反担保合同强制执行效力公证的长期困惑

(三)融资租赁强制执行公证业务在尴尬中谨慎前行

(四)投行业务的多元化交易结构与强制执行公证的创新

四、结语

一、问题的提出

伴随金融领域的创新和金融业态的发展,新的交易模式不断出现,基于资本市场衍生的各种各样的金融产品对强制执行公证产生了大量的需求,当事人申请赋予强制执行效力的债权文书种类也越来越多,如融资租赁合同、授信合同、反担保合同、单方保函等。但在传统的对赋予债权文书强制执行效力公证的界定中,有不少常见的金融交易模式却囿于债权文书列举种类的限制,长期以来为多数公证机构和公证员避而远之,这些债权文书能否被赋予强制执行效力存在一定争议,公证实操和法院执行中都略显混乱。

2000年颁布的最高人民法院、司法部《关于公证机构赋予强制执行效力的债权文书执行有关问题的联合通知》(以下简称《联合通知》)第2条明确规定:“公证机构赋予强制执行效力的债权文书的范围:(一)借款合同、借用合同、无财产担保的租赁合同……”正是“无财产担保的租赁合同”这一表述,造成了长期以来各地公证机构无法受理融资租赁合同强制执行公证事宜,而让很多融资租赁公司无法理解的是,其不能办理公证的理由仅仅是因为有财产担保。

众所周知,融资借贷领域对主债权附加担保措施,特别是抵押、质押等财产性担保是再正常不过的事情了,与此同时,融资租赁已成为全球范围内仅次于银行信贷的第二大融资方式。[①] 公证法律服务在传统银行信贷领域的积极作用为什么不能在融资租赁这样的“朝阳产业”中得以发挥呢?

二、强制执行公证的对象含义及扩展

(一)公证债权文书的含义

强制执行公证的对象即可赋予强制执行效力的债权文书(以下简称公证债权文书),债权文书须符合一定的条件方可办理强制执行公证。公证债权文书的条件和范围是公证债权文书强制执行制度中的基本性问题。《公证法》第37条第1款规定:“对经公证的以给付为内容并载明债务人愿意接受强制执行承诺的债权文书,债务人不履行或者履行不适当的,债权人可以依法向有管辖权的人民法院申请执行。”

《联合通知》第2条,公证机构赋予强制执行效力的债权文书的范围包括以下几种类型:(1)借款合同、借用合同、无财产担保的租赁合同;(2)赊欠货物的债权文书;(3)各种借据、欠单;(4)还款(物)协议;(5)以给付赡养费、扶养费、抚育费、学费、赔(补)偿金为内容的协议;(6)符合赋予强制执行效力条件的其他债权文书。

可见,赋予强制执行效力的债权文书应具备以下条件:[②]

---

① 史树林、乐沸涛:《融资租赁制度概述》,中信出版社2012年版,第XIV页。
② 马宏俊:《公证法学》,北京大学出版社2013年版,第271页。

（1）具有给付货币、物品、有价证券的内容；

（2）债权债务关系明确，债权人和债务人对债权文书有关给付内容无异议；

（3）债权文书中载明债务人不履行义务或不完全履行义务，债务人愿意接受依法强制执行的承诺。

（二）适应新的金融市场环境下公证债权文书含义的扩展

对公证债权文书含义进行“扩展”，并非盲目地对其范围予以“扩大”，而是在现有公证法律规范和制度适用前提下，对其含义进行适应当前市场需要的“合理发展”，从而使公证债权文书的适用范围能够更加符合新的金融资本市场中对公证法律服务的要求。下面从两个方面分别予以说明。

1. 关于公证债权文书的内容

就概念本身而言，对于公证债权文书的“给付”为内容，《联合通知》已有明确规定，即给付货币、物品、有价证券。

现阶段各公证机构所受理的强制执行公证业务中，涉及的给付标的主要是货币，即以借贷法律关系为主要业务类型的强制执行公证。而对于以“物品、有价证券”为给付标的的公证业务，即便是北上广深等一线城市的公证同行，也鲜有涉及。

以“物品”作为合同给付标的的业务类型最典型的当属融资租赁合同。《合同法》第248条规定：“承租人应当按照约定支付租金。承租人经催告后在合理期限内仍不支付租金的，出租人可以要求支付全部租金；也可以解除合同，收回租赁物。”可见，在融资租赁合同法律关系中，给付标的既可以是“货币”形式——租金，也可以是“物品”形式——租赁物；当然，也还可以是两者兼顾。“有价证券”是资本市场中常见的标的类型，包括但不限于各种类型的汇票、股票、公司债券等，都可以成为合同给付的内容。

须特别指出，如果上述“物品、有价证券”是作为债务履行义务的一种担保方式出现，即作为抵押、质押担保合同的给付标的，则该担保类合同中不能直接约定若担保义务人届期不履行相应担保义务，该物品或有价证券可直接归债权人所有，因为其违反了《物权法》中有关流质条款的禁止性规定而归于无效。①

此外，“人身”和“行为”不属于公证债权文书可执行的给付标的。强制执行公证作为实现债权的一种便捷方式，其最根本的目的是通过一种前置的准司法裁判程序，最大限度地保障债权人的财产性权益。而一旦涉及人身、行为等复杂法律关系，甚至可能升级为行政、刑事法律关系的，公证机构并不适合介入其中。

2. 关于公证债权文书的范围

从公证债权文书的范围来看，规则制定者很有预见性地看到了市场经济的发展趋势，通过“符合赋予强制执行效力条件的其他债权文书”这一概括性的规定，给予公证实务人员发挥主观能动性，不断扩展强制执行公证的使用范围提供了可能。

笔者认为，在以货币、物品或有价证券为给付标的的交易模式中，如果其中的某一合同、协议类型中能够体现或者抽离出“明确的、确定的、单向的”给付义务，那么对以该给付为核心内容的合同、协议文本就可以认定为公证债权文书，并能够对其赋予强制执行效力。申言之，即便该协议文本的名称中并不包括通常的“借款”“还款”“债务清偿”等字眼，只要其核心内容体现了《联合通知》中认定的公证债权文书要素，就应当认可该文本可以赋予强制执行效力。

具体而言，“明确的”是指在协议文本中具有明确的以给付货币、物品或有价证券为内容的条款；“确定的”是指该给付条款中约定的给付方式、时间、数额等是能够确定的，或者是能够按照某种明确标准确定的；“单向的”是指该确定的具有明确给付内容一定是一方对另一方的单向法律行为，而不是彼此互付给付义务。但需要进一步说明的是，笔者这里所言的“明确的、确定的、单向的”给付义务是针对某种类型交易结构中的某一类型协议文本，或该协议文本中的某一类型法律关系而言的，并不是该种交易结构本身一定具有“明确

① 参见《物权法》第186条、第211条。

的、确定的、单向的”给付特征。这一观点在接下来的论述中笔者会结合实务案例予以详细说明。

三、金融市场业务的创新与强制执行公证的与时俱进

随着市场经济发展的不断深入，融资方对于融资的需求已不仅仅局限于传统的银行、典当、小额贷等信贷领域，租赁、保理等行业正日益壮大，以信托、券商为代表的传统投行也在积极涉猎融资领域，发挥其“影子银行”的作用。融资需求的多样化使融资模式也不再限于传统的“贷款＋抵押/质押＋保证”等类型，而是出现了各种复杂的交易结构，甚至突破了债权融资（以借贷的方式融资）这种长期占据主导地位的融资方式。下面，笔者将结合公证实务中出现的各种新型强制执行公证业务，进一步探讨公证债权文书含义的扩展和强制执行公证的与时俱进。

（一）民间资本市场融资方式的创新

所谓民间资本，是相对于银行等金融机构，以及信托、租赁、保理等非银行金融机构而言的，凡以自然人、法人（或其他法人、非法人组织）作为融资渠道的就是民间资本融资，即通常所说的民间借贷。但虽然名唤民间借贷，但民间资本融资方式并非只限于借—贷这种最基本的法律关系，其所订立的合同文本也可以很复杂。以下举例说明：自然人甲拟以其合法持有的自有闲散资金500万元认购新三板挂牌公司A名下900万股股票的收益权，并约定由A公司在3个月后回购上述股票收益权，回购溢价率为2%。作为对A公司履行上述回购义务的担保，A公司法定代表人乙及其配偶丙自愿向甲提供连带责任保证担保。就上述事宜，有关各方分别签署了《股票收益权转让及回购合同》和《保证合同》。现各方申请对上述合同办理赋予强制执行效力的债权文书公证。

上面这个真实的案例表面上体现的不是一种借贷法律关系，但究其实质，就是A公司因资金周转之需而向自然人甲申请借贷的民间借贷关系。在办理此项业务的强制执行公证中，笔者了解到当事

人之所以采取这种方式,主要基于以下原因考虑:第一,A公司已无其他可供抵押或质押的财产。第二,新三板股票不能以自然人作为质权人。在此情形下,如果单纯签订《借款合同》,并不能充分保障甲的权益,为此,由某知名券商设计,A公司与甲签署了上述《股票收益权转让及回购合同》。一方面,甲持有该股票收益权,为A公司的举债提供了担保;另一方面,约定到期回购,相当于借款行为的到期还本付息,且保障了A公司股权收益的稳定性。

本案中,股票收益权的"回购"相关条款就是以"明确的、确定的、单向的"以给付股票收益款为内容的给付义务,应当认定其具有公证债权文书的性质,可以为该合同给付附随的担保合同办理强制执行公证。[①]

(二)赋予反担保合同强制执行效力公证的长期困惑

与银行信贷业务相伴而生的且合作最普遍的当属融资性担保公司,因其具有良好的资信和担保能力,在长期合作中与银行建立起了"见保即贷"的良性互动。而为了保障担保公司的利益,融资性担保公司往往会要求融资方向其提供反担保,从而形成了"主合同+反担保合同"的业务类型。这里所言的"主合同"是指反担保法律关系的主合同,绝大多数担保公司会将其命名为《委托保证合同》或《委托担保合同》。这一命名不当紧,却成为很多公证机构长期以来办理该业务的困惑——委托担保/保证行为是委托法律关系还是债权债务法律关系?这种《委托担保/保证合同》是债权文书吗?能赋予强制执行效力吗?这种长期困惑致使很多保守的公证机构只得放弃了办理反担保强制执行公证业务,而一些试图拓展业务又持怀疑态度的公证机构,则是干脆将《委托担保/保证合同》改名为《协议书》,以此作为主合同。

笔者自执业以来办理了大量反担保合同强制执行公证,也因此

---

① 有关收益权转让及回购的债权文书,笔者将在下文第四部分论述投行业务时详细介绍,在此不再赘述。——笔者注

出具了大量基于《委托担保/保证合同》和各类型反担保合同的《执行证书》，在司法执行过程中未出现一例因不符合债权文书标准而被不予执行的情况，《委托担保/保证合同》作为债权文书这一观点早已为各级人民法院所认可。

那么，“委托担保”究竟是委托关系还是担保关系呢？笔者认为，反担保法律关系的前提是融资方与贷款银行的借贷法律关系（体现为《借款合同》）和融资性担保公司与贷款银行的保证担保法律关系（体现为《保证合同》）。在此基础上的“委托担保”实际上是担保公司因替融资方向贷款银行履行了代偿义务，而产生的对融资方的追偿的权利，而所谓的委托其实就是形式上约定由融资方委托担保公司向银行为其借款提供保证担保。所以，“委托”是形式，实质是基于“委托”而产生的“追偿权”。这样理解不难看出，此追偿权所体现的就是融资方须向担保公司履行“明确的、确定的、单向的”给付借款的义务。因此，《委托担保/保证合同》作为主合同当然是债权文书。[①]

此外，仅对合同变更名称并不会改变该合同本身的性质和基础法律关系，司法实务中对于无名合同或法律关系与名称不符的合同纠纷的处理，也是以其实际构成的法律关系对待。所以，如果认可反担保法律关系的主合同为债权文书，也就无须再拘泥于其名称为何了。

（三）融资租赁强制执行公证业务在尴尬中谨慎前行

前文已经说过，融资租赁作为金融市场的“朝阳产业”，其发展潜力巨大，公证法律服务理应顺应这种趋势，更多地参与融资租赁的发展。然而，2000 年的《联合通知》中“无财产担保的租赁合同”却让不少公证同行在开拓业务时面临不少困难，特别是 2014 年海口市中级人民法院直接依据该条规定裁定中信富通融资租赁公司的一起融资

① 有些担保公司为此将该主合同另命名为《担保授信及追偿合同》。——笔者注

租赁合同强制执行证书不予执行,[①]使原本就处于无法可依的融资租赁公证业务的开展变得更加尴尬。

笔者认为,对于融资租赁合同不应适用《联合通知》的规定。租赁合同和融资租赁合同是两种不同的合同法律关系,在《合同法》中也分列第十三章和第十四章。融资租赁合同虽然在形式上述突出“租赁”二字,但在实质上体现的确是“融资”的功能。“融资”和“租赁”两种因素的混合,是由于承租人(融资人)的需要以及出租人以租代贷的专业需要。[②] 并且从合同法的法理来看,担保类合同是依附于主合同的从属合同,其并不会改变主合同的法律性质和法律关系。按照这个逻辑,对融资租赁合同赋予强制执行效力,与其是否附加担保有何关系呢?退一步来说,我们姑且把融资租赁合同和租赁合同划归为一类,那么既然租赁合同是债权文书,为什么不会改变其法律性质和法律关系的融资租赁合同就不是债权文书?这种说法是无法自圆其说的。

实务中,不少有开拓意识的公证同行已经在大力开展融资租赁公证法律服务,在其引导和说明下,不少融资租赁公司也已不再考虑上述《联合通知》和法院裁定的消极因素,转而与公证机构开展积极合作,开展各类型的融资租赁业务。就此问题笔者曾专门咨询最高人民法院有关部门的法官,绝大多数法官都赞成公证行业继续开展赋予融资租赁合同强制执行效力的公证业务,并指出只有出现足够多的涉及融资租赁合同公证的案件和典型案情,最高人民法院才能通过出台司法解释或相关批复的方式对此问题予以最终说明。

(四)投行业务的多元化交易结构与强制执行公证的创新

介绍投行业务模式之前,首先需要明确一个概念——“融资”。所谓“融资”,即融资方为了满足资金需求而采取的资金融通措施,主

① 详见海口市中级人民法院(2014)海中法执字第207号裁判文书,载中国裁判文书网。

② 史树林、乐沸涛:《融资租赁制度概述》,中信出版社2012年版,第32页。

要分为债权融资和股权融资两种方式。债权融资，即通常所说的借贷或变相的借贷等举债行为，以融资方的经营状况和财务状况作为信用及还款基础。股权融资，即募集股本增加新股东，以此实现资金融通和经营周转。

在我国的金融术语中，“投行”主要是指从事金融资本市场业务的非银行金融机构，主要包括信托、证券、资管公司和基金子公司等，商业银行的投行部门也可开展与之类似的资本业务。

之所以在这一部分要先明晰“融资”和“投行”两个概念，在于前文所列的包括银行信贷、民间借贷和融资租赁，以及本文未详细介绍的小额贷款、典当和保理等融资方式，均属于债权融资领域。① 而投行业务，既可以开展各种形式的债权投资，也可以开展更加复杂多样的股权投资。因此，投行业务最能体现当前金融资本市场的融资需求，也最能体现公证法律服务的创新水平。

信托、证券、资管公司和基金子公司等投行机构除自己特有的业务种类外，大多数债权或股权融资模式具有相似性，且常常彼此合作开展业务，如证券公司就可以通过信托公司作为“通道”，开展信托贷款业务；基金子公司可以设立资管计划认购信托产品，从而开展各类信托融资业务。所以，笔者仅以信托业务为例，介绍三种有代表性的业务模式，以及公证债权文书在该领域的与时俱进。

1. 贷款类信托

信托公司为拥有信贷金融“牌照”的非银行金融机构，可以自身名义对外放贷，即以信托公司作为贷款人向借款人发放贷款，并以信托公司作为担保权利人，与各担保义务人设立抵押、质押、保证等担保方式。其交易合同一般为《信托贷款合同》+《抵押合同》或《质押合同》或《保证合同》等。此种信托融资方式与银行信贷方式并无实

① 在此须说明，笔者并不否认从事上述债权融资的机构不可以从事股权融资业务，只是这些业务非其常规业务，且无论从业务类型还是交易规模，与投行机构相比都相去甚远。

质差别，且上述交易合同均为典型债权文书，可以直接对该类合同赋予强制执行效力。

2. 收益权类信托

信托公司以其募集的信托资金用于购买融资方名下持有的特定资产或其开发特定项目的收益权，以该收益作为还款来源，融资方通过溢价回购的方式，赎回该收益权。此模式下，债务人以出让资产、项目收益权的方式变相获得了资金融通，并通过“回购”（或债务清偿）的变相方式履行“还本付息”义务，其交易合同一般为《收益权转让及回购合同》+《债务清偿协议/支付协议》+《抵押合同》《质押合同》或《保证合同》等。

“收益权回购”模式作为一种非典型的债权文书，已为实务界普遍认可，赋予此类合同强制执行效力的公证也在各公证机构得以普遍开展，在此不必赘述。

收益权类信托模式下还有一种类型，即投资型模式。信托资金直接投资于融资方的上述收益权，并没有明确的“回购”条款，而是在主合同中约定债务人到期履行有关投资收益款支付和差额补足义务，其合同类型主要为《收益权投资合同》+各种类型担保合同。请注意，此时，该《收益权投资合同》不能直接认定为债权文书，需要就该合同中的有关款项支付义务单独拟定《债务清偿协议》或《差额补足协议》或《支付协议》等文本，以《债务清偿协议》或《收益权投资合同》+《债务清偿协议》共同作为主合同，才符合“公证债权文书”标准。

3. 股权投资类信托

这是房地产领域较为多见的一种信托融资方式。信托公司以其募集的信托资金认购项目公司的部分股权，与项目公司的原有股东共同管理，增加注册资本金；或项目公司转让部分股权给信托资金，然后信托公司以股东的身份向项目公司贷款，增加项目公司的初期运营资金。上述两种方式在信托计划退出时，均采取实际建设开发该项目的股东（实际的融资方）承诺在信托计划到期时溢价回购部分股权，以此方式间接变相履行还本付息义务。

请注意，此种信托业务模式项下主合同不是债权文书，必须单独拟定相应的类似于上文投资型模式收益权信托交易中的《债务清偿协议》或《差额补足协议》或《支付协议》等文本。

股权投资类信托即通常所说的“名股实债”，其交易模式非常多样且复杂，在此，笔者仅介绍两种典型的模式：

第一，直接股权回购模式。类似于收益权类信托中的直接回购收益权模式，差别就在于收益权回购的标的是特定资产或项目的“收益权”，而此种模式中回购的是前期已转让的股权，其交易合同主要为《股权转让及回购合同》+各种类型担保合同。

第二，股权转让+股东借款模式，即信托公司将资金直接投资于融资方（或融资方为实际控制人的项目公司）股权，成为股东，然后以股东名义向融资方发放贷款，其交易合同主要为《股权转让/投资协议》或《增资协议》+《借款合同》+各种类型担保合同。

四、结语

公证行业正面临着巨大的改革挑战，传统民事业务中的赠与、继承等公证业务正在不断萎缩甚至消亡，各公证机构驾轻就熟的各种涉外业务，因其始终停留在“盖章收费”的初级环节，也绝不会是公证行业发展进步的方向。赋予债权文书强制执行效力，是法律赋予公证行业的重要职能，是在纷繁复杂的金融市场环境中公证行业能够始终保持活力和持续发展的重要推动力。对公证债权文书含义的深入扩展是公证行业适应当前金融市场交易模式不断多元化的要求，推进金融领域强制执行公证业务创新的题中应有之义。

案 例 篇

赋予债权文书强制执行效力公证司法视点研究

——以全国首例最高人民检察院启动民事监督程序的公证强制执行案件为中心

北京市中信公证处主任　王明亮

一、基本案情及执行情况

二、案件争议焦点问题评析

（一）经公证的《委托贷款合同》和《还款协议》是否违反金融管理的强制性规定

（二）执行证书的签发程序是否严重违反法定程序

（三）执行数额计算和违约金过高问题能否成为裁定不予执行的理由

三、关于强制执行公证司法视点的延伸思考

（一）行业长期存在的争议问题尘埃落定

（二）人民法院对公证债权文书的审查标准基本确立

（三）强制执行公证业务发展向好

四、结语

北京某担保公司与江苏某医院公证强制执行案件，从2010年12月北京北京市第一中级人民法院立案执行到2015年3月最高人民法院作出（2011）执监字第180－1号裁定，历时将近五年之久，经过三级法院和最高人民检察院的审理以及各方当事人马拉松式的法律交锋之后，最终得到了圆满解决。这是全国首例最高检启动民事监督程序的公证强制执行案件，也是为数不多的最高人民法院审结的公证执行案件之一，其对强制执行公证争议问题的处理及确立的裁判规则对公证实务和司法审查均具有重要的指导性和示范性。2015年8月6日，最高人民法院发布《关于审理民间借贷案件适用法律若干问题的规定》（以下简称《民间借贷新司法解释》），此案的一些裁判规则在新司法解释中得到了确认。

强制执行效力是《公证法》规定的公证书三大效力之一，在公证传统证明业务日益萎缩和"公证证明论"观点受到挑战的今天，强制执行公证业务对公证事业的发展举足轻重。根据司法部2014年公证统计数据，全国公证机构共办理强制执行公证68.5万多件，出具执行证书2.4万多件，强制执行公证日益成为一些地区和一些公证机构的主流和支柱业务。围绕全国首例最高检启动民事监督程序公证强制执行案件对赋予债权文书强制执行效力公证（以下简称强制执行公证）进行司法视点研究，有利于厘清强制执行公证长期以来存在的争议问题，有利于确定人民法院执行审查的基本原则，进一步揭开强制执行公证的面纱，使之进入良性、健康的发展轨道。

一、基本案情及执行情况

2009年9月26日，北京某担保公司（甲方）和江苏某医院（乙方）签订《委托贷款合同》，约定：甲方将6000万元人民币经受托人银行向乙方发放委托贷款，月利率5‰，借款期限2个月；如乙方未能按时偿还本息，应支付逾期利息和每日5‰的违约金。同日，甲方、乙方及其他担保各方又签订了一份《还款协议》约定：作为上述委托贷款的担保，甲方与乙方及其他担保各方分别签订了《保证合同》《股权质押协议》和《抵押合同》，一旦乙方未完全、适当履行还款义务，甲方有权向乙方及其他担保各方追偿。担保各方如不履行还款义务，自愿放弃一切抗辩权，并自愿接受人民法院的强制执行。公证机构为上述《委托贷款合同》和《还款协议》办理了强制执行公证。9月28日，甲方、乙方和某银行三方签订《委托贷款借款合同》，除逾期贷款罚息利率在约定的贷款利率水平上加收50%外，其余约定与上述

《委托贷款合同》相同。

借款到期后,乙方及其他担保各方未如期偿还本息,甲方于2010年8月6日向公证机构申请签发执行证书,请求偿还本息共计6325万元(按双方签订的《委托贷款合同》逾期月利率5‰计算)及逾期违约金。经核实,公证机构签发执行证书,确认执行标的为本息共计6382.5万元(按三方签订的《委托贷款借款合同》逾期月利率7.5‰计算)及逾期违约金。

甲方依据强制执行公证书和执行证书向人民法院申请强制执行,乙方及其他担保各方向执行法院提出不予执行公证债权文书的申请。北京市第一中级人民法院(2011)一中执异字第622号执行裁定书裁定不予执行;北京市高级人民法院(2011)高执复字第107号执行裁定书裁定驳回申请复议人的复议请求,维持北京市第一中级人民法院的裁定;最高人民法院(2011)执监字第180号执行裁定书裁定撤销北京市高级人民法院和北京市第一中级人民法院的裁定,由北京市第一中级人民法院继续执行;最高人民检察院民建(2014)1号检察建议书建议撤销最高人民法院裁定,不予执行公证书;最高人民法院(2011)执监字第180-1号执行裁定书再次作出裁定,由北京市第一中级人民法院按照逾期违约金和逾期利息总额不超过银行同类贷款利率4倍的标准执行。

二、案件争议焦点问题评析

根据三级法院的执行裁定书和最高检的检察建议书,本案争议焦点有三:一是实体问题,经公证的《委托贷款合同》和《还款协议》是否违反金融管理的强制性规定;二是程序问题,执行证书的签发程序是否严重违反法定程序;三是执行数额计算和违约金过高问题能否成为裁定不予执行的理由。

(一)经公证的《委托贷款合同》和《还款协议》是否违反金融管理的强制性规定

北京市第一中级人民法院、北京市高级人民法院和最高人民检察院均认为，未经金融机构，当事人签订的《委托贷款合同》和《还款协议》违反金融管理的强制性规定。主要理由是：(1)非金融机构的企业间拆借为我国金融管理制度所禁止。甲方不具有金融许可证，其于9月26日、27日申请公证时，三方《委托贷款借款合同》尚不存在，银行对此也并不知情，还不符合委托贷款的要求，委托贷款关系能否确立尚不清楚，其真实性、合法性均无从认定。(2)公证债权文书涉及的是委托贷款关系，受托人银行应当是委托贷款合同的主体之一。公证机构应当对由银行作为主体的三方协议进行公证，而不是对没有银行参加的两方协议和《还款协议》作出公证书并出具执行证书。

最高人民法院认为，本案是合法的委托贷款关系，不是企业之间的资金拆借。主要理由是：(1)当事人之间的多个合同清楚证明，甲方与乙方、银行之间委托贷款法律关系清晰，权利义务关系明确。3个合同均是真实意思表示，《委托贷款合同》《还款协议》均明确指出双方的贷款是通过银行进行委托的，其后在履行合同时甲方也确实通过该银行向乙方发放了贷款。(2)在上述3份合同中，双方选择对《委托贷款合同》《还款协议》进行公证，属于意思自治的范围，并不违反有关法律的禁止性规定，双方经过公证的债权文书以及事后通过银行发放贷款的事实，表明双方的债权债务关系真实、合法存在。

评析：

最高人民法院1991年颁布的《关于人民法院审理借贷案件的若干意见》对民间借贷主体限于至少一方是自然人，而对于企业与企业之间的借贷，按照中国人民银行1996年颁布的《贷款通则》和最高人民法院相关司法解释的规定，一般以违反国家金融监管规定而被认定为无效。本案中，甲方虽没有金融许可证，但其委托银行发放贷款的行为是合法的。申请公证时，虽三方协议尚未签订，但缔约的意愿已经达成，银行的审批程序也基本完成。实践中，要求银行作为公证当事人存在困难，而且委托贷款关系中银行仅承担信用中介的职责，债权人和债务人先行签署二方协议并申请公证并无不妥。公证机构不应以委托贷款关系尚未成立为由拒绝公证,只要告知当事人如果三方协议没有签订,不经由银行放款,二方协议会被认定为无效,公证机构也不会签发执行证书。最高人民法院从法律关系的本质出发,对缔约过程和结果采取综合评判的标准,尊重当事人的意思自治,认定合同有效是正确的。

企业之间资金拆借无效的规定在一定程度上对于维护金融秩序、防范金融风险发挥了重要作用。但是,从计划经济时代延续下来的这一制度不仅没有消除企业间借贷行为的发生,反而出现愈演愈烈的势头。由于这一规定,不少企业通过虚假交易、名义联营、企业高管以个人名义借贷等方式进行民间融资,导致企业风险大幅增加,民间借贷市场秩序受到破坏。近年来,山东、浙江等地法院逐渐从严掌握认定企业之间借贷的标准,不轻易否定合同效力。"时移则法易",2015 年 8 月 6 日,最高人民法院发布《民间借贷新司法解释》,其第 11 条明确规定:"法人之间、其他组织之间以及它们相互之间为生产、经营需要订立的民间借贷合同,除存在合同法第五十二条、本规定第十四条规定的情形外,当事人主张民间借贷合同有效的,人民法院应予支持。"这一规定对于企业之间的民间借贷给予有条件的认可,有利于维护企业自主经营,保护企业法人人格完整;有利于缓解企业融资难、融资贵等问题,满足企业自身经营的需要;有利于规范民间借贷市场有序运行,促进国家经济稳健发展。

(二)执行证书的签发程序是否严重违反法定程序

北京市第一中级人民法院认为,公证机构在签发执行证书时,未依相关规定及明示的公证程序询问各债务人,这种程序瑕疵直接影响了对执行证书必要事实的充分核实。最高人民检察院认为,用以证明公证机构签发执行证书前履行了审查义务的主要证据是公证机构的核实工作记录。该记录存在重大缺陷,不能证明公证机构尽到了审查义务。核实工作记录上面没有被询问人的签名或者盖章,不符合《公证程序规则》规定的核实程序,也不能证明其核实的真实性,且核实过程并未告知被询问人享有的权利、承担的义务及其法律责任。而且对担保一方的核实时间在签发执行证书之后，严重违反程序。

北京市高级人民法院认为，在违反法定程序的情节上，要达到“严重”的程度才应裁定不予执行，即对公证债权文书的司法审查权不得滥用，对于存在程序瑕疵尚不构成严重违反法定程序的，不得裁定不予执行。对公证机构通过何种方式、方法进行审查没有强制性规定，可以参考相关行业规章和行业规范作出认定。本案中，执行证书上载明的放款、还款情况与事实相符，并不构成“严重违反法定程序”。[①] 最高人民法院认为，对担保一方的核实虽在执行证书签发之后，但是，由于其是从债务人，在主债务人对债权债务关系并无异议的情况下，对其是否核实并不构成对执行证书签发程序的重大影响，且其在事后的核实程序中也并无异议。核实程序的瑕疵不足以导致认定其签发执行程序违法，不足以成为裁定不予执行整个公证债权文书的事由。

评析：

《民事诉讼法》第 238 条第 2 款规定：公证债权文书确有错误的，人民法院裁定不予执行，并将裁定书送达双方当事人和公证机关。该规定中的“确有错误”，法律、法规或司法解释未做具体解释，实践中出现了不同的理解。2011 年 9 月，北京市高级、中级两级法院执行局（庭）长座谈会（第三次会议）经研究，制定出台了《关于执行审查、裁决工作若干问题的意见》规定了 5 种“确有错误”的情形，其中包括公证债权文书和执行证书的制作严重违反法定程序。[②] 在公证债

---

① 北京市高级人民法院：《不予执行公证债权文书案件的审查标准》，载 http://www.bjcourt.gov.cn/article/newsDetail.htm? NId = 25000104&channel = 100015006。

② “确有错误”的情形包括：一是公证债权文书属于依法不得赋予强制执行效力的债权文书的；二是公证债权文书当事人未就债务人在其不履行义务或者不完全履行义务时由债权人向人民法院申请强制执行达成合意的；三是公证债权文书和执行证书的制作严重违反法定程序的；四是公证债权文书和执行证书的内容违背事实或者违反法律规定的；五是其他确有错误的情形。

权文书和执行证书的制作程序上,《公证法》和最高人民法院、司法部《关于公证机关赋予强制执行效力的债权文书执行有关问题的联合通知》对公证的重要程序进行了规定,公证机构应当遵照执行。此外,司法部颁布的《公证程序规则》和中国公证协会颁布的《办理具有强制执行效力债权文书公证及出具执行证书的指导意见》可以作为参考。公证实践中,当债权人因债务人违约而申请出具执行证书时,公证机构要联系到债务人完成核实往往非常困难,债务人常常躲避公证员不配合核实,公证机构又没有"发出传票""公告送达"等权利,因此,为了完成债务履行状况的核实,基于"权利不是法定的,就是约定的"的法谚,公证机构创立了"约定核实"的方式,即在债权文书中将核实债务的时间、方式、后果等作出约定,在债权人申请公证机构出具执行证书时,公证机构根据当事人所约定的方式完成核实。[①] 本案中,北京市高级人民法院和最高人民法院对"约定核实"的行业惯例给予了充分的认可。

(三)执行数额计算和违约金过高问题能否成为裁定不予执行的理由

北京市第一中级人民法院、最高人民检察院认为,《执行证书》的执行标的额超出了债权人的申请数额为不予执行的事由之一。最高人民检察院还认为,本案存在违约金过高的问题,逾期期间除支付借款利息外,还按5‰每日的标准支付违约金,不仅远高于同类贷款利率的4倍,更是远高于实际造成损失的30%。

最高人民法院认为,执行数额计算和违约金过高的问题,不能构成人民法院不予执行的理由。如果多计算债权数额确实存在,人民法院查实后可以在执行程序中进行核减。本案确实存在违约金过高的问题,6000万元本金,逾期还须偿付的违约金数额为每年1.08亿元,相当于年利率180%,应裁定按照届满后产生的违约金及逾期利

---

① 刘疆:《对具有强制执行效力债权文书公证的精彩诠释,解读最高人民法院(2011)执监字第180号〈执行裁定书〉》,载《中国公证》2013年第9期。

息总额不超过银行同类贷款利率4倍的标准执行。

评析：

原《民间借贷司法解释》规定，民间借贷的利率最高不得超过银行同类贷款利率的4倍，超出部分的利息不予保护。《民间借贷新司法解释》规定，借贷双方约定的利率未超过年利率24%的，人民法院应予支持。借贷双方约定的利率超过年利率36%，超过部分的利息约定无效。通过两个百分比，实际上划分了3个区域：无效区；司法保护区；自然债务区。最高人民法院做此规定是合理的，实体经济所创造的利润一般来说不会超过30%，如果不对民间借贷利率进行一定的控制，对于实体经济，特别是对于中小微企业的发展是不利的，容易出现金融经济挤压实体经济的情况，所以《民间借贷新司法解释》规定了年利率36%以上认定为无效的上限。公证机构办理民间借贷公证时，有的民间借贷合同约定的利率未超过24%，但违约金或其他费用的约定较高，总和可能超过24%。鉴于本案最高人民法院关于4倍标准的裁定，公证机构办理民间借贷公证时，宜将利率、违约金等费用之和控制在24%以下。

三、关于强制执行公证司法视点的延伸思考

该案件带给我们的启示不仅仅是澄清了强制执行公证领域长期以来争议很大的一些问题，确立了人民法院审查强制执行公证书的基本原则，还是对我国十多年来强制执行公证业务实践的一次精彩总结，对强制执行业务的发展具有重大而深远的影响。

（一）行业长期存在的争议问题尘埃落定

关于强制执行公证，行业内外存在一些争议，如能够赋予强制执行效力的债权文书的条件和范围、民间借贷合同关于利率和违约金的约定、公证机构的审查责任、出具执行证书的核实程序等，长期以来难以达成共识，严重影响了强制执行公证业务的开展。

本案执行过程的曲折也反映出案件本身争议比较大，社会对公证的强制执行效力的认识也不够，人民法院的执行标准也不统一。

本案中,最高人民法院确定了以下裁判规则:一是公证机构可以对担保合同赋予强制执行效力;[①]二是对债权债务关系中的何种合同进行公证属于当事人意思自治的范畴;三是民间借贷合同关于利率和违约金的约定总和不能超过银行同类贷款利率4倍,超过的部分法院不予保护;[②]四是确定了电话核实、信函核实、短信核实等当事人约定核实方式的效力。

综观本案全局可以发现,尽管历经三级法院审查和最高人民检察院启动民事监督程序,但与很多法院审判庭办理的经济诉讼案件相比,本案的案情并不复杂,事实基本清楚,权利义务关系明确,这与公证提前介入经济活动有很大的关系,正因为争议的焦点多是法律适用问题,最高人民法院确立的裁判规则才具有更强的示范性,对于公证机构依法规范办证具有重要的意义。

(二)人民法院对公证债权文书的审查标准基本确立

最高人民法院从设置强制执行公证制度的目的和价值出发把握司法权的边界对统一各级法院对公证书的审查尺度具有重要的影响。公证债权文书制度的核心价值在于使当事人在自愿的基础上通过非诉的方式解决纠纷,促进交易效率,节省司法资源。本案借款的基本事实客观存在,如果仅因双方约定的违约金过高就裁定全案不予执行,不符合公证债权文书制度设置的价值追求。[③]

人民法院在审查中需要考虑后续诉讼程序的问题,如果否定公证书的执行效力,案件要进入审判程序,因为当事人在实体债权债务关系上没有争议,诉讼的结果也必然是债权人胜诉,债务人的抗辩仅

① 2014年9月,最高人民法院在对山东省高级人民法院的批复中再次明确,公证机构依法赋予强制执行效力的包含担保协议的公证债权文书,人民法院可以强制执行。2015年5月,最高人民法院《关于人民法院办理执行异议和复议案件若干问题的规定》第22条第2款规定:"人民法院受理担保债务的执行申请后,被执行人仅以担保合同不属于赋予强制执行效力的公证债权文书范围为由申请不予执行的,不予支持。"

② 最高人民法院新司法解释直接规定为,借贷双方约定的利率不能超过年利率的24%。

③ 参见最高人民法院(2011)执监字第180-1号执行裁定书。

仅达到拖延执行的目的。鉴于此，最高人民法院确立了以下事由不能成为裁定不予执行的理由：一是执行债权数额的利率计算错误问题不能成为不予执行的理由；二是违约金约定过高的问题不能成为不予执行的理由；三是未依明示的公证程序询问各债务人不能成为不予执行的理由；四是未达到“严重违反法定程序”程度的签发程序问题不能成为不予执行的理由。

最高人民法院的审判思路能够有效地防止债务人滥用诉讼权利，避免了不必要的诉讼，节约了司法资源，达到均衡保护债权人和出借人双方合法权益的目标，在当事人之间实现利益平衡，维护了诉讼程序和执行程序的高效、公平。

（三）强制执行公证业务发展向好

《民事诉讼法》和《公证法》都规定了公证书的强制执行效力，但长期以来公证业务主要以传统的证明业务为主，强制执行效力没有得到应有的重视。由于受制于银行、信托公司等大型金融机构对公证强制执行制度优越性的认识，强制执行公证业务在开展初期存在很多困难。民间借贷主体虽然有强烈的公证需求，但囿于较高的社会风险和商业风险，行业内争议也比较大，这些因素都严重影响了强制执行公证业务的发展。

这一案件的重大意义不仅在于解决了争议问题，更重要的是使社会对强制执行公证的认识有了新的突破。能否得到人民法院的顺利执行是实现强制执行公证价值的关键环节，该案的判决结果大大减少了各类金融机构、准金融机构及民间借贷当事人的困惑和公证行业及其主管机关的疑虑。

四、结语

在作为中立第三方、实现各方当事人利益平衡方面，公证机构和人民法院的立场是一致的；在法律的适用、对法律精神的理解方面，公证员和法官的思路也是共通的。公证业务发展要回归法律服务本位，立足探索和创新，在民商事法律关系中发挥越来越重要的作用，才能不断地得到社会各界的认可,展现公证制度的社会价值,从而真正完成从程序正义到实质正义的嬗变,才能从根本上促进行业的健康发展。

从14亿元天价借款案透析公证权和审判权的边界

北京市中信公证处副主任　闫雅强

一、案情介绍

二、争议焦点及解析

(一)违反《项目管理协议》是否构成《借款合同》违约

(二)工程延期是否系不可抗力造成

(三)C公司发生实际管理人变更等情况是否严重影响债权安全

三、延伸思考:公证权和审判权的边界

一、案情介绍

2013年8月,A信托公司与B公司签订了《借款合同》,约定由A信托公司向B公司提供借款11亿元,借款期限为24个月,年利率为11%。同日,两公司签署《最高额抵押合同》,约定以B公司名下一国有土地使用权等作为担保,并办理了抵押登记。上述两份合同均办理了强制执行公证。为了确保资金安全,A信托公司与B公司、C公司(B为C公司旗下项目公司)签署了《项目管理协议》,明确约定了B公司开发项目的管理进度和销售进度,并规定B公司可就《项目管理协议》附件所列的取得项目四证时间等节点申请延期,但延期不得超过2个月,否则A信托公司有权要求B公司支付违约金,并要求B公司提前履行交易文件项下的全部义务。

2013年8月,A信托公司向B公司一次性发放借款11亿元。但是,B公司在履行合同的过程中,出现项目工程明显滞后的重大违约,以及C公司实际管理人、经营管理层发生变更,该公司位于深圳的项目被政府部门“锁定”等情况。2015年1月14日,A信托公司向B公司宣布《借款合同》项下全部借款提前到期,要求B公司立即支付借款本金、利息、违约金和其他费用共约14亿元。公证处就A信托公司上述债权主张向B公司发函核实,B公司虽就A信托公司提前终止《借款合同》的依据提出异议,但无法提出合理有效的相反证据。因此,根据申请执行人A信托公司的申请,公证处依法出具了执行证书。2015年1月,A信托公司向上海市第一中级人民法院申请强制执行。最后,上海市第一中级人民法院和上海市高级人民法院都驳回了B公司的异议申请。

二、争议焦点及解析

本案在信托行业引起了不小的影响,上海一些媒体也对此进行了报道。本案涉及的问题很多,核心问题是A信托公司是否有权宣布借款提前到期。

(一)违反《项目管理协议》是否构成《借款合同》违约

B公司认为:引用《项目管理协议》条款作为A信托公司有权宣布借款提前到期的依据,实际是将未被赋予强制执行效力的《项目管理协议》变相赋予执行效力,违背公证程序。

A信托公司认为:根据《借款合同》的规定,B公司违反《项目管理协议》约定,即视为违反《借款合同》的规定。

解析:

争议的焦点在于《借款合同》和《项目管理协议》的关系,公证债权文书的执行力能否延及其他协议。第一,根据《借款合同》的约定:甲方(B公司)承诺接受并配合检查,具体以相关方另行签署的《项目管理协议》约定为准,以及《项目管理协议》对于订立该协议原因的表述,可以认定《项目管理协议》属于《借款合同》中“就本项目与乙方签署的其他协议”范畴,因此,《项目管理协议》可视为《借款合同》的补充协议。第二,补充协议是否必须办理强制执行公证才具有执行力。《项目管理协议》是《借款合同》关于合同事项的细化,是补充关系，不违反法律的禁止性规定，没有另行约定项目之外的其他事项，应是《借款合同》的组成部分，无须再办理公证就具有执行力。因此，B 公司违反《项目管理协议》规定的有关行为可以构成 A 信托公司宣布借款提前到期的依据。

（二）工程延期是否系不可抗力造成

B 公司认为：工程项目一定程度的滞后，原因是项目需要与上海市政工程“轨道交通 18 号线”相连，系不可抗力，不能成为提前还款的理由。

A 信托公司认为：对于轨道交通政府早有规划，工程项目滞后是 B 公司原因造成的。

评析：

根据我国《合同法》第 117 条的规定，不可抗力是指不能预见、不能避免并不能克服的客观情况。上海市政工程“轨道交通 18 号线”是早已规划好、早就预见的情况，不属于法律规定的不可抗力。在《项目管理协议》中，各方当事人也约定了假如出现不可抗力事件后的处理程序：如发生不可抗力事件，遭受事件的一方当事人应当立即以协议中约定的方式将情况如实通知其他各方，并在 15 日内提供事件发生地有关部门或者公证机构出具的证明。但是，B 公司没有推动过这样的程序，缺乏相关的证明，所谓的“不可抗力”抗辩是缺乏依据的。

（三）C 公司发生实际管理人变更等情况是否严重影响债权安全

B 公司认为，C 公司的实际管理人、经营管理层变更，该公司位于深圳的项目被政府部门“锁定”等情况，与《借款合同》约定的违约事项无关，C 公司并非合同当事人，A 信托公司及公证处以第三人的行为或经营现状认定 B 公司违约，违背合同相对性原则。

A 信托公司认为，B 公司及其关联方 C 公司的违约行为已严重影响了 A 信托公司的债权安全，实际以无意愿，更无能力履行《借款合同》。

评析：

在两公司签署的《借款合同》中，已经约定了可能危及 A 公司债权的情形,其中就包括"控股股东/实际控制人变更或重大资产转让(商品房销售、租赁、委托经营等除外)"等危及合同项下债权安全的情形,对此的救济措施的约定包括:出现上述情形后,A公司书面通知B公司纠正,若B公司接到通知之日起5日内,上述情形未得到解除的,A公司有权停止发放借款,宣布借款立即到期,要求B公司偿还合同项下所有到期及未到期的本金、利息、违约金和其他费用。本案中,B公司是C公司旗下项目公司,C公司发生实际管理人、经营管理层变更,直接导致了B公司的实际控制人也发生了变更;并且C公司位于深圳的项目被政府部门"锁定",其生产经营情况发生了恶化,将危及A信托公司的借款利益。A信托公司书面通知纠正,但B公司并未改善上述情形。因此,A信托公司有权采取约定的救济措施。

三、延伸思考:公证权和审判权的边界

公证实务中,债权到期前申请签发执行证书的情况并不多见,承办该案件的公证处在签发之前也经过了充分的论证,在前期反对签发执行证书的声音也比较大,理由是:公证处不是审判机关,在借款尚未期满的情况下无权认定违约,应要求当事人诉讼解决。

关于公证权和审判权的边界以及公证权的性质问题,一直存在争议。在大陆法系国家,通行的观点是,公证具有司法权的属性,是准司法权。公证的司法权属性集中体现在公证的强制执行效力方面,公证处签发执行证书的审查职责包含事实的认定和法律的适用两个方面,是裁判权的体现,和法官的审判行为类似。那两者的区别和界限在哪里呢?

笔者认为,强制执行公证制度设计的价值在于,作为私权主体的当事人双方,在纠纷发生之前就将来可能出现的纠纷在救济方式上达成合意,实质是当事人以意思自治的方式自主选择实现私权的途径。在纠纷发生时,不需要通过诉讼或仲裁取得执行依据,公证债权文书本身具有执行力。本案中,当事人合意贯穿债权形成过程的始

终,《借款合同》对可能出现的违约情形进行了明确的约定,公证处应该据此认定违约,签发执行证书。

反之,如果合同没有对履约期限届满前出现危及债权安全的情形的救济方式作出约定,债权人可以通过行使“不安抗辩权”保护债权。所谓不安抗辩权,是指在约定了先后履行顺序的双务合同中,应先履行的一方在应后履行一方因财产恶化而难为对待给付时所享有的、得于应后履行一方未履行且未提供担保之前,有权暂时中止债务的履行。不安抗辩权之“不安”,意在先履行后不能获得对待给付之危险,在应后履行一方有难为对待给付的情形时,先履行则是有去无回,为平衡双方利益,法律赋予先履行一方不安抗辩权,暂时中止履行。《合同法》第 68 条规定了不安抗辩权行使的具体情形:(1)经营状况严重恶化;(2)转移财产、抽逃资金,以逃避债务;(3)丧失商业信誉;(4)有丧失或者可能丧失履行债务能力的其他情形。根据我国《合同法》第 108 条的规定,先履行一方除可以解除合同外,也可以在履行期限届满之前要求其承担违约责任。由于解除合同的效力一般仅为恢复合同履行前的原状,而要求对方承担违约责任则可以得到合同严格责任归责原则保护下的合同履行的利益。“不安抗辩权”的行使是基于法律的规定而非当事人的合意,根据“有约定从约定,无约定从法律”的原则,本案中,如果 A 信托公司与 B 公司未达成出现约定情形时债权人有权宣布借款提前到期的合意,公证处无权依据《合同法》的相关规定认定债务人违约并签发执行证书。

综上所述,笔者认为,公证权和司法权的界限在于当事人的合意和放弃诉权的执行承诺。合同公证时双方“同意合同具有强制执行效力的承诺”和实际履行过程中债务人“同意承担具体违约责任的承诺”是两回事。本案中,《借款合同》明确约定:“双方同意向公证处申请对本合同办理强制执行公证,如甲方不履行和不完全履行本合同项下之相应款项支付之义务,或出现本合同约定其他的情形,乙方有权向公证处申请执行证书并凭本合同的公证书和执行证书向有管辖权的人民法院申请强制执行,甲方承诺放弃申请诉讼解决的权利并自愿接受人民法院的强制执行。”合同中还明确约定了债权人有权宣布债权提前到期的各种情形,可以视为债务人有同意承担具体违约责任的承诺。可见,公证债权文书的签订和执行证书的签发是密切相关的一个过程,起草合同、在银行和信托公司等的格式合同中嵌入公证条款、签署补充协议等行为是公证员专业能力和职业素养的重要体现,在当事人合意的基础上充分发挥公证非诉纠纷解决机制的作用。

民间借贷中的委托卖房“担保”真的靠谱吗?

北京市中信公证处　薛高峰

一、基本案情

二、法律分析

(一)陈某的代理行为属于有权代理

(二)陈某滥用代理权,与段某恶意串通,损害当事人利益

三、延伸思考

(一)委托卖房“担保”风险分析

(二)引导当事人办理公证

一、基本案情

2013年5月,当事人王某来公证处申请办理房屋委托公证,自愿委托陈某办理房屋出售的有关事宜,公证员审查后,出具委托书公证。8月,当事人王某来公证处反映,受托人陈某将房屋低价出卖给段某,段某随后将房屋转卖,导致当事人无地居住。原来,该房屋委托书背后隐藏着借款合同,是具有“担保”目的的委托书。当事人以房屋委托书的方式为借款提供“担保”,借款到期未偿还,受托人陈某以150万元的低价将房屋出卖给段某。王某想要确认陈某作为代理人与段某签订的房屋买卖合同无效,并要求他们赔偿损失85万余元。公证员建议王某去法院起诉。该案经两级法院审理,现已审结,一审、二审法院均判决支持了王某的诉讼请求。

二、法律分析

本案纠纷基于委托关系和代理关系而发生:当事人王某是委托

人，也是被代理人；陈某是受托人，也是代理人；段某是代理关系中的第三人。案件主要争议点在于：陈某的代理行为是否有效？对此，可以进行如下分析：

（一）陈某的代理行为属于有权代理

可以肯定的是，陈某的代理行为为有权代理，代理权来源于当事人的委托授权。当事人办理的房屋委托公证明确陈某为受托人，代理权限为处理“房产出售有关的一切事宜”，包括签订房屋买卖合同、办理网上签约、办理产权过户登记手续、代收房价款等。陈某作为当事人的代理人，享有房屋出售的代理权。

同时，陈某作为代理人，负有勤勉和谨慎的义务，应忠实地处理代理事务，为被代理人的利益着想。本案中，陈某是无偿代理人，应尽到与处理自己事务相同的注意义务；如果是有偿代理，则应尽善良管理人的义务。

（二）陈某滥用代理权，与段某恶意串通，损害当事人利益

1. 房屋转让价格明显过低

根据最高人民法院《关于适用〈中华人民共和国合同法〉若干问题的解释（二）》第19条第2款的规定，财产转让价格达不到交易时交易地的市场交易价70%的，一般可以视为明显不合理的低价。参照该规定，本案中房屋转让时的市场价格经鉴定为235万余元，但转让价格却是150万元，其中差价85万余元，也达不到70%的价格标准。因此，陈某转让房屋价格明显过低，实际造成了当事人财产利益的损失，违反了代理人维护被代理人利益的原则。

2. 陈某与段某恶意串通

虽然有公证的委托书，陈某享有房屋出售的代理权，但不能仅据此认定段某为善意买受人。经法院查明：陈某与段某之间150万元的款项往来无任何银行提款、转账或存款记录加以证明，大额的现金支付也不符合交易习惯，陈某也未将任何款项交予当事人，不能证明段某实际支付购房款；证人证言证明段某并未实地查看房屋；段某自述未曾取得房屋的实际控制；段某在获得房屋产权后十几天内就委

托他人转卖房屋；银行转账记录证明段某以转卖房屋所得向借款合同的出借人转账150万元，抵偿借款合同的债务。

结合以上因素综合来看，段某在明知委托书背后存在借款合同的情况下，与陈某签订房屋买卖合同并转移房屋登记，并未真实支付交易价款，也未对房屋实际查看和占有。陈某与段某恶意串通，进行虚假交易行为，损害当事人的利益，根据《民法通则》第58条、第66条第3款以及《合同法》第406条第1款的规定，陈某与段某签订的房屋买卖合同无效，当事人王某对合同后果不予承受。但本案中，由于房屋已经被转卖无法返还房屋，当事人王某可以要求赔偿损失，由陈某和段某承担连带责任。

三、延伸思考

本案的特殊之处在于，房产委托书具有"担保"目的：借款人在借款时出具委托书，授权贷款人（或其指定的第三人）出售借款人的房屋，贷款人（或其指定的第三人）在借款人未偿还借款的情况下，以借款人名义转让其房屋，以房屋转让款来抵偿借款。在此，房产委托书演变为债权人的自力救济手段，导致其功能被异化。在传统委托中，委托人是委托发起人和主导者，受托人只是"受人之托，忠人之事"。然而在委托书异化的情形下，委托来自于受托人的要求，委托人与受托人之间不存在互相信赖的关系，反而是利益冲突的关系。受托人正是基于委托代理中权益和责任的可分割性，利用代理身份控制本应属于委托人的权利和利益，而相应的义务和责任仍然由委托人承担。

（一）委托卖房"担保"风险分析

1. 委托人存在法律风险

首先，委托人作为借款人，本意是以房屋作为抵押担保，但实际上为了省钱省事或者基于出借人的要求而办理售房委托公证。公证员会在公证过程中告知当事人公证事项的法律意义和法律后果，并将告知内容记录存档，在委托人故意隐瞒"担保"目的、虚构与受托人的信任关系时,公证员只能按照公证时委托人的意思表示来判断其真实性,在排除合理怀疑后办理公证。在公证员已经详细提示委托风险、按照公证程序办理公证的情况下,委托人明知风险还要办理卖房委托书公证,这样带来的不利后果只能由委托人自己承担。其次,受托人与买房人签订的房屋买卖合同原则上是有效的。受托人基于委托合同和委托公证作为有权代理人,在代理权限内代理委托人出售房屋,房屋买卖合同原则上有效,委托人主张合同无效的,法院一般不予支持,除非受托人滥用代理权,与买受人恶意串通损害委托人利益。此外,本案中委托人的“担保”意思并不能在委托卖房公证中体现出来,也不符合担保的形式要求,所以担保的保证期间对委托人是不适用的,出借人作为债权人时,不受时限的督促,可以肆无忌惮地行使权利,明显不利于委托人作为债务人的利益维护。

2. 委托人存在财产损失风险

在卖房委托“担保”中,委托书往往被异化,委托人与受托人之间不存在信任关系。由于委托人对受托人在代理权限内的代理行为承担民事责任,受托人很可能恶意行使授权权限给委托人带来以下潜在风险:受托人在还款期限届满前售房;取得售房款后卷款而逃;一房数卖;以不合理的低价出售房屋;不及时将房款交于委托人等。此外,由于仅基于委托人的委托便可成立委托关系,当借贷行为不成立或无效时,委托关系仍然成立,当受托人为出借人以外的人时,如果受托人随意处分委托人的财产,委托人很可能面临追责难的情形。

值得一提的是,对债权人而言,即使办理了委托卖房“担保”也并非万无一失;相反,同样存在潜在的风险。众所周知,委托属于单方民事法律行为,委托人有权随时撤销委托书,一旦撤销委托后,债权人手中的授权委托书就好比废纸一张,这样一来,债权人的利益将得不到根本保障。

(二)引导当事人办理公证

当借款人按时还款或者受托人能够尽义务处理售房事务时,即没有发生民事纠纷时,民间借贷中的委托卖房“担保”对借贷双方来说可能更为便捷。但为了减少纠纷的发生,民间借贷中的房屋抵押担保应该按照法定要求来办理。因为委托卖房并不构成法律上的担保,借款人只有担保的意思但其行为不符合不动产抵押担保的形式要件要求。委托卖房委托书不等于房屋抵押担保登记,委托书公证也显然只能证明借款人的委托意思而非担保意思。

因此,在办理名为卖房实为借款担保的公证业务时,公证人员应引导当事人办理赋予债权文书强制执行效力公证。如果借款人或其他保证人要以不动产做抵押担保,对借款合同和抵押合同办理强制执行效力公证,明确告知债权人及时向有关部门办理抵押登记手续,抵押权自办理抵押物登记之日起生效。一旦债务人不还款时,可凭借公证处出具的公证书和执行证书向有管辖权的人民法院申请强制执行,最大限度地维护债权人的合法权益。

赋予对赌协议强制执行效力的可行性分析

北京市中信公证处　蒋　宁

一、案件基本事实
二、对赌协议简述
（一）对赌协议的产生
（二）对赌协议的作用
（三）对赌协议在我国发展情况简介
三、对赌协议的类型分析
（一）对赌目标
（二）补偿内容
四、赋予对赌协议强制执行效力的构想
（一）审判实践中对对赌协议效力的认定
（二）可被赋予强制执行效力的对赌协议应具备的条件
（三）赋予对赌协议强制执行效力时须注意的问题
五、结语

一、案件基本事实

A公司与B公司、B公司股东张某签订了《增资协议》，主要内容为：(1)A公司认购B公司拟新增的股权，认购对价为1亿元。(2)B公司、张某向A公司承诺：B公司2014年营业收入不低于13.5亿元，净利润不低于5.5万元。如承诺的内容实现，B公司应于2015年1月5日前完成对A公司的增资入股手续；如未实现，A公司有权要求张某补偿人民币1亿元，并赔偿A公司未实现增资而产生的损失。随后，A公司、B公司、张某共同向公证处申请赋予上述

《增资协议》强制执行效力。

上述《增资协议》属于何种合同？是否合法有效？能否通过公证程序赋予其强制执行效力？若赋予强制执行效力，办理公证时有哪些需要注意之处？

二、对赌协议简述

（一）对赌协议的产生

私募股权投资，是指通过私募基金对目标公司进行的权益性投资，是目前资本市场较为流行的投资方式。该投资模式可简单地概括为如下模式：第一步，向少数特定的投资方募集资金，以公司、有限合伙、信托等形式成立私募基金作为投资方；第二步，通过尽职调查等方式对公司的投资价值进行评估，寻找行业前景好、发展潜力大的公司作为目标公司；第三步，与目标公司签订投资协议；第四步，待目标公司获得发展、营利后，通过股权转让、现金补偿、管理层回购等形式退出，获取投资收益。

但是，在投资过程中，由于投资方与融资方存在信息不对称等问题，投资方在决定是否投资之前，无法对公司的资产现状、经营状况、人事结构、行业前景等各个方面进行全面、直接的了解；投资之后，投资方一般不直接参与实际经营，亦无有效的监督融资方经营活动的手段，这必将给投资人权利的实现带来很大的风险。因此，为了解决上述问题，保证投资收益的实现，对赌协议便由此产生。

对赌协议，是指在私募股权投资中，投资方与特定的目标公司及目标公司控股股东签署协议，约定目标公司在将来特定时间的经营指标，如果目标公司如期实现了经营指标，投资人将向目标公司继续追加投资，或向目标公司管理层奖励部分股份；如果未实现经营目标，目标公司及目标公司控股股东需要按照约定向投资人进行补偿的协议。

（二）对赌协议的作用

对赌协议的出现，一方面，解决了一些优秀的中小企业的融资问题，让真正具有竞争力的企业不再受制于资金问题；另一方面，解决了投资方与融资方在目标公司信息掌握方面不对等的难题，对于融资方的投资收益起到了担保作用。同时，对赌协议设立的惩罚与激励机制，可以有效地鞭策目标公司中的经营管理者最大限度地发挥其主观能动性，促进目标公司业绩的增长。对赌协议的出现亦增强了社会上闲置资金的流动性。

（三）对赌协议在我国发展情况简介

根据普华永道2016年3月3日发布的最新统计数据显示，2015年，中国私募股权基金参与各类投资交易的活跃度大幅提升，当年交易总金额达到1921亿美元，占据了全球交易总额的48%，同比增幅则高达169%。[①] 对赌协议作为私募股权重要的投资工具，在实践中被大量使用。据光大证券统计数据显示，2012年至2015年，我国上市公司订立的业绩补偿对赌协议分别为71项、120项、211项和349项，[②]呈逐年递增的趋势。蒙牛、腾讯、俏江南、碧桂园等企业都曾采用订立对赌协议的形式进行融资。

三、对赌协议的类型分析

（一）对赌目标

对赌协议所设定的对赌目标，有以下三种常见类型。

1.业绩对赌

以融资方未来某一时期是否达到其承诺的财务业绩指标作为对赌目标，这是实践中最常出现的形式之一，如摩根士丹利（投资方）与蒙牛管理层签署的对赌协议约定，自2003年至2006年，蒙牛集团（融资方）的复合年增长率不低于50%。若达不到上述业绩指标，公司管理层将输给摩根士丹利6000万~7000万股的上市公司股份；如

---

① 王攀：《普华永道："万众创业"推动中国私募股权投资创新高》，载《经济参考报》2016年3月4日第14版。

② 《业绩对赌协议数量井喷业绩承诺"打水漂"逐年递增》，载《证券时报》2016年3月31日版。

果业绩增长达到目标，摩根士丹利要拿出相应股份奖励蒙牛管理层。[①]

2. 上市对赌(IPO)

以融资方在未来几年能否成功上市作为对赌目标，如曹务波(融资方股东)向孙博等(投资方)承诺，融资公司将于2013年6月30日前获准首次公开发行股票，并在国内主板证券交易所上市。如果承诺内容未能实现，冷杉投资中心和孙博等有权要求曹务波以现金方式购回其持有的目标公司的股权。回购价格＝实际投资额×(1＋8%)×投资完成日至冷杉投资中心和孙博等执行选择回购权之日的自然天数÷365。[②]

3. 当事人约定的其他目标

当事人约定的其他目标，如未来某一时点的股价、特定金融资产的价格，专利权的取得等。

我国目前较为常见的对赌目标是业绩对赌和首次上市对赌，其他形式的对赌目标如股价对赌，常常因设计复杂，需要融资方具有较高的金融知识水平及风险控制能力，故实践中适用较少。[③]

(二)补偿内容

如果融资方未能实现预定的对赌目标，则由此产生的补偿方式主要有以下几种：

1. 现金补偿

如果融资方未能完成合同预定的对赌目标，则对赌一方须按照合同约定的计算方式，以现金的形式向投资方进行补偿。陈明、魏仙桃(融资方股东)向中科金禅合伙(投资方)承诺，如果富铭公司(融资方)2012年全年净利润经审计低于4200万元，则须按以下计算方

---

① 白煮蛋：《经典案例——蒙牛集团的风险融资》，载 http://blog.sina.com.cn/s/blog_86bbd53b0100z3lv.html，最后访问日期：2012年4月19日。

② 北京市第一中级人民法院(2013)一中民初字第6951号民事判决书。

③ 葛伊婷：《对赌协议在我国司法实践中的类型化研究及其判例分析》，华东政法大学2016年硕士学位论文，第12页，对赌纠纷案例统计概览表。

式[(4200－实际净利润)÷4200×4740)(万元)]向中科金禅合伙补偿现金,该补偿应自中科金禅合伙向其主张之日起30日内完成支付,每逾期1日按未付金额的0.1%支付违约金。①

2.股权回购

如果融资方未能完成合同预定的对赌目标,投资方有权要求对赌一方受让其持有的全部或部分股权,股权回购价格按照约定的计算方法确定,如滕生淦(融资方股东)等与九鼎投资中心(投资方)约定,如果百洋公司(融资方)在2009年至2012年任意一年实现净利润低于3000万元,或者百洋公司任意一季度的销售收入同比下降50%以上,九鼎投资中心有权要求滕生淦受让九鼎投资中心持有的全部或部分百洋公司的股权,受让价款＝8000万元×(1＋30%)n－九鼎投资中心入股期间获得的所有现金股利－九鼎投资中心入股期间获得的业绩补偿－九鼎投资中心因已转让部分百洋公司股权所取得的收入。②

3.股权补偿

参照融资方的实际业绩,计算投资金额总额实际占股的比例,通过股权转让的方式进行补偿,如鑫坤投资(投资方)与励小伟等(融资方股东)约定,启鑫公司(融资方)2012年至2014年的净利润中,2012年不少于1000万元、2013年不少于3000万元、2014年不少于6000万元,如果未达到上述任一承诺值,则励小伟等须向鑫坤投资无偿转让0.5%的股权作为补偿。③

4.其他形式的补偿

回购补偿,目标企业如若不能按期回购约定的优先股,不是投资方依约取得更多董事会席位,就是目标企业按约定提高投资方的股息分配率;人事调整,目标企业如若不能在约定时限内任命新的

① 杭州市滨江区人民法院(2014)杭滨商初字第937号民事判决书。
② 北京市高级人民法院(2015)高民(商)终字第1135号民事判决书。
③ 上海市第一中级人民法院(2015)沪一中民四(商)终字第79号民事判决书。

CEO，则投资方按约定可以取得企业更多董事会席位。此外，还有如优先认股权、优先清算权、共同售股权、一票否决权等多种补偿形式。

目前，我国审判实践及既有判例中，比较常见的补偿方式为货币补偿、股权回购、股权补偿。据统计，自2009年11月到2015年4月，我国各级法院和仲裁机构审理的78起单向对赌[①]案件中，货币补偿的案件有20件，股权回购的案件52件，股权补偿的案件6件。[②] 其他形式的补偿方式在现实中虽存在一定数量，但难以通过司法程序确定给付内容并强制执行。

四、赋予对赌协议强制执行效力的构想

（一）审判实践中对对赌协议效力的认定

2009年之前，虽然实践中也存在对赌行为，但产生争议后，双方一般通过协商解决，即使诉至法院也通过调解方式结案，并无针对对赌协议效力的实体判决，直至2012年最高人民法院作出"国内对赌协议第一案"——(2012)民提字第11号再审案件的终审判决（最高人民法院公报案例）。简单来说，该判决的内容分两部分：第一，对赌协议中投资方与公司对赌的条款违反我国《公司法》关于企业利润分配的规定，属于无效条款。第二，与股东对赌的条款不损害公司及公司债权人的利益，亦不违反法律、法规的禁止性规定，合法有效。

虽然我国并非判例法国家，但已经生效的判例尤其是最高人民法院的判例，对于类似案件的处理仍然有着非常重要的指导作用。在此后的审判实践中，各地法院在对赌协议的认定处理上，一般按照最高人民法院的审判思路进行。例如，上海市第一中级人民法院在(2014)沪一中民四（商）终字第730号民事判决中明确，"人民法院在对此法律行为（对赌协议）进行适度评判时，应当遵循以下原则：1.鼓励交易；2.尊重当事人意思自治；3.维护公共利益；4.保障商事

---

① 本文中例举案例均为单向对赌，能否赋予双向对赌强制执行效力暂不研究。

② 根据环球律师事务所《对赌在中国的司法实践研究报告》（第1版）统计数据得出。

交易的过程正义，以此来确定对赌条款的法律效力。”“上述条款的订立，首先完全基于签约各方当事人的真实意思表示，属于意思自治范畴，应予充分尊重。其次，该条款亦促成了乐园公司增资行为的依法顺利完成，最大限度地维护了原始股东、增资方以及目标公司的基本利益；至于触发回购的条件，各方当事人约定以乐园公司在一定期限内完成核准上市作为适用情形，而不是对于乐园公司的估值进行价格调整，虽有不妥之处，但亦未严重违背以上评判四原则，故该回购条款仍应为有效。”其他法院，诸如北京市第一中级人民法院、[①]青岛市中级人民法院、[②]湖北省武汉市中级人民法院[③]等在其审理的对赌协议案件中，均沿用了最高人民法院的审理思路。

对赌协议是熟练掌握投资规则的专业人士在经历了大量的失败案例后总结出来的投资方式，综合考虑了利润回报与风险。因此，只要对赌协议的内容不违反法律的强制性规定，司法机关应尊重当事人的意思自治，不宜对其作出过多干预。最高人民法院于 2014 年 6 月 3 日下发《关于人民法院为企业兼并重组提供司法保证的指导意见》规定，“要坚持促进交易进行，维护交易安全的商事审判理念，审慎认定企业估值调整协议、股份转换协议等新类型合同的效力，避免简单以法律没有规定为由认定合同无效。”

因此，在最高人民法院对对赌协议的效力作出权威认定并且各级法院的审判标准基本达成一致的前提下，通过公证程序赋予对赌协议强制执行效力，便具备了现实可行的先决条件。

（二）可被赋予强制执行效力的对赌协议应具备的条件

1. 对赌双方为投资方与融资方股东、管理层或第三方

最高人民法院在（2012）民提字第 11 号再审判决中认为，“迪亚

---

① 黄占山、陈靖忠：《北京一中院审结一起私募基金“对赌协议”案》，载北京法院网，最后访问日期：2014 年 2 月 24 日。

② 《中院民二庭审结我市首例“对赌协议”纠纷案件》，载青岛市中级人民法院官网，最后访问日期：2016 年 1 月 6 日。

③ 武汉市中级人民法院（2014）鄂武汉中民商初字第 00304 号民事裁定书。

公司(融资方股东)对于海富公司(投资方)的补偿承诺并不损害公司及公司债权人的利益,不违反法律、法规的禁止性规定,是当事人的真实意思表示,是有效的。"该认定结论得到了理论界及实务界的普遍认可。因此,目前法院对于投资方与融资方股东、管理层或第三方之间订立的对赌协议,主要遵循意思自治原则,只要协议内容不违反法律强制性规定及公序良俗,均认定为合法有效。

对于投资方与融资公司的对赌,最高人民法院认为,这"使海富公司(投资方)的投资可以取得相对固定的收益,该收益脱离了世恒公司(融资方)的经营业绩,损害了公司利益和公司债权人利益,一审法院、二审法院根据《公司法》第20条和《中外合资经营企业法》第8条的规定认定《增资协议书》中的这部分条款无效是正确的"。有观点认为,最高人民法院该判理欠妥,按其逻辑进行推理,如果公司以融资方股东身份参与对赌,也会损害股东公司的利益及其债权人利益,是否也应认定无效。同时,在认定融资方与投资方对赌协议无效后,有的法院对融资方的诉讼请求直接驳回,有的法院判决融资方与参与对赌的股东共同向投资方补偿资金成本及相应的利息损失。[①]因此,在最高人民法院明确认定投资方与融资方对赌无效理论界存在争议、补偿内容的认定标准不统一的情况下,不宜通过公证程序赋予强制执行效力。

2. 对赌目标合法

对赌协议中设定的对赌目标可由当事人自由协商后确定,无论对赌目标如何设计,只要不违反法律和行政法规中的强制规定以及公序良俗,均应认定为合法有效。需要特别说明的是,判断对赌目标是否合法应以法律和行政法规中的强制性规定为判断标准,不应随意扩大其范围,既不包括法律和行政法规中的任意性规定,也不包括部门规章和地方性法规。

关于以融资公司首次上市(IPO)为目标的对赌协议之效力,目

① 山东省高级人民法院(2014)鲁商初字第25号民事裁定书。

前存在争议。根据证监会《首次公开发行股票并上市管理办法》第13条的规定:"发行人的股权清晰,控股股东和受控股股东、实际控制人支配的股东持有的发行人股份不存在重大权属纠纷。"有观点认为,如以融资方上市为对赌目标,以股权回购、股价调整为上市失败的补偿,会导致融资方股权存在一定的不确定性,实践中也存在申报上市的材料中存在补充条款而被证监会驳回的情况。那么,是否意味着对赌协议必然不能以上市为对赌目标呢?从逻辑上讲,以上市为对赌目标的融资公司在向证监会提交首次公开发行股票时,是符合"股权清晰""不存在重大权属纠纷"等条件的,对赌协议中的回购条款并未触发。即使今后存在股权发生变化的可能,也是在证监会对其申请作出定论之后才会发生,以将来可能出现的情况来否认当前的申请,明显不妥。并且在已经出现的生效判决中,对于以首次上市为目标的对赌协议之效力,亦持肯定的态度。[①] 因此,以首次上市为目标的对赌协议,亦应合法有效,可赋予强制执行效力。

3. 仅以给付货币为补偿内容

《关于公证机关赋予强制执行效力的债权文书执行有关问题的联合通知》第1条第1项的规定,公证机关赋予强制执行效力的债权文书应当具有给付货币、物品、有价证券的内容。因此,如赋予对赌协议强制执行效力,融资方未完成对赌目标时,向投资方所负的给付内容必须以货币、物品、有价证券的形式出现。在上述几种补偿方式中,货币补偿显然符合上述条件,以货币为给付内容,依照当事人预先约定的计算方式确定明确具体的数额。因此,对赌协议中约定的补偿方式中,以货币为给付内容的,可被赋予强制执行效力。

4. 补偿内容中不涉及股权转让、股权回购等问题

关于股权转让问题。根据《公司法》第72条的规定,有限责任公司的股东之间可以自由转让股权,但必须遵从公司章程的规定。融资公司并不作为当事人直接参与对赌,如果对赌协议内容与融资公

① 北京市第一中级人民法院(2013)一中民初字第6951号民事裁定书。

司章程中关于股东之间转让股权的限制性规定存在冲突，或者对赌协议订立后，融资公司召开股东会修改公司章程，对股东之间的股权转让作出限制，则对赌协议内容与公司章程相冲突时如何处理、融资公司事后修改章程是否存在恶意即成为争议之焦点，该问题不宜通过公证机构进行认定，应通过诉讼程序解决。而股份公司、上市公司的股权转让更是受到诸多的限制，与公司成立时间、上市时间、股东身份、股票类型、交易类型等均有一定的关联。如果将股权转让设定为补偿条件，则在对赌条款触发时，在实践中容易产生纠纷，补偿义务方常以此为由提出抗辩。因此，笔者认为，如果补偿协议中涉及股权转让问题，暂不宜赋予其强制执行效力。

关于股权回购问题。我国《公司法》第 75 条、第 143 条分别对有限责任公司、股份有限公司的股东要求公司回购股权作出了限制性的规定，只有满足法定条件时，股东才有权利要求公司回购其持有的股权。最高人民法院《关于适用〈中华人民共和国公司法〉若干问题的解释(二)》中虽然规定股东与公司可就减持股份问题进行协商，但前提是在公司解散案件的诉讼中才能进行。如果在对赌协议中将公司回购股权作为补偿条件，缺乏足够的法律依据，而且实质上属于投资方与融资公司之间的对赌，目前出现的判例中对此亦不予支付。①

此外，以人事变动、企业行为、管理层去向等为补偿内容的对赌协议，不具备货币、物品、有价证券的给付形式，不能赋予强制执行效力。

(三)赋予对赌协议强制执行效力时须注意的问题

1. 针对对赌协议内容的合法性、合理性进行必要的审查

公证机关在受理赋予对赌协议强制执行效力的申请后，应首先对协议的合法性进行初步审查，确保对赌协议系各方当事人自愿订立。同时，对于协议中关键事项进行充分询问，明确告知当事人如对赌协议违反法律规定和社会公共利益将产生合同无效的后果。

---

① 浙江省杭州市中级人民法院(2015)浙杭商终字第 1038 号民事裁定书。

同时，应结合实际情况对对赌协议内容是否现实、合理进行初步判断。虽然对赌目标和补偿内容均由当事人自由协商确定，但对赌协议并非有名合同，并且目前我国暂无针对此类协议的专门规定。如果设定的对赌目标、补偿标准明显不合常理，如约定的业绩目标与融资方的营利能力差距过大，则对赌协议有可能被法院认定为名为对赌实为借贷，甚至投机行为，从而导致公证债权文书被法院以内容与事实不符为由裁定不予执行。

2. 确定对赌目标是否达成的认定标准

判断对赌目标是否达成，是公证机关出具执行证书时必须查明的事项之一。实践中，对赌协议常常以公司业绩、特定资产价值、股票价格等为对赌目标，其中，仅公司业绩一项，就包括诸如净利润、销售收入、销售增长率、生产技术、股权或资产并购等多项指标。公证机关作为法律服务机构，一般不具备金融、会计等专业的知识，仅凭申请人提交的证据材料难以断定对赌目标是否完成。因此，在受理当事人赋予对赌协议强制执行效力的申请后，公证机关应释明各方当事人根据对赌目标的内容，指定具备相应资质的审计、鉴定机构，在申请出具执行证书时，由各方共同选择的第三方专业机构就对赌目标是否完成向公证机关出具明确的意见书，该意见书可直接作为公证机关及人民法院认定事实的关键证据。

3. 明确补偿内容的数额或计算方式

给付内容明确、具体，是执行证书必须具备的条件。当事人应在订立对赌协议时，应将对赌目标未达成时，补偿内容的种类、金额、计算方式等事项约定清楚，保证执行证书对执行标的作出准确、具体的认定，得以顺利执行。

4. 赋予担保合同强制执行效力

对赌协议履行过程中，如果对赌目标无法达成，一般意味着融资公司出现了经济方面的问题，而承担补偿义务的主体常常是自然人股东或公司高管，虽然其认可对投资方进行经济补偿，但基本已经失去了独立承担责任的能力。因此，在赋予对赌协议强制执行效力时，可同时赋予担保合同强制执行效力，在出具执行证书时，将担保人一并列为被执行人予以执行，保证融资方权益的实现。

5. 涉及处置国有资产、境内主体为外资股东担保的，须经相关部门审批

对赌协议中补偿内容涉及处置国有资产，则必须经国有资产管理部门审批后方可生效，否则法院会以对赌行为属擅自处置国有资产、损害社会公共利益为由认定合同相关条款无效。[①] 关于境内主体为外资股东提供担保的，最高人民法院《关于适用〈中华人民共和国担保法〉若干问题的解释》第 6 条第 1 款第 1 项规定，未经国家有关主管部门批准或者登记对外担保的，对外担保合同无效。

五、结语

本文第一部分 A 公司、B 公司、张某一案中，各方当事人订立的合同属于对赌协议，融资方股东与投资方以融资公司业绩收入作为对赌目标，并约定如对赌目标不成立，融资方股东应补偿投资方 1 亿元人民币。该约定不违反法律强制性规定，合法有效，以给付货币为补偿内容，数额明确具体，故可以通过公证程序赋予其强制执行效力。

---

① 江苏省高级人民法院(2013)苏商外终字第 0034 号民事裁定书。

当执行证书遇到执行和解协议

北京市中信公证处公证员　李冬梅

一、基本案情
二、争议观点
三、观点阐释
(一)执行和解协议不具有强制执行力
(二)执行和解协议的可诉性探讨

一、基本案情

2013年,甲公司与乙公司签署了《转让协议》,约定乙公司向甲公司转让其名下位于北京经济技术开发区某地块的房产、土地使用权及其相关权益。乙公司承诺在协议签署后120日内办理上述房地产过户手续,逾期超过40个工作日,将构成根本违约,甲公司有权终止合同、要求乙公司双倍返还定金并赔偿一切经济损失。协议签订后,甲公司依约支付了定金。上述期限届满,鉴于乙公司未能依据合同约定履行义务已构成根本违约,2014年12月,甲公司与乙公司及担保方C公司签署了《协议书》,并对该协议办理了具有强制执行效力的债权文书公证。根据上述协议约定,各方经协商一致同意解除上述《转让协议》,乙公司应向甲公司返还履约定金和违约赔偿金,并承诺将于2015年3月30日前分三期清偿所欠甲公司的上述全部债务。C公司自愿对上述债务承担连带保证责任。第一期还款期限届满后,鉴于乙公司违反《协议书》的约定,未能偿还甲公司上述定金,公证处依据甲公司的申请,出具了执行证书,北京市第二中级人民法院也据此出具了《执行裁定书》。第二期还款期限届满后,公证处按照法定程序对乙公司进行核实时，乙公司向公证处递交了书面异议，称其与甲公司在执行过程中达成了和解协议，就有关还款事宜重新进行了约定，该和解协议没有办理赋予强制执行效力公证手续。乙公司所提异议是否有法律依据？如何看待双方签署的这份和解协议？公证机构能否对剩余两期债务出具执行证书？

二、争议观点

观点一：执行和解协议是在执行阶段在法院的调解下达成的，法律地位类似民事调解书，具有可执行性。如乙公司未能按照执行和解协议履行，甲公司可以依据该份执行和解协议直接向法院申请予以强制执行。

观点二：当事各方已经就还款事宜达成了新的和解协议，当事人之间已经形成新的权利义务关系，在未对新的协议进行公证的情况下，公证处无权依据原有合同出具执行证书，甲公司只能就该份和解协议向法院另行提起民事诉讼。

观点三：执行和解协议到期后，乙公司未能依据新的执行和解协议履行义务，甲公司可以重新启动原执行程序，申请执行原生效法律文书，公证机构有权依据赋予强制执行效力的原债权文书对剩余债务出具执行证书。

观点四：此种情况债权方可以有两种选择，债权方可以根据当事人的申请恢复对原生效法律文书的执行；或者债权方选择依据双方新达成的执行和解协议向法院提起新的诉讼。如果债权方选择了第一种方式，对已到期的第一期债务，将恢复对公证处先期出具的执行证书的执行，对未到期的第二、三期债务，公证机构可以继续出具执行证书。

三、观点阐释

笔者同意最后一种观点。债权方可以在恢复原生效法律文书及依据执行和解协议另行诉讼两者中择一进行。

本案的关键是各方当事人达成的这份执行和解协议的效力及当

事人不履行该协议时的司法救济问题。所谓执行和解协议,是指在执行程序中,双方当事人经平等协商,就变更执行依据所确定的权利义务关系,如生效法律文书确定的标的物及其数额、履行期限和履行方式等自愿达成协议,从而使原执行程序不再进行的制度。与普通民事和解协议在诉前或诉中达成合意不同,执行和解协议是在已有生效法律文书的前提下,在法院执行过程中达成的,而它的达成导致了执行程序的暂时中止。在目前执行难的司法环境下,执行和解协议因其钝化矛盾、减少对抗、降低执行成本等优势,备受执行法院青睐,并在执行实践中大量运用。但如果执行和解协议签署后,债务方不履行或不完全履行和解协议应该怎么处理?如何看待执行和解协议的效力?

(一)执行和解协议不具有强制执行力

《民事诉讼法》第230条第2款规定:"申请执行人因受欺诈、胁迫与被执行人达成和解协议,或者当事人不履行和解协议的,人民法院可以根据当事人的申请,恢复对原生效法律文书的执行。"最高人民法院《关于适用〈中华人民共和国民事诉讼法〉若干问题的意见》第467条对此作出了详细规定:"一方当事人不履行或者不完全履行在执行中双方自愿达成的和解协议,对方当事人申请执行原生效法律文书的,人民法院应当恢复执行,但和解协议已履行的部分应当扣除。和解协议已履行完毕的,人民法院不予恢复执行。"

由以上法律及司法解释的规定可以看出,当事人不履行执行和解协议,经对方当事人申请,恢复对原生效法律文书的执行。也就是说,即使执行和解协议合法有效,也不能直接作为执行依据,即执行和解协议不具有强制执行力。这是因为人民法院执行机构的执行,只能依据已经发生法律效力的法律文书。而执行和解协议是在执行程序中,当事人通过协商后自愿达成的民事合同,该合同性质上仍为民法上的和解契约,对各方当事人产生合同上的约束力,但其并不是法律文书,不具有法律文书的强制执行效力,原生效的法律文书也不因当事人达成和解协议而失去法律效力。从本质上说,执行和解协议只是当事人对私权的处分，执行和解协议对执行机构的拘束力，仅仅体现为执行机构可以暂时中止执行程序，以体现当事人意思自治原则，以示对当事人私权的尊重，而执行机构却不可以直接依据执行和解协议而强制执行。

（二）执行和解协议的可诉性探讨

执行和解协议是否具有可诉性？具体到这个案例中，甲公司可否放弃申请恢复对原执行证书的执行，而直接就新达成的和解协议向法院提起民事诉讼？现行法律条文对此没有做明确规定，理论界对此也莫衷一是。主要有两种观点：

观点一：执行和解协议是可诉的。理由是：（1）《民事诉讼法》第230条第2款中"或者当事人不履行和解协议的，人民法院可以根据当事人的申请，恢复对原生效法律文书的执行"。从该规定用的"可以"而非"应该"字样可以看出，立法机构并未排除其他符合法律规定的救济途径。因此，当对方当事人不履行协议时，执行人可在申请恢复原生效法律文书的执行或依据执行和解协议起诉二者中择一进行司法救济。（2）执行和解协议系双方当事人协商一致，就变更原生效法律文书确定的履行义务主体、标的物及其数额、履行期限和履行方式达成的变更或补充协议，系私法自治原则在执行程序中的体现。一方当事人不履行执行和解协议确定的义务的，为保障当事人的诉权，对方当事人当然可依据执行和解协议另行诉讼。

观点二：执行和解协议不具有可诉性。理由是：（1）执行和解协议依附于执行依据即原生效法律文书，只是在强制执行之外更好地兑现判决而采取的一种执行方案而已，如果允许当事人依据执行和解协议提起新的诉讼，有悖民事诉讼法"一事不再理"的原则。（2）主张执行和解协议不具有可诉性者认为债权方另行起诉没有实际可行性。理由是和解协议本身都是在相互让步的基础上达成的，一般情况下，和解协议中总会使债权人基于原判决所获得的权利和利益受到一定的损失。因此，在债务方没有履行和解协议的情况下，继续恢复对原判决的执行，是完全有利于对债权人的保护的。

笔者赞同观点一。首先,所谓“一事不再理”适用的是同一诉讼请求、同一当事人、同一法律关系,但在执行和解协议的诉讼中,虽前后两诉的主体仍是同一当事人,但是前诉与后诉的诉讼请求已经完全不同。其次,前、后诉虽在法律事实上有延续性,但后诉中原告起诉的根据是基于该和解协议,故前、后诉中涉及的法律事实并不相同,由此形成的法律关系亦不相同。因此,债权方依据和解协议这一新的法律事实而形成的债权债务关系作为起诉的依据,既符合《民事诉讼法》第119条关于民事诉讼受理的条件,也不违背“一事不再理”的原则。具体到上述案例,双方达成的执行和解协议中虽然债权方在债务履行期限、金额等方面作为让步,但要求债务方添加了一个新的自然人D方作为保证人。如果和解协议不具有可诉性,在债务方违约的情况下,甲公司仅能要求执行原生效法律文书,而无法向保证人D主张债权,执行和解协议成为一纸空文,债权方的权益将得不到保障。

一起附担保的融资租赁合同强制执行公证案件解读

北京市中信公证处公证员　肖婷婷

一、基本案情
二、案例分析
(一)融资租赁与强制执行公证的法律含义
(二)融资租赁同传统租赁关系的区别
(三)如何判断是否可以赋予强制执行效力

一、基本案情

A 公司与 B 融资租赁公司签署了《融资租赁(售后回租)合同》。约定 A 公司将其拥有的设备转让给 B 公司,后 B 公司再将上述设备出租给 A 公司,租赁期满后,A 公司按照约定支付名义货价取回租赁物所有权。具体约定为:租赁本金为 × × 万元整,租赁期限为 3 年,租期为 36 期,利率为 8%,名义货价为 10 万元整,起租日为 2015 年 ×月 × ×日,租金支付周期为 1 个月,租金支付方式为等额本息,期末支付。

为了保证上述合同项下回租义务的履行,A 公司签署了《房地产抵押合同》《动产抵押合同》,以其名下的房地产和动产提供抵押担保,并依法到相关部门办理了抵押登记;A 公司和 F 公司签署了《海域使用权抵押合同》,A 公司和 F 公司分别以其名下的海域使用权提供抵押担保,并依法到相关部门办理了抵押登记;C 方和 D 公司签署了《股权质押合同》,分别以其持有的 A 公司的股权提供质押担保,并依法到相关部门办理了登记;E 方签署了《保证合同》,自愿提供保证连带责任担保。上述各方共同向公证处申请对上述合同办理了赋予强制执行效力的债权文书公证。公证处经审查后受理了上述申请,并依法出具了公证书。

后B公司按约定向A公司支付了购买租赁物的价款。融资租赁合同履行期间,A公司未能按照《租金支付表》的约定履行付款义务,自2015年3月起,承租人未再支付第2期及其以后各期租金。B公司依据融资租赁合同的约定,于2015年4月向承租人及担保方寄送了《提前终止〈融资租赁合同〉通知书》,根据《融资租赁合同》的相关规定宣布所签合同提前到期,要求承租人在收到通知起3日内立即清偿《融资租赁合同》项下全部租金、滞纳金及一切其他应付款项,同时要求各担保方履行担保义务。

随后,B公司向公证处申请出具《执行证书》,称截至其申请出具执行证书之日,A公司未能清偿上述债务,各担保方也未向B公司履行其各自相应的担保义务。经公证处向承租人及各担保方分别打电话及发函核实,上述各方均未在其办理上述公证时承诺的期限内向公证处回复有效异议并提出相反证据,故公证处根据《民事诉讼法》第238条、《公证法》第37条、最高人民法院、司法部《关于公证机关赋予强制执行效力的债权文书执行有关问题的联合通知》的规定以及上述各方所签署的协议、合同及在公证处办理公证时的约定出具了《执行证书》。

本文涉及的案件,已由相关法院执行部门受理,相关的担保物也已依法查封。

二、案例分析

关于附担保的融资租赁合同能否赋予强制执行效力,理论界和实务界都存在很大争议。笔者以这起案例为分析对象,梳理法律依据,对研究融资租赁与传统租赁关系的不同点和实践中的争议进行分析后认为,附担保的融资租赁合同可赋予强制执行效力。

(一)融资租赁与强制执行公证的法律含义

融资租赁,是指实质上转移与资产所有权有关的全部或绝大部分风险和报酬的租赁。资产的所有权最终是否转移，出租人和承租人可事先进行选择约定。近年来，市场主体的融资方式越来越多样化，融资租赁作为一种新兴的融资方式，因其具有的操作便捷、形式灵活、融资期限长、还款压力小等特点而受到很多企业的青睐。目前市场上最常见的两种融资租赁方式为直接融资租赁和售后回租。

由于强制执行公证具有预防纠纷、减少诉讼的作用，很多融资租赁公司在相关业务中会对融资租赁合同及其项下的一系列担保合同向公证机构申请办理强制执行公证。但是最高人民法院、司法部《关于公证机关赋予强制执行效力的债权文书执行有关问题的联合通知》（以下简称《联合通知》）第2条规定："公证机关赋予强制执行效力的债权文书的范围：（一）借款合同、借用合同、无财产担保的租赁合同……（六）符合赋予强制执行效力条件的其他债权文书。"根据该规定，实践中，有的法院认为有财产担保的融资租赁合同不属于可赋予强制执行效力的范围。下文具体分析。

（二）融资租赁同传统租赁关系的区别

《合同法》第237条规定："融资租赁合同是出租人根据承租人对出卖人、租赁物的选择，向出卖人购买租赁物，提供给承租人使用，承租人支付租金的合同。"融资租赁与传统租赁从表面上看都带有"租赁"二字，但却存在实质上的不同。我国《合同法》将融资租赁合同和租赁合同各自单独列为两个章节，也是因为两者在性质、法律关系主体等方面并不属于同类情况。

第一，从性质上来讲，融资租赁具有融资性质，融资租赁合同中承租人所需要交付的租金是出租人对其提供融资的对价，而传统的租赁合同中，承租人交付的租金是其使用租赁物的对价，不带有融资性质。

第二，从法律关系主体上来讲，直接融资租赁包括出租人、承租人、供应商三方法律主体，同时具有租赁与融资功能；售后回租可以说是供应商和承租人合二为一，是一种重要的现代融资方式。而传统的租赁只有出租人和承租人两方当事人，而且一般是为了获取租赁物的用途，而非以融资为目的。

第三，在融资租赁法律关系中，由承租人对租赁物负有瑕疵担保、维修等义务并且承担租赁物损毁的风险，而在传统的租赁合同关系中，上述义务由出租人承担，并且由出租人承担租赁物损坏、毁灭的风险。

第四，在融资租赁合同关系存续中，无论承租人是否继续使用租赁物，都要支付全部租金，而在传统的租赁关系中，承租人只有在使用租赁物的时候才需要支付租金，这是一种继续性契约关系。

第五，在融资租赁合同中，通常都会约定一个名义货价，在承租人支付完所有租金、履行完毕合同以后，支付合同约定的名义货价就可以最后取得租赁物的所有权，由出租人最终保留租赁物的情形实属少数。而传统的租赁关系一般不存在名义货价以及租赁物所有权当然转移，通常在租赁合同结束以后租赁物所有权仍然属于出租方。

因此，融资租赁中的“租赁”并非传统租赁法律关系中的“租赁”。虽然融资租赁合同并没有明确的包含在能够办理赋予强制执行效力债权文书的范围内，由于其符合《联合通知》第 1 条和第 6 条的规定，可依法办理赋予强制执行效力的债权文书公证。

(三)如何判断是否可以赋予强制执行效力

由于融资租赁合同具有的融资特征，通常情况下，融资租赁公司都会要求承租人或担保人提供相应的担保方式。融资租赁合同所附的担保合同是否可以办理强制执行公证，实践中争议最大，学者讨论得也比较多。笔者认为，融资租赁合同所附的担保合同可以办理强制执行公证。

第一，从立法初衷及法律解释角度来看，强制执行效力公证制度设立之最初目的，是让当事人在法律规定的范围内，对将来可能会发生的纠纷之解决途径可以进行自由地选择，而选择办理强制执行公证就意味着对自己诉权的放弃。因此，问题来了，很多人就会疑惑自己诉权就这样轻易地被放弃是否不妥，但是诉权属于自然人享有的民事权利之一，在不违背法律规定的情况下，可以自由选择放弃，从而快速实现债权。从法律解释的角度，正如上文分析的《联合通知》第2条虽然列举了可以赋予强制执行效力的债权文书的范围，抵押合同、保证合同和质押合同等担保合同并不包括在范围内，但也并没有被明确地排除在外。对于法条没有明确规定的，不能对法条进行机械的解读，轻易武断地进行僵化的运用，从而认为担保合同不能被赋予强制执行效力。而应该结合当时、当地社会经济之发展情势，对担保合同是否符合《联合通知》第1条与《公证程序规则》第39条规定的条件进行判断分析。

第二，从条件符合性角度来看，《物权法》的颁布对物权变动与原因行为做了区分，抵押合同属于物权变动的原因行为，因此是债权合同的一种。债权人可要求抵押人在其抵押物的范围内承担抵押担保责任以清偿债务，所以具有给付内容，抵押合同虽然关系相对复杂，但是从属于主合同。既然主合同能够办理强制执行公证，那么担保合同基于同一债权债务关系也是清楚明确的，如果担保人自愿申请办理，理应可以办理。

第三，从社会基础角度来看，就现实的执业经验来看，很多法院都对担保合同通过公证被赋予的强制执行效力予以了认可，尤其是一些经济发展程度较高的地区。这样不仅维护了债权人的利益，也不侵犯抵押人的合法权益并且减轻了法院的诉讼负担。

第四，从法律规定的角度来看，根据《民事诉讼法》第196条、第197条以及《公证法》第195条的规定，担保物权人可以依据合法生效的担保合同直接向法院申请强制执行，据此未经公证的担保合同都可以执行，那么经过公证的担保合同更能成为法院执行的依据。1992年出台的《抵押贷款合同公证程序细则》第6条与第14条更是明确地规定了抵押合同无论是抵贷同一还是抵贷不一贷款人都可以自愿向公证机关申请强制执行。中国公证协会于2008年颁布的《办理具有强制执行效力债权文书公证及出具执行证书的指导意见》第

2条也规定:“……涉及第三人担保的债权文书,担保人(包括保证人、抵押人、出质人、反担保人,下同)承诺愿意接受强制执行的,担保人应当向公证机构提出申请。”

一起案件，两种裁决，三大焦点

北京市中信公证处公证员　王　萌

一、基本案情
二、公证过程
三、法律分析
（一）涉及多种债务关系的公证债权文书是否属于确有错误
（二）利息和违约金总额超出法律规定最高限是否意味着全案不予执行
（三）人民法院对于民间借贷中的复利是否予以保护

一、基本案情

事实1：出借人A、借款人B、保证人房地产公司C（B系C公司法定代表人）共同签订了《借款合同》，约定B向A借款××万元，C公司对该借款提供连带保证担保。

事实2：A和C房地产公司签订了数份《商品房买卖合同》，A向C房地产公司购买该公司开发的数套房产，约定购房款为××万元。后因C房地产公司项目整体转让、融资入股、房产升值等原因，且C房地产公司未能按照合同约定按时为A办理房屋预告登记、办理房产证，经A、B、C房地产公司协商一致，C房地产公司同意为A办理退房手续并退还A所交纳的所有购房款及相应利息、违约金和投资收益。

事实3：B同意为C房地产公司承担上述A、C房地产公司间因退房所产生的债务，C房地产公司同意为上述转移后的债务承担连带保证担保责任。

二、公证过程

(1)债权人A、债务人B、保证人C房地产公司就上述1、2项所述的两项债务的清偿事宜在公证处签订了《债务清偿合同》，并就上述合同办理了赋予强制执行效力的债权文书公证。

在该合同中，三方共同确认，针对事实1和事实2所述，债务人B应向债权人A偿还债务共计××万元(包含B欠A的借款本金、应退购房款、利息、违约金、投资收益)，各方同意债务人B分三期向债权人A偿还上述债务并约定了每一期的还款期限。且各方同意如债务人B未能按期履行还款义务，则自还款期限届满后次日起，以未偿还的所有剩余债务金额为基数，按年利率22.4%支付利息；同时，如债务人B未能按合同约定的任意一期还款期限内履行对债权人A的按期还款义务，则须按未还款金额的每日5‰支付违约金。

(2)公证处审查了上述当事人提供的一切相关证明材料，包括A、B间的转账凭证，A与C房地产公司间的《商品房买卖合同》、转账凭证及购房款收据等关键的债权债务凭据，并与各方当事人详细核实确认了欠款金额及还款期限，最终就上述《债务清偿合同》办理了赋予强制执行效力的债权文书公证。

(3)在上述《债务清偿合同》所约定的第一期还款期限届满后，债权人A向公证处称债务人B未按合同约定履行还款义务，申请签发执行证书。

经核实无误后，公证处为债权人A出具了执行证书，确认执行标的为债务清偿款××万元、自还款期限届满后次日起的利息(年利率22.4%)、自违约之日起的违约金(每日5‰)。

一审法院裁定公证债权文书确有错误，全案不予执行。

二审法院作出终局裁定，撤销原审裁定，按照利息和违约金总额不超过银行同期同类贷款利率的4倍的标准执行。

三、法律分析

（一）涉及多种债务关系的公证债权文书是否属于确有错误

一审法院认为：(1)《债务清偿合同》中未明确载明借款本金、应退购房款、利息、违约金、投资收益各自的具体金额，难以区分不同法律关系形成的债务份额，不符合债权债务关系明确的要求；(2)鉴于房屋买卖合同是复杂的双务合同，就单独的退款事项办理赋予强制执行效力的债权文书公证有所不当。故该公证债权文书确有错误，公证书和执行证书应当不予执行。

二审法院认为：《债务清偿合同》对债务本金、利息进行了确认，约定的还款数额、还款期限具体明确，且有债务人表明自愿接受强制执行的承诺，因此，该合同系当事人真实意思表示。故该合同不属于"公证债权文书确有错误"。

笔者认为：《民事诉讼法》与《公证法》均规定，公证债权文书确有错误的，人民法院裁定不予执行。何为"确有错误"，法律无明确规定，结合相关法律法规及执行工作实践，普遍认为以下五种情形应考虑认定为公证债权文书确有错误：

(1)公证的债权文书没有给付内容；

(2)给付数额、期限、方式不明确或存在争议；

(3)债权文书没有明确载明债务人自愿接受强制执行的承诺；

(4)债务人与债权人恶意串通损害第三人利益；

(5)有证据足以推翻公证债权文书、公证程序违法等。

上述案件中，《债务清偿合同》虽牵涉了多种债务关系的处理（A、B间的借款关系，A与C房地产公司间的房屋买卖关系，B与C房地产公司间的债务转移关系），但公证处对每种债务关系均做了翔实的审查核实工作，与各方当事人厘清了所有头绪，共同确认了欠款金额及还款期限，最终在合同中对于给付数额、期限均相应做了明确的约定。因此，一审法院简单地以"未明确载明借款本金、应退购房款、利息、违约金、投资收益各自的具体金额"为由认定公证债权文书确有错误,是不正确的,二审法院最终也对此予以了纠正。

由此可见,涉及多种债务关系的公证债权文书,并不直接意味着人民法院不予执行,问题的关键点在于是否能够厘清多种债权债务关系的头绪,公证机构只要做好每种债务关系真实性的核实工作,按照各方当事人的真实意思表示,在债权文书中针对给付数额、期限、方式作出明确具体的约定,那么即便是涉及多种债务关系的公证债权文书也是完全可以被人民法院认可并执行的。

(二)利息和违约金总额超出法律规定最高限是否意味着全案不予执行

一审法院认为:《债务清偿合同》中约定年利率22.4%并按每日5‱计算违约金违反了最高人民法院《关于人民法院审理借贷案件的若干意见》第6条有关民间借贷利率最高上限规定。因此,裁定全案不予执行。

二审法院认为:最高人民法院《关于人民法院审理借贷案件的若干意见》第6条规定:“民间借贷的利率可以适当高于银行的利率,各地人民法院可根据本地区的实际情况具体掌握,但最高不得超过银行同类贷款利率的四倍(包含利率本数)。超过此限度的,超出部分的利息不予保护”,故不应全案不予执行,仅超出4倍部分不予执行。

笔者认为:最高人民法院《关于人民法院审理借贷案件的若干意见》第6条对此有明确的规定,除借款本金以外约定的利息、违约金等总额超过银行同类贷款利率的4倍的部分,人民法院不予执行,但对于4倍以内部分的利息、违约金,人民法院应当予以执行,而非全案不予执行。

最高人民法院2015年最新出台的《关于审理民间借贷案件适用法律若干问题的规定》中,对于民间借款的利息又有了新的规定,其中第26条规定:“借贷双方约定的利率未超过年利率24%,出借人请求借款人按照约定的利率支付利息的,人民法院应予支持。借贷双方约定的利率超过年利率36%,超过部分的利息约定无效。借款人请求出借人返还已支付的超过年利率36%部分的利息的,人民法院应予支持。"通过上述条款,我们可以看出,人民法院对于超额利息的态度和以往仍然是保持一致的,仅对超出最高限部分的利息不予执行,但对于最高限以内部分的利息人民法院予以支持。

（三）人民法院对于民间借贷中的复利是否予以保护

一审法院认为:《债务清偿合同》中所约定的债务清偿款中已包含借款本金、利息和违约金等,以此为基数再行计算利息及违约金违反了最高人民法院《关于人民法院审理借贷案件的若干意见》第 7 条有关出借人不得将利息计入本金谋取高利的规定。

二审法院:对此未明确作出说明,但最终裁决撤销原审全案不予执行的裁定,仅对于超过银行同期同类贷款利率的 4 倍的部分不予执行。这实际上即默许了《债务清偿合同》中所涉复利的计算方式,只要不超过最高限即予以保护。

笔者认为:最高人民法院有关民间借贷中复利的司法解释主要有三个:

(1)1988 年颁布的《关于贯彻执行〈中华人民共和国民法通则〉若干问题的意见(试行)》第 125 条规定:"公民之间的借贷,出借人将利息计入本金计算复利的,不予保护;在借款时将利息扣除的,应当按实际出借款数计息"。该规定完全否定了民间借贷中复利的合法性。

(2)1991 年颁布的《关于人民法院审理借贷案件的若干意见》第 7 条规定:"出借人不得将利息计入本金谋取高利。审理中发现债权人将利息计入本金计算复利的,其利率超出第六条规定的限度时,超出部分的利息不予保护"。该规定对于民间借贷中的复利采取了有限度的保护态度。

(3)2015 年颁布的最高人民法院《关于审理民间借贷案件适用法律若干问题的规定》第 28 条规定:"借贷双方对前期借款本息结算后将利息计入后期借款本金并重新出具债权凭证,如果前期利率没有超过年利率 24%,重新出具的债权凭证载明的金额可认定为后期借款本金;超过部分的利息不能计入后期借款本金。约定的利率超过年利率24%，当事人主张超过部分的利息不能计入后期借款本金的，人民法院应予支持。按前款计算，借款人在借款期间届满后应当支付的本息之和，不能超过最初借款本金与以最初借款本金为基数，以年利率24%计算的整个借款期间的利息之和。出借人请求借款人支付超过部分的，人民法院不予支持。”该规定依旧沿袭了1991年《关于人民法院审理借贷案件的若干意见》第7条的思路，并在其基础上，对于合法限度内的复利的计算做了进一步细化的规定。

本案中的一审法院在审理该案时适用的是1991年颁布的《关于人民法院审理借贷案件的若干意见》，该意见对于复利已作出有限度的肯定，但一审法院却断章取义，全面地否定了申请执行人对于复利的主张，是错误的。根据2015年最新的司法解释，只要借款人在借款期间届满后应当支付的本息之和，不超过最初借款本金与以最初借款本金为基数、以年利率24%计算的整个借款期间的利息之和，即收取复利是收到合法保护的。

通过上述司法解释的历史沿革我们也可以看出，人民法院对于民间借贷中的复利的态度是逐步明确的，从否定到肯定，从模糊到清晰，直到最新颁布的最高人民法院《关于审理民间借贷案件适用法律若干问题的规定》已经对于复利的计收问题有了详细的规定，哪些情况可以合法收取复利，哪种情况下的复利不能被保护，都有据可循。作为公证从业人员，不能固守禁止收取复利的错误观念，应当加强相关法律、法规的学习，正确认识并解读复利问题，这样才能在公证债权文书中运用专业知识最大限度地保护当事人的合法权益。

一起未成年人名下房屋抵押贷款公证引发的思考

北京市中信公证处　刘　莹　柴慧君

一、基本案情
二、案例分析
（一）按揭抵押贷款与持证抵押贷款的区别
（二）抵押贷款合同是否可以办理强制执行公证
三、延伸思考
（一）利益之界定
（二）运用马斯洛需求层次理论分析

一、基本案情

老王夫妻出资为自己11岁的女儿小依在北京购买了一套商品房，并登记在小依的名下。现夫妻俩打算为即将上初中的小依购买一套西城的学区房，想用上述登记在小依名下的房屋办理银行抵押贷款，但是房管局工作人员不给办理抵押登记，因为小依是未成年人，在房屋抵押贷款文件上签字属无效，为此银行工作人员打电话来公证处咨询。主要涉及两个问题：第一，未成年人名下的房屋是否可以通过公证解决房管局抵押登记的问题。同时还提出老王夫妻在为小依购买上述商品房时是按揭抵押贷款，为什么同是未成年的房屋抵押，到房管局竟会有如此差距？第二，用未成年人名下的房屋抵押而签订的抵押合同是否可以办理强制执行公证？

二、案例分析

近年来，由于各种原因，诸如为了避免今后遗产税的征收、逃避债务,或者方便未成年人今后学习工作等原因,而将房屋直接登记在未成年孩子的名下,或未成年人从长辈处继承或受赠与的房屋等。根据相关法律规定,未成年人所从事的民事活动通常由其监护人代理完成,监护人有责任管理和保护未成年人的财产,除非证明是为了未成年人的利益而处分外不得轻易处分,否则将承担责任。在上述情况下,如果父母想用未成年人名下的房屋向银行等金融机构办理抵押贷款,而房管局和银行往往要求夫妻双方及未成年人一同到公证处办理公证,证明抵押房屋是出于为未成年人利益考虑。对于房管局和银行而言,公证处出具的公证书是最真实、合法的证明材料,但对公证处而言,要证明为未成年人利益却并不简单。

(一)按揭抵押贷款与持证抵押贷款的区别

从通常的合理谨慎人的角度出发,为未成年人购买房屋而按揭抵押贷款毋庸置疑是为了未成年人利益的行为,除非有确切的证据证明按揭抵押贷款有损于未成年人利益。而用未成年人已经取得的房屋进行抵押贷款则需要具体分析是否为为未成年人利益考虑。在上述案例中,老王夫妻为了给女儿小依购买学区房而用小依已经取得的房屋进行抵押贷款,经过与银行工作人员沟通,小依父母具有偿贷能力,并且确系为购学区房而抵押贷款,加之上述房屋系老王夫妻出资购买。因此,老王夫妻可以带着小依一起到公证处办理为未成年人利益的声明书公证或者是将带有为未成年人利益条款的协议进行公证。通过审查老王夫妻提供的证件、购房合同、银行抵押贷款合同等相关材料,上述购买学区房的行为对于小依来讲,能够满足其将来的社交需求、尊重需求以及自我实现的需求,因此,可以认定老王夫妻的行为是为小依的利益考虑。

(二)抵押贷款合同是否可以办理强制执行公证

一些银行为了规避风险、预防纠纷,在办理贷款时要求对借款合同、抵押合同等进行公证以后才能放款,那么用未成年人名下已取得的房屋抵押签订的抵押合同是否可以到公证处办理强制执行公证?目前,已有法院对用未成年人房屋进行银行抵押贷款,用于经营周转的案例作出判决，该法院执行庭认为，在执行程序中无权对上述经营性抵押贷款是否是为未成年人利益进行确定性的裁判，因此，对于银行的涉及未成年人利益的债权文书公证不宜直接予以执行，应经过法院的审判程序以后才能予以认定。在这个已判决的案例中，还涉及抵押的房屋被查封，综合这些因素法院作出上述裁判。就该案来讲，笔者同意法院的裁判，因为用未成年人的房屋进行经营性抵押贷款，很难判定是为未成年人利益考虑，除非提供十分充足确凿的证据予以证明，因此，公证处对待此类情况也需慎重。而就老王夫妻的案例来讲，所示证据均可确信证明为未成年人小依的利益考虑，除非有相反的证据显示会损害其利益。因此，笔者认为这里的抵押合同可以在公证处办理强制执行公证，且如果最终银行到法院申请强制执行，法院也应予以执行。

三、延伸思考

（一）利益之界定

通常人们对利益的理解，都是简单地等同于金钱、财富之类的。《韦氏大词典》中对“利益”（interest）的定义是：“something the state of a feeling”，笔者认为这对“利益”做了非常精准的解读，即利益之现实意义，必须加入主体自身所理解的具体内容，带有个体自身的需求才能成其为利益。而这里的需求，根据美国社会心理学家马斯洛博士的人类需求层次理论，包括生理需求、安全需求、社会需求、尊重需求和自我实现。利益应该是一种个体价值抉择，其内涵非常的丰富，而不能简单地等同于金钱财富。所以在具体判断是否是为未成年人利益的时候就需要具体分析行为目的与结果是否能够满足未成年人的这五种需求。

（二）运用马斯洛需求层次理论分析

1. 生理与安全需求

生理需求是人之为人最基本也是最原始的一种需求，涉及人类衣食住行的方方面面，人要维持生命体的正常运转，空气、水、食物、医疗等都必须满足。安全需求，不仅是保证未成年人的实体安全且还须满足心理上的安稳及希望。据此如果处分未成年人房屋是为了维持一家人的基本生存问题，虽然所获收益不仅只是满足未成人自己的生存，父母亲人作为其至亲之人其生命的存在与安全是对未成年人最大的利益所在。因此，相应的争议最大的就是，若当未成年人的至亲之人生命垂危住院，只有处分未成年人名下的房产才能给予治疗，此种情况下，处分未成年人名下房产拯救其至亲之人也应谓之为未成年人利益。

2. 社交需求与尊重需求

未成年人不仅生活在家庭这个核心圈子里，还面临融入和适应社会这个大圈子，去感受和获取亲人、朋友、同学、同事的关爱和照顾，而未成年人的成长、成熟需要金钱成本。因此，为了给未成年人更好的教育环境、生活环境和工作环境，甚至是为了为未成年人造成的财产损害和他人伤害支付赔偿而抵押贷款或者出售房屋，此种情形下可谓之为未成年人利益。

3. 自我实现

自我实现是最高级的需求，是个体为了成为自己期望成为的人，发掘自身潜力，实现理想与抱负，奉献社会改造社会。当为了实现未成年人的兴趣爱好和远大抱负而处分未成年人名下房屋时，可谓之为为未成年人利益。

公证处签发执行证书的审查职责

北京市中信公证处公证员　刘　杨

一、基本案情
二、争议观点
三、观点阐释

一、基本案情

2014年11月26日,借款人胡某向出借人马某借款10万元,借款期限3个月,借款利率为同期银行贷款利率的4倍,双方签署了《借款合同》并在公证机构办理了赋予债权文书强制执行效力的公证。出借人马某当日把10万元以银行转账方式付给借款人胡某。出借人马某称:借款人于2014年12月26日、2015年1月26日各还款2500元,2015年5月26日、9月26日各还款1万元。现因胡某至今未能偿还所借余款,出借人马某向公证处提出申请,要求公证机构签发执行证书:被申请执行人为胡某,执行标的为借款本金10万元及自2015年10月26日开始至今的利息、违约金。公证机构在受理马某的执行申请时,胡某提出上述马某支付的10万元系马某与张某共同出资,二人各出借5万元,其向马某与张某均履行过还款义务,并提供了相应的银行还款凭证(每一次的还款,胡某都是同时分别支付到马某、张某的各自名下的银行卡上)。经本处询问,马某承认其与张某为实际出借人,同时强调借款本金的转账支付是以马某名下的银行账号进行。

二、争议观点

本案涉及公证机关签发执行证书时如何认定事实和适用法律的

问题。关于本案的执行证书的出具,有如下三种观点:

观点一:公证手续是针对借款人胡某与借款人马某签署的《借款合同》而作出的,并且提供的银行转账凭条表明借款由马某实际支付,即10万元借款本金转账支付是通过马某名下的银行账号进行。因此,公证事项仅涉及马某对胡某的借款,只须考虑胡某对马某的还款,不考虑胡某对张某的还款(因对两者还款是分别支付到各自名下的银行账号,按照《借款合同》的约定和借款本金的支付均未能体现张某的存在,可以认为胡某对张某的还款与此笔借款无关),据此出具执行证书。

观点二:因马某、张某为共同的实际出借人,即马某、张某分别出借5万元,且借贷双方当事人对此无异议。在出具执行证书时,应以查明的真实借贷关系为依据,考虑借款人胡某对出借人的马某、张某的还款行为,核减后确定执行标的。

观点三:按照相关法律、司法解释的规定,公证机构就赋予强制执行效力的债权文书出具执行证书,应当符合事实清楚、债权债务关系明确的基本条件。本案中,《借款合同》虽为胡某与马某订立,但经本处核实,双方均认可张某为实际出借人之一。因当事人在申请办理公证时未如实陈述,导致公证债权文书的内容与事实存在一定的差异。因此,本案民事法律关系主体、借款数额以及借款利率等问题,均宜通过诉讼程序予以认定,故出具不予出具执行证书的决定书。

三、观点阐释

笔者倾向于上述观点二的做法。民间借款的履行多存在不规范的地方,个案情况千差万别,应当视合同约定及具体情况予以确定。本案中借款合同的履行虽然与合同的约定不符,但是审查后能够做到事实清楚、准确,而且借贷双方均予以承认。换言之,据此出具的执行证书能够认可、得到执行。如果按照观点一,在双方当事人均认可的合同履行情况下,不顾客观事实,一味地坚持完全按照订立的

《借款合同》条文出具执行证书，必然会导致公证公信力的下降；同时，聚集交易纠纷，不利于实现社会的公平正义，也与公证预设实现的社会功能不符。如果按照观点三对已经查明的客观事实重新通过诉讼程序解决债务纠纷，则可能增加法院的负担，浪费有限的司法资源，也有损扩大赋强公证的影响力，客观上自我拘泥地限制了赋强公证的发展。

债权人转让主债权,保证合同的执行证书能否出具

北京市中信公证处　聂莎莎

一、基本案情
二、争议观点
三、观点阐释

一、基本案情

2009年12月11日,李某与张某签订借款合同,约定李某向张某借款30万元,期限为1年,年利率为同期银行贷款利率4倍,按月付息,到期一次归还本金。同日,王某与张某签订保证合同,约定为借款提供连带责任保证,保证期限自借款合同生效开始至失效时止。保证合同还约定,本合同生效后,借款人和出借人如须变更主合同的有关条款,应征得保证人同意,由三方签订书面协议。借款、保证合同均办理了赋予强制执行效力公证。2010年5月20日,张某、李某与关某签订债权转让协议,张某将该笔借款转让给关某。张某于次日向王某发出债权转让通知,王某电话予以确认,并对债务金额无异议,但因其个人原因无法签订变更合同的补充协议。

2010年12月11日借款到期,关某向公证处申请出具执行证书,请求执行借款人及保证人名下的财产。保证人王某向公证处提出异议,认为主合同主体发生改变属于保证合同中约定的合同变更的范围,其并未与新债权人订立保证合同,因此无须承担保证责任,故公证处不应就保证事宜出具执行证书。那么,债权人将主债权转让给第三人,保证人在原保证担保的范围内是否应继续承担保证责任?

公证机构能否出具执行证书呢？

二、争议观点

观点一：债权转让的行为违背了原担保合同的约定，改变了主合同即借款合同的主要条款，是对保证合同内容的变更。因此，保证人不应再承担担保责任，故公证机构不应出具执行证书。

观点二：债权人处分权利无须征得保证人的同意，本案债权转让不构成对合同的修改，债权转让是为了债权更好地实现，而不是为债权实现设置障碍。保证人应在原保证范围内对受让人承担保证责任，公证机构亦应出具保证合同的执行证书。

三、观点阐述

笔者同意第二种观点。

债权变更与债权转让是不同的法律概念。《担保法》第 22 条规定“保证期间，债权人依法将主债权转让给第三人的，保证人在原保证担保的范围内继续承担保证责任。保证合同另有约定的，按照约定”，即《担保法》对债权转让的情形明确要求保证人在原保证范围内继续承担担保责任；对于债权变更，《担保法》第 24 条规定“债权人与债务人协议变更主合同的，应当取得保证人书面同意，未经保证人书面同意的，保证人不再承担保证责任。保证合同另有约定的，按照约定”。上述案例中所涉保证合同中的相关约定属于对债权变更的禁止性约定，而非对债权转让的禁止性约定。原债权人将债权转让给新债权人的行为属于债权转让而不属于保证合同中约定的对主合同的变更。债权转让协议既没有改变原合同的内容，也没有加重保证人的保证责任，且保证人在保证合同中并未约定仅对原债权人承担保证责任或者禁止债权转让，即不存在《担保法》第 22 条规定的“保证合同另有约定的，按照约定”的情形。不过实践中，公证人员应指导当事人签订书面变更协议予以明确责任范围，为日后出具执行证书扫清障碍。

附录一　近年公证债权文书执行异议数据分析

数据说明

本报告数据来源于中国裁判文书网，统计区间为2013年1月1日至2016年6月30日，公证债权文书执行异议案件，共计711件。

报告就案件地域分布、法院层级与审级、裁定结果、年度案件审结情况、公证处、公证合同类型、债权人类型、执行标的额、审理周期、执行异议的理由以及裁定不予执行案件的实体问题等维度进行剖析，通过大数据分析技术深度挖掘更多有意义的信息。

案件地域分布

公证债权文书执行异议案件，北京市审结量最多154件；新疆地区审结量较高，存在借款合同纠纷串案的情况。

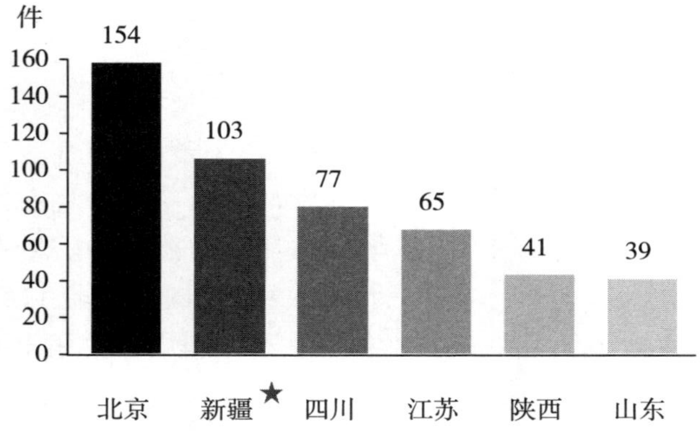

★ 中国建设银行昌吉回族自治州分行与昌吉市德源工贸有限公司、昌吉市信达商贸运输有限责任公司借款合同纠纷案

审理法院层级与审级

中级人民法院案件审结量最多 335 件，占比约为 47.12%；一裁终结的案件量最多 541 件，占比约为 76.09%。

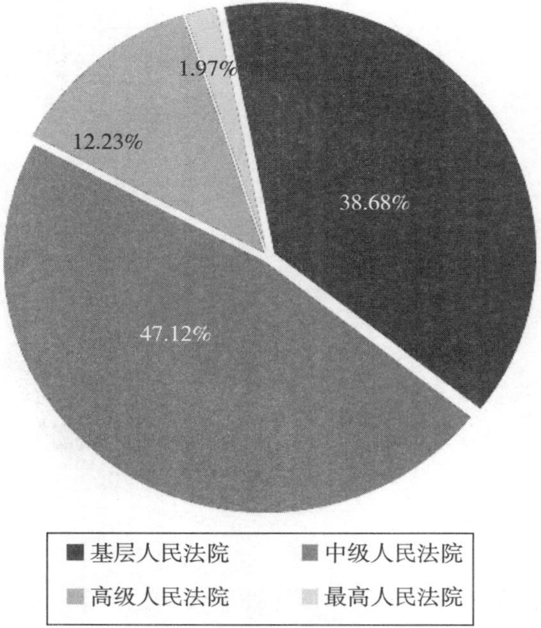

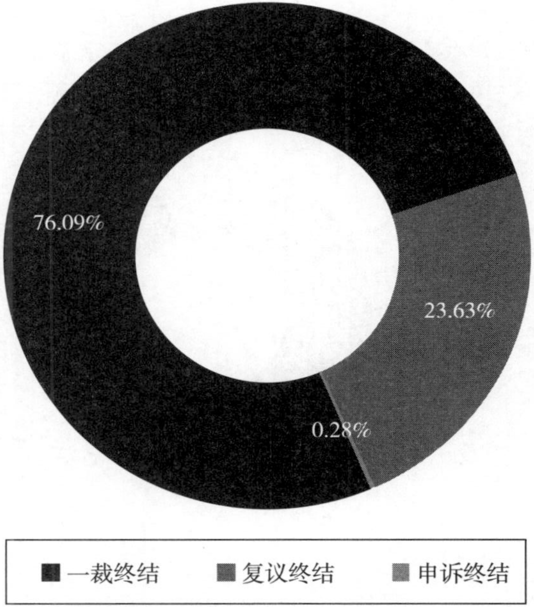

裁定结果

约有 64.1% 的公证债权文书执行异议案件法院裁定执行,约 23.9% 的案件裁定不执行。

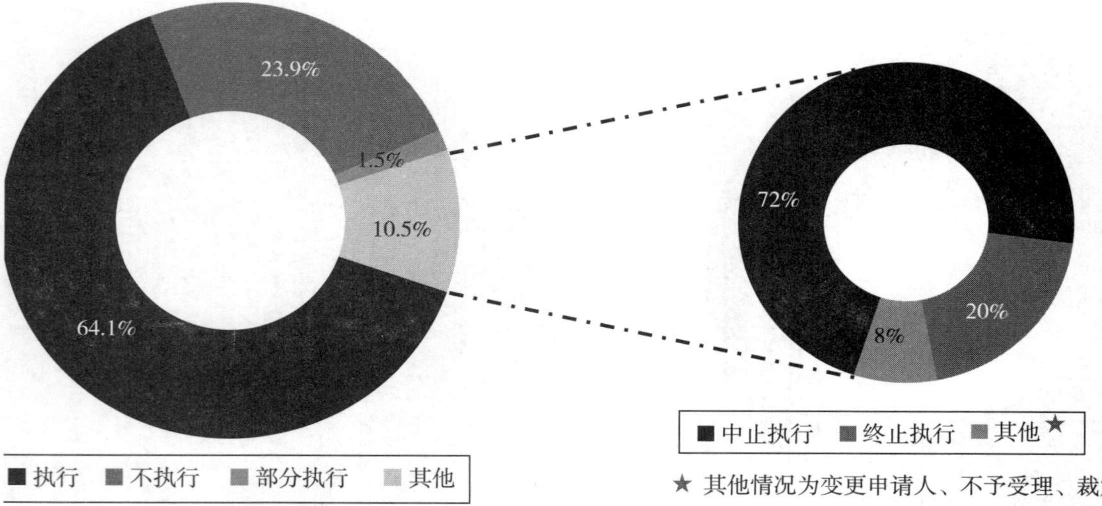

★ 其他情况为变更申请人、不予受理、裁定管辖权等情形

年度案件审结情况

2015 年案件审结量最多,法院裁定执行公证债权文书的案件量最多。

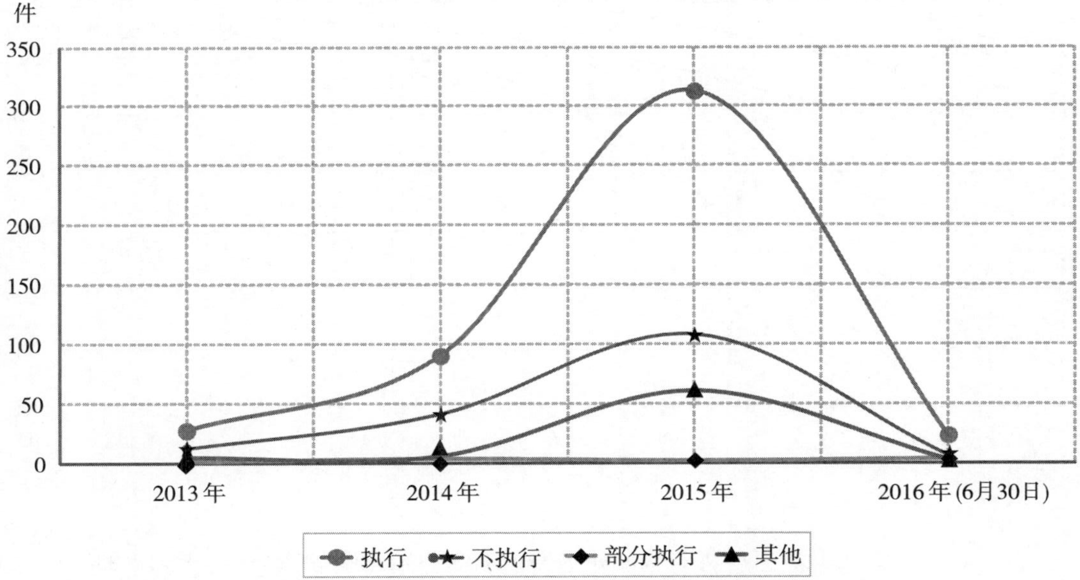

年度案件审结情况(加)

2015 年案件审结量最多,法院裁定执行公证债权文书的案件量最多。

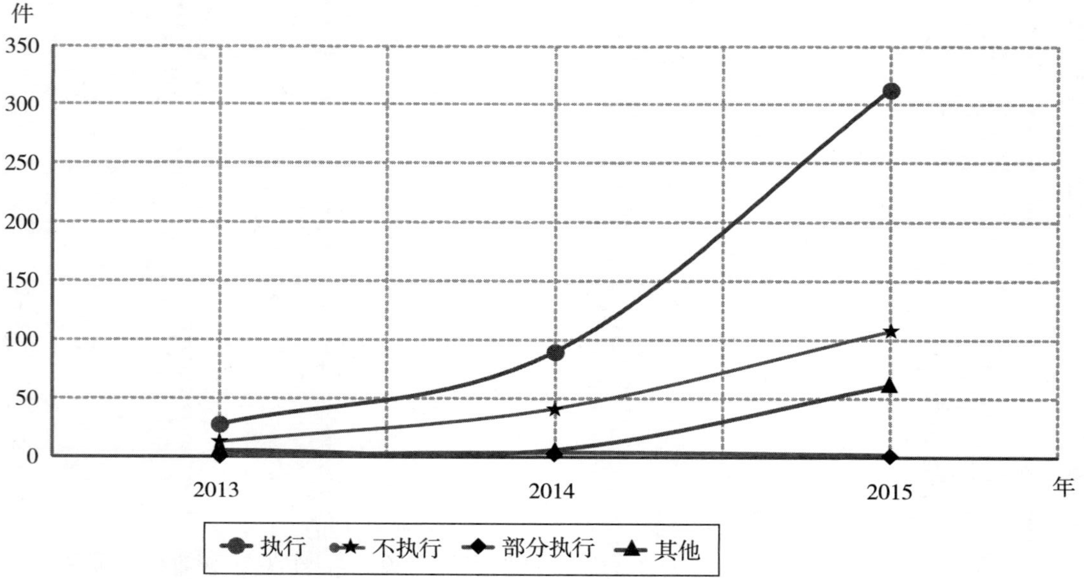

公证处分布

全国范围内,涉公证债权文书执行异议案件最多的是北京市中信公证处;昌吉市公证处排名较高是存在串案情况。

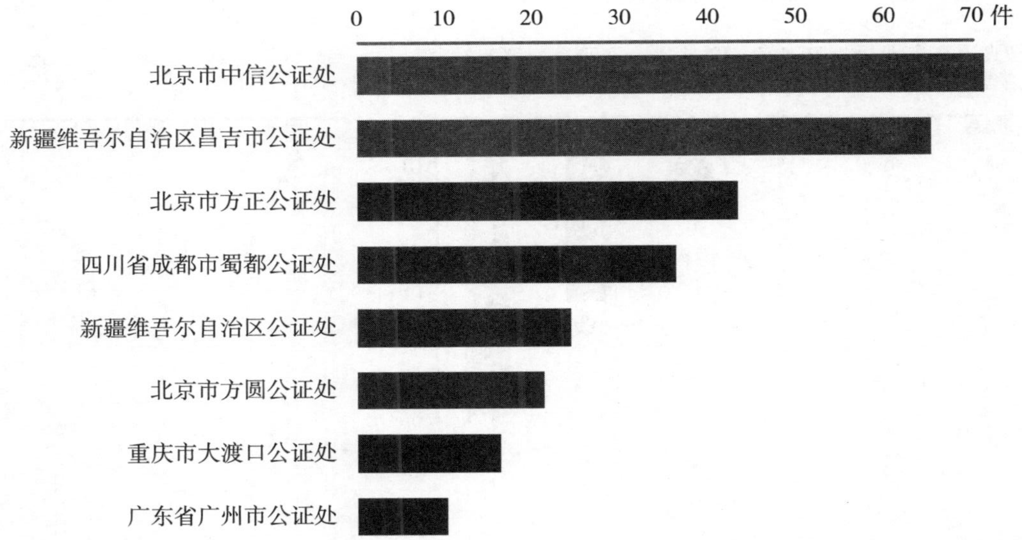

★ 中国建设银行昌吉回族自治州分行与昌吉市德源工贸有限公司、昌吉市信达商贸运输有限责任公司借款合同纠纷案

北京市案件情况

北京市审理公证债权文书执行异议案件量大体呈现逐年上升趋势；北京市中信公证处涉诉数量最多。

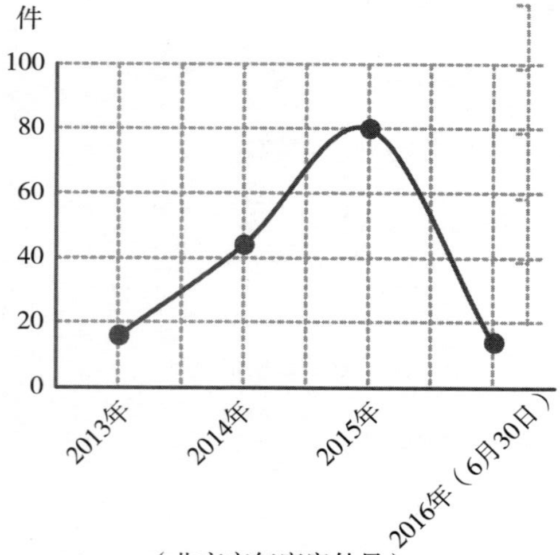

（北京市年度案件量）

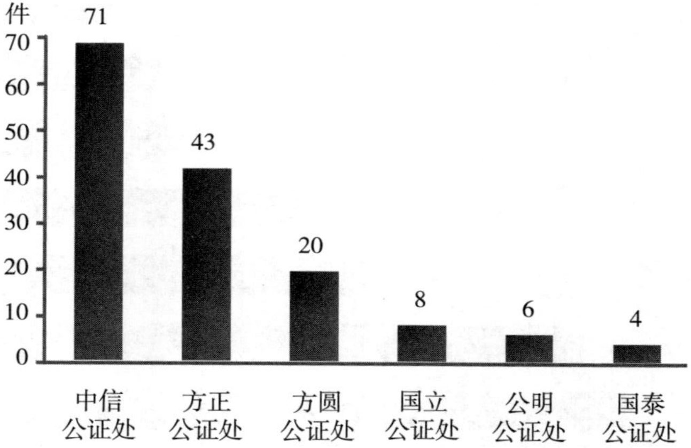

（北京市部分公证处涉诉案件数）

执行异议的理由

当事人及案外人提出执行异议的理由多种多样，其中债权债务情况与事实不符、认为公证程序违法的异议理由占比较高。

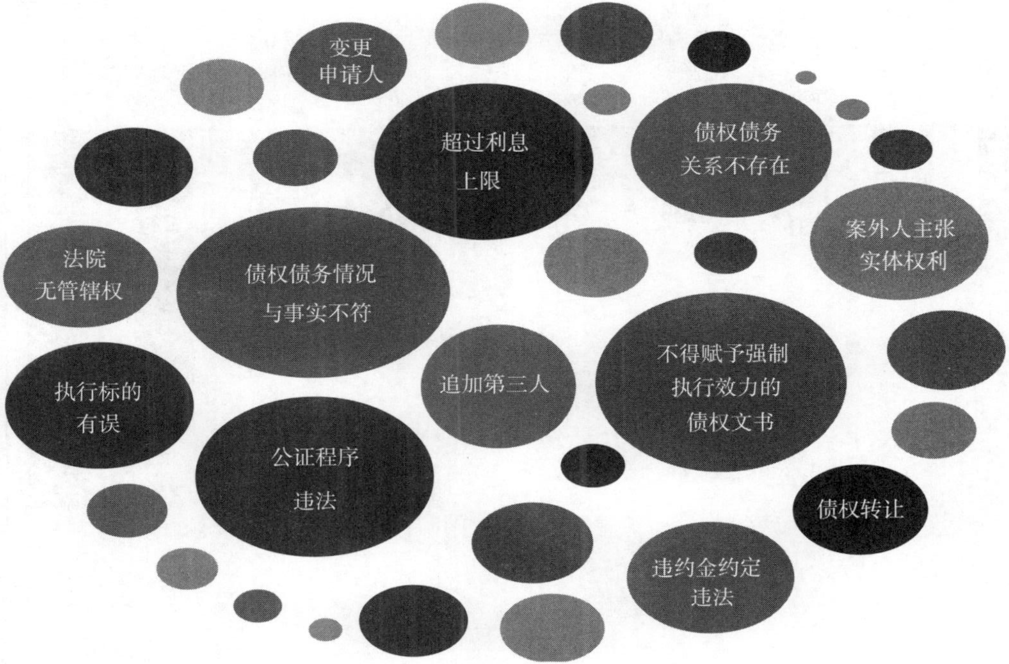

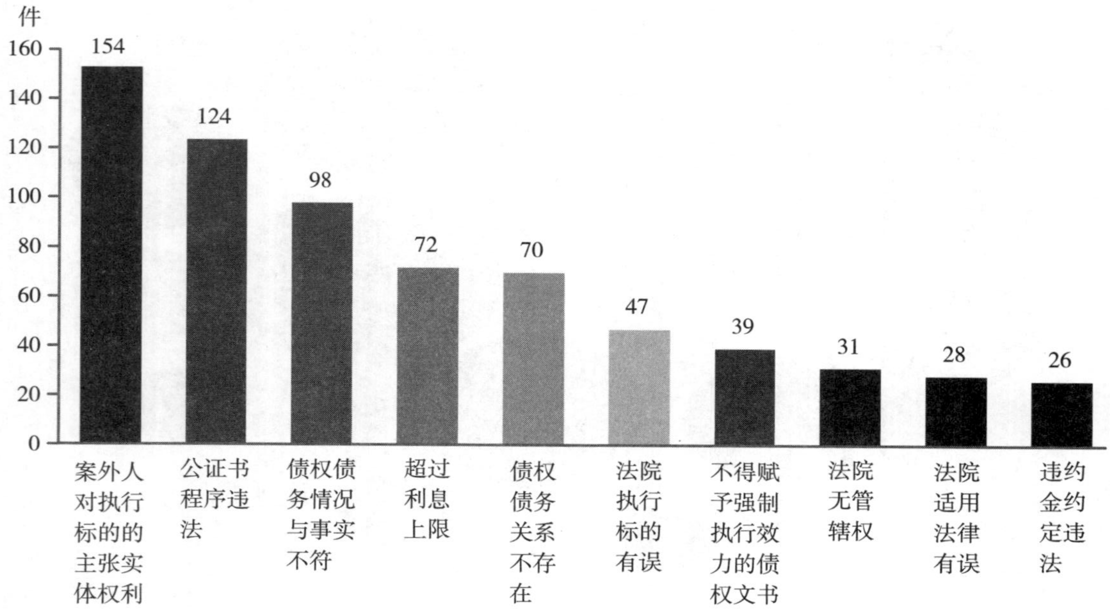
件
160
140
120
100
80
60
40
20
0
154
124
98
72
70
47
39
31
28
26
案外人对执行标的的主张实体权利
公证书程序违法
债权债务情况与事实不符
超过利息上限
债权债务关系不存在
法院执行标的有误
不得赋予强制执行效力的债权文书
法院无管辖权
法院适用法律有误
违约金约定违法

法院裁定不予执行的理由

167 件不执行的案件中抽象出不予执行的理由,多数为实体问题,占比约 79.04% 。

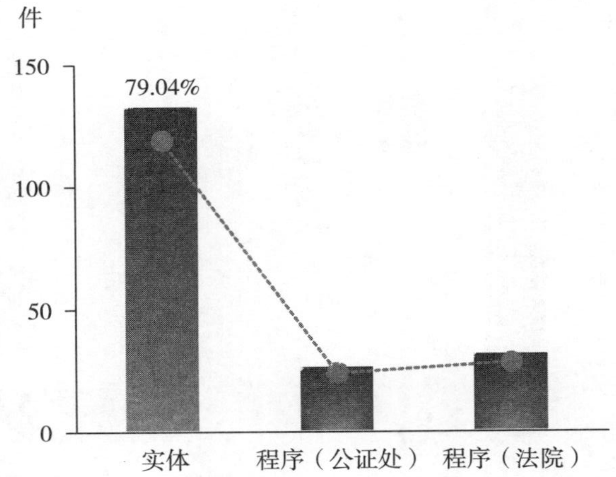

法院裁定不予执行的一级理由中，公证债权文书的内容与事实不符的案件占比最高，约59.88%。

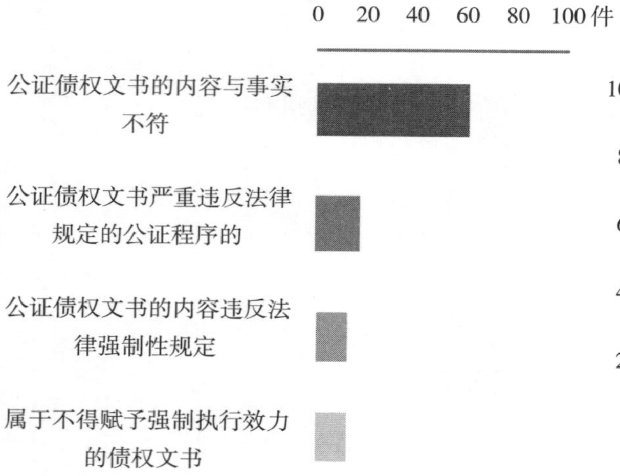

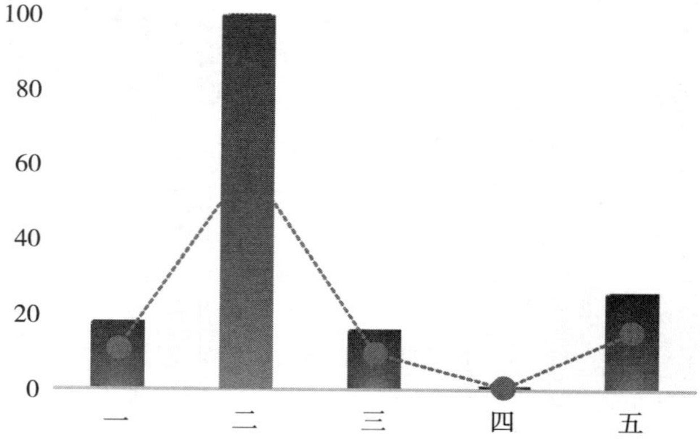

法院裁定不予执行的理由——具体情形

不予执行理由的具体情形中，多数是因双方当事人对公证书约定的给付内容等存在争议，致债权债务关系不明确。

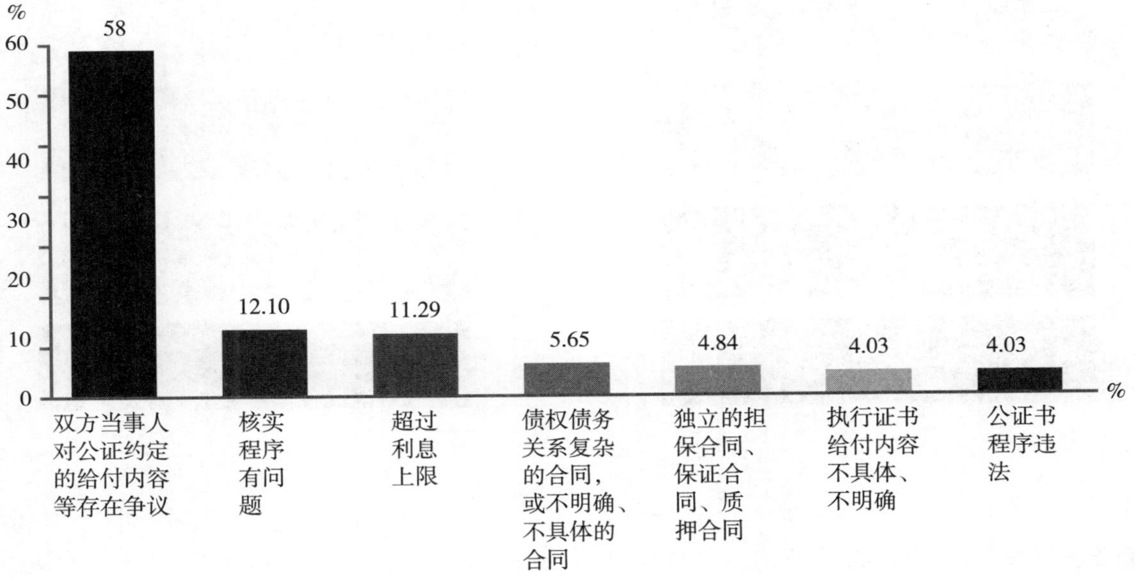

法院裁定部分执行的具体情形

在统计样本中，约有 2% 的执行异议案件法院裁定部分执行；多数为超过银行同期贷款利率 4 倍的部分不执行。

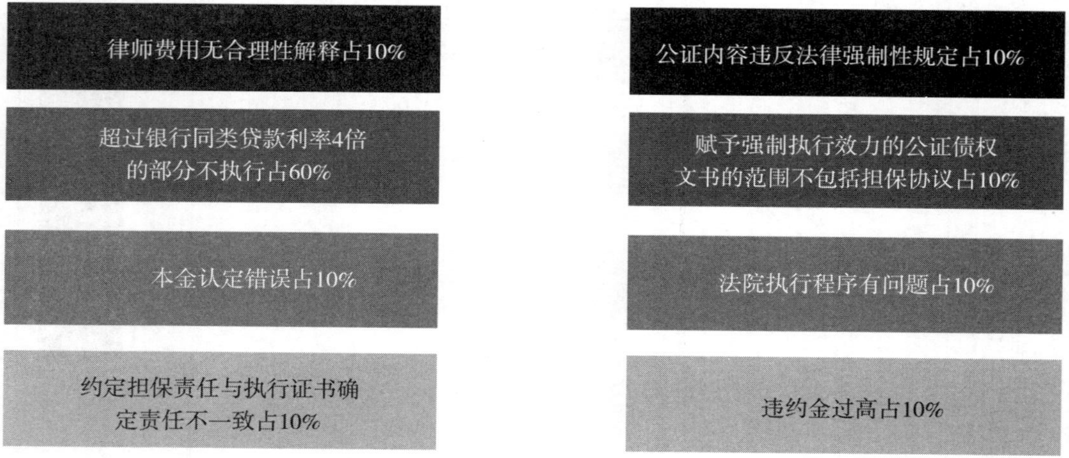

公证合同类型

公证债权文书执行异议案件中，公证合同类型多为借款合同，占比约 86.92%。

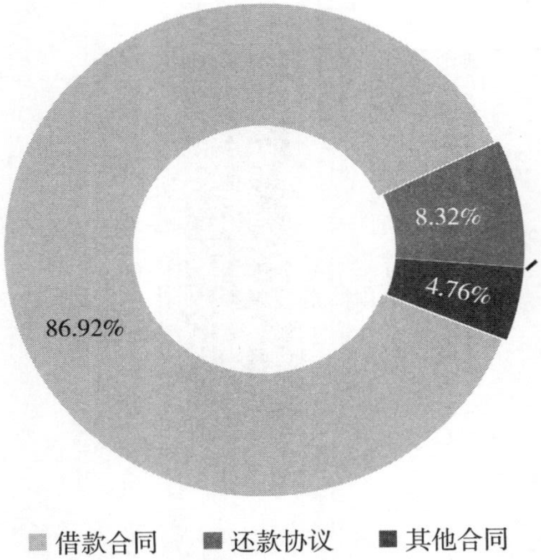

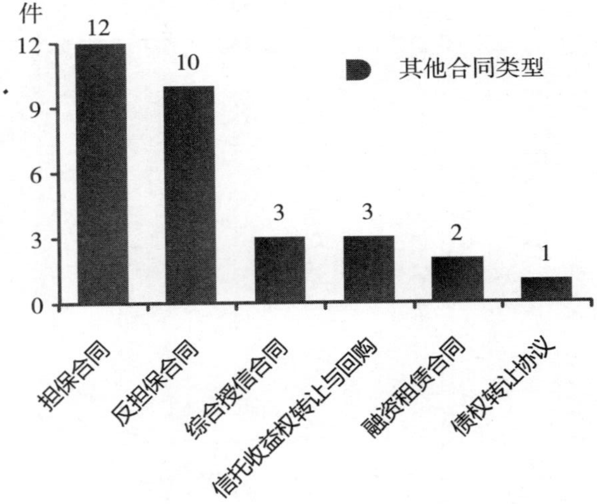

债权人类型

公证债权文书执行异议案件中,债权人多为自然人,占比约48%;其次是银行和准金融机构。

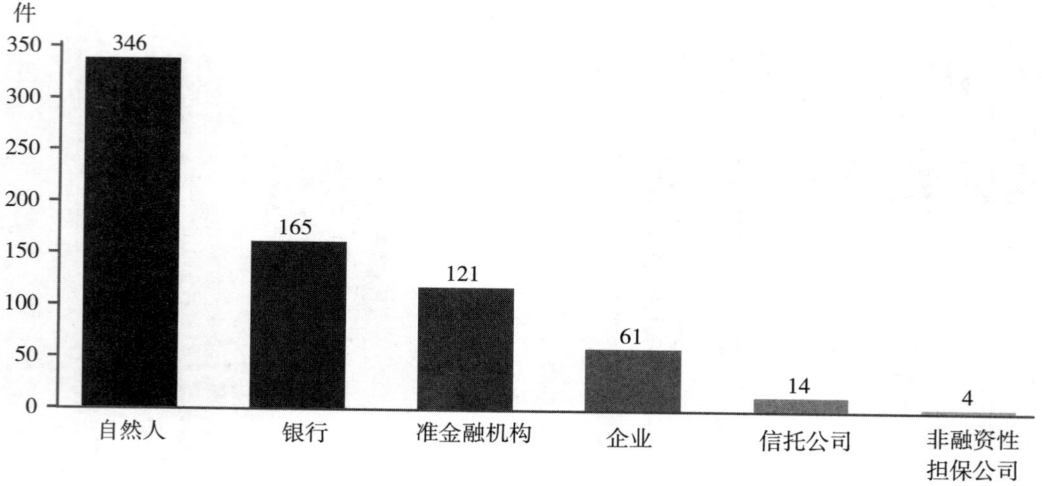

债权人类型 – 准金融机构

准金融机构中，债权人多为小额贷款公司和典当行，其次是融资性担保公司。

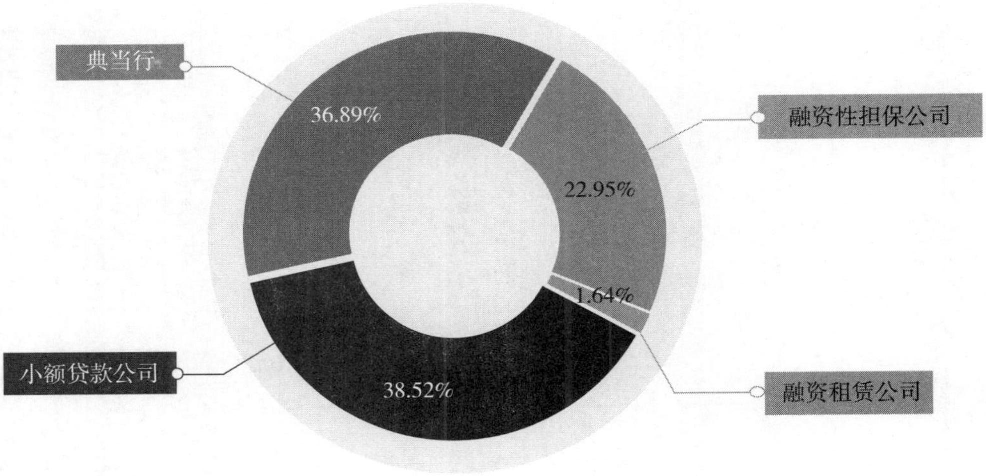

执行标的额

统计样本中最高执行标的额为 6.5 亿元，最低执行标的额为 4 万元；执行标的额区间多集中在 3000 万元以下。

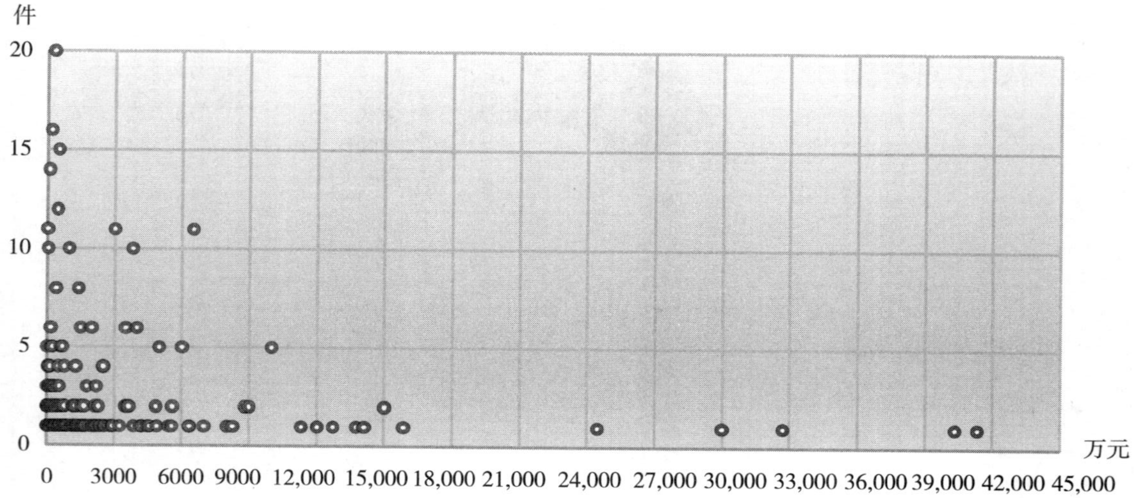

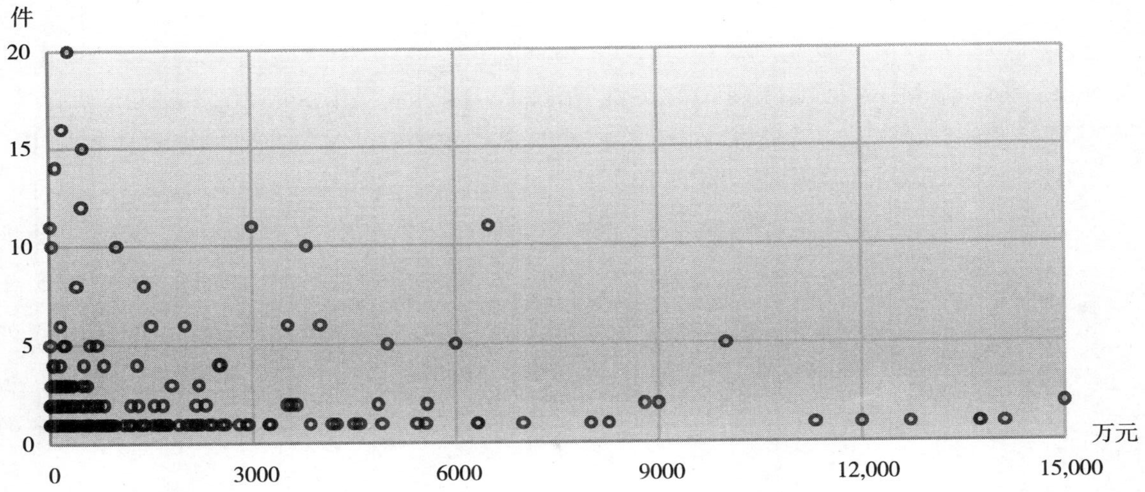
件
20
15
10
5
0
0
3000
6000
9000
12,000
15,000
万元

审理周期

法院审理公证债权文书执行异议案件周期多集中在 3 ~ 9 个月。

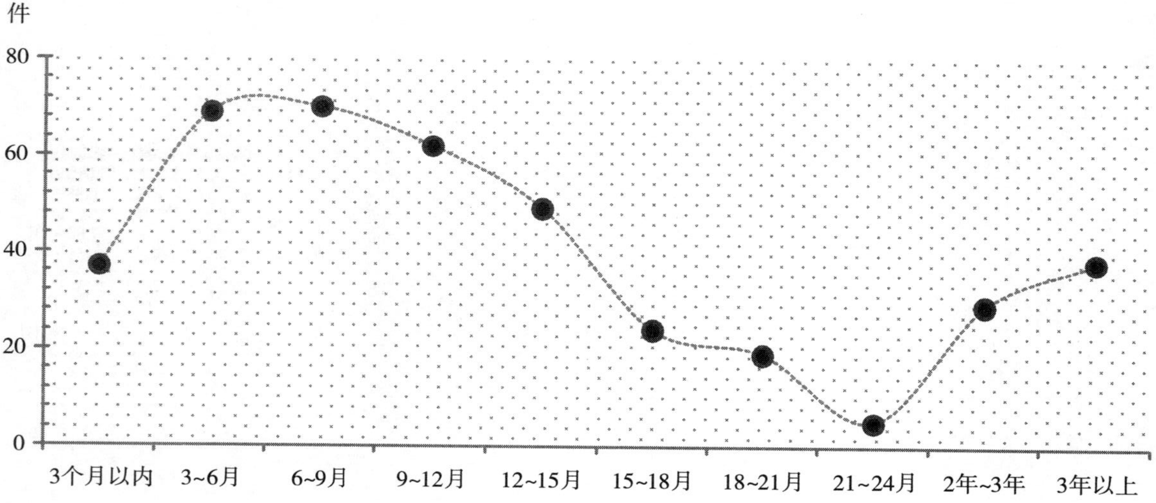

附录二　典型裁定书*

案例 1：本案从申请强制执行到作出最终裁定，历时将近五年之久，经过三级法院审理和最高检检察建议以及各方当事人马拉松式的法律交锋之后，最终得到了圆满解决。这个案件引起了“两高”的关注，最高人民法院先后两次作出执行裁定，最高人民检察院也曾发出检察建议书。本案争议的焦点在于：经公证的《委托贷款合同》和《还款协议》是否违反金融管理的强制性规定？执行证书的签发程序是否严重违反法定程序？执行数额计算和违约金过高问题能否成为裁定不予执行的理由？

中华人民共和国最高人民法院执行裁定书

(2011)执监字第 180 号

申诉人(申请执行人)：××担保有限公司。

法定代表人：王××，该公司董事长。

被执行人：××肿瘤医院有限公司。

法定代表人：孙××，该公司董事长。

被执行人：××投资集团有限公司。

法定代表人：孙×，该公司董事长。

被执行人：济南××肿瘤医院有限公司。

法定代表人：冯××，该公司董事长。

被执行人：孙×。

---

* 附录二所收录的裁判文书，遵从作者所提供原件，未做编辑。——编者注

被执行人:孙××。

被执行人:孙×××。

××担保有限公司(以下简称安×公司)不服北京市高级人民法院(以下简称北京高院)(2011)高执复字第107号执行裁定(以下简称107号裁定)和北京市第一中级人民法院(以下简称北京一中院)(2011)一中执异字第622号执行裁定(以下简称622号裁定),向本院申诉。本院受理后依法组成合议庭进行审查,现已审查终结。

安×公司申请执行北京市中信公证处(以下简称中信公证处)(2009)京中信内经证字11928号公证书及(2010)京中信执字00049号执行证书一案,2010年12月北京一中院立案执行。

2011年1月6日该案被执行人××肿瘤医院有限公司(以下简称××)、××投资集团有限公司(以下简称××集团)、济南××肿瘤医院有限公司(以下简称济南××)、孙×、孙××、孙×××向北京一中院提出不予执行上述公证债权文书和执行证书的申请。主要理由为:(一)公证书对其不具有法律效力,安×公司并未按照《还款协议》约定的日期发放贷款。(二)安×公司利用其担保专业知识,欲侵吞被执行人所有公司的全部财产。(三)中信公证处未遵守《公证法》和其他民事法律规定进行审查,依据公证书作出的执行证书,不具有法律效力。民间借贷的最高利率不得高于同期银行贷款利率的四倍,超过部分不应保护;执行证书多计算了千余万元的非法利息,执行数额明显错误。

北京一中院查明:2009年9月26日安×公司(甲方)与××签订编号为BJAD09012-01号的《委托贷款合同》,约定:甲方将6000万元人民币经受托人杭州银行股份有限公司北京分行(以下简称杭州银行北京分行)向乙方发放委托贷款;利率按月利率5‰执行;借款期限自2009年9月29日至2009年11月28日共计60天,最终以借款人与受托人签订的《委托贷款借款合同》约定的期限为准;在本合同签订后三日内,乙方向甲方支付全部利息60万元;本合同生效后,除本合同另有约定外,任何一方需变更本合同条款或解除本合同的,应由甲乙双方协商一致达成协议。除本合同和借款人与受托人签订的《委托贷款借款合同》另有特别声明外,本合同与《委托贷款借款合同》存在冲突的,以本合同为准;借款期限届满,如乙方未能及时、足额向甲方清偿借款本息的,乙方除应按本合同项下借款利率向甲方支付逾期期间借款利息外,并应按逾期金额5‰每日的标准向甲方支付逾期还款违约金。2009年9月27日中信公证处为上述《委托贷款合同》作出(2009)京中信内经证字10739号公证书。

同年9月26日××(甲方)与安×公司(乙方)及孙×(丙方)、孙××(丁方)、孙×××(戊方)、××集团(巳方)、珠海××(庚方)、济南××(辛方)又签订一份编号为BJAD09012B的《还款协议》,约定:甲乙双方签订编号为BJAD09012-01的《委托贷款合同》,乙方向甲方提供期限为60天、金额为6000万元的委托贷款,乙方于2009年9月29日通过杭州银行北京分行向甲方发放该委托贷款,甲方应于2009年11月28日前偿还该委托贷款;作为委托贷款的担保,丙方、丁方、戊方分别与乙方签订了《保证合同》,丁方、戊方分别另与乙方签订了《股权质押协议》,庚方另与乙方签订了《抵押合同》,巳方、庚方、辛方分别另与乙方签订了《保证合同》;一旦甲方未完全、适当履行还本付息义务,乙方有权向甲方、丙方、丁方、戊方、巳方、庚方、辛方(以下简称担保各方)追偿。担保各方承诺在乙方主张追偿权后三日内向乙方偿还全部款项,如到期不履行还款义务,担保各方自愿放弃一切抗辩权,并自愿接受人民法院对《还款协议》的强制执行。同日,中信公证处为上述《还款协议》作出赋予强制执行效力的(2009)京中信内经证字11928号公证书。

中信公证处在办理上述公证时,公证员分别与被执行人××、孙×、孙××、孙×××、××集团、珠海××、济南××谈话告知:“如发生上述不履约情况,本处会将安×公司的主张通知您,如果有异议及相关证据,应向本处提出,请确认通知地点及回复期限。”被执行人回答:“你处按合同申请表上所写的本人地址或电话通知我即可,本人如有异议或证据会在你处发出通知之日起三个工作日内回复，如无回复你处可视我方对安×公司的主张无异议”。

2010年8月6日安×公司向中信公证处申请签发执行证书。其请求为：（一）借款本金人民币6000万元整，截至2010年8月6日欠付利息人民币325万元整，共计6325万元整。（二）自逾期之日起至清偿之日止相应的逾期违约金，按照《委托贷款合同》约定的逾期金额的5‰每日计算。中信公证处未将安×公司的主张通知各方债务人，于安×公司申请执行证书当日作出（2010）京中信执字00049号执行证书。该执行证书查实以下内容：（一）安×公司已按合同约定委托杭州银行北京分行于2009年9月29日向××发放3000万元，2009年10月20日发放3000万元。（二）××在获得上述款项后，于2010年2月10日向安×公司偿还部分利息计人民币60万元。（三）至安×公司申请出具《执行证书》之日，××、孙×、孙××、孙×××、××集团、珠海××、济南××均未再向乙方偿还上述所欠款项。（四）经与被申请执行人××、孙×、孙××、孙×××、××集团、珠海××、济南××核实，被申请执行人均未对安×公司的上述债权主张提出相反证据。该执行证书确认的执行标的为：（一）借款本金人民币6000万元，截至2010年8月6日利息382.5万元（按《委托贷款合同》约定的月利率5‰计算），共计欠付人民币6382.5万元。（二）自逾期之日起至清偿之日止相应的逾期违约金（按《委托贷款合同》约定的逾期金额的5‰每日计算）。（三）实现债权所支付的其他费用（按实际发生额计算）。

北京一中院另查明：2009年9月28日安×公司（甲方）、××（乙方）、杭州银行北京分行（丙方）三方签订《委托贷款借款合同》，约定：乙方向甲方申请借款，甲方经审查同意后委托丙方发放贷款。该合同具体内容为：借款种类为委托贷款，借款金额为人民币6000万元，借款期限自2009年9月29日起至2009年11月28日止。借款实际放款日和到期日以借款借据为准。本合同贷款利率为月利率5‰。逾期贷款罚息利率为在本合同第五条约定的贷款利率水平上加收50%。

2011年6月20日北京一中院作出622号裁定，认为：(一)中信公证处公证的《委托贷款合同》和《还款协议》违反我国金融管理的强制性规定。非金融企业机构之间的资金拆借为我国金融管理制度所禁止。安×公司不具有金融许可证，其未经金融机构直接与××及其担保人签订《委托贷款合同》和《还款协议》违反我国金融管理的强制性规定。(二)中信公证处在作出《执行证书》时违反相关规定，对安×公司未依约履行的事实未做核查。(三)中信公证处在作出《执行证书》时存在违反公证程序的情形。本案中，中信公证处在签发执行证书前，未依相关规定及明示的公证程序询问各债务人。(四)中信公证处作出的《执行证书》的执行标的额超出了安×公司的申请数额。安×公司申请签发执行证书时请求的执行标的额为借款本息6325万元人民币，中信公证处签发的执行证书确认的执行标的额为本息6382.5万元人民币，高出安×公司申请执行标的额57.5万元人民币。综上，中信公证处作出的(2009)京中信内经证字11928号公证书及(2010)京中信执字00049号执行证书确有错误，裁定：不予执行中信公证处(2009)京中信内经证字11928号公证书及(2010)京中信执字00049号执行证书。

安×公司不服622号裁定向北京高院申请复议，理由为：(一)执行法院认定中信公证处公证的《委托贷款合同》和《还款协议》违反金融管理的强制性规定，属认定事实不清，适用法律错误。安×公司、××在与杭州银行北京分行签订《委托贷款借款合同》前，自行签订了《委托贷款合同》和《还款协议》，三个合同之间相互关联，构成委托贷款借款合同的完整组成部分，不违反现行金融管理规定。(二)执行法院认定安×公司出借的款项未依约按期发放，而中信公证处未进行充分调查，系认定事实错误。(三)执行法院认定中信公证处在签发执行证书前未依相关规定及明示的公证程序询问各债务人，系认定事实不清。(四)执行法院认定中信公证处作出的执行证书的执行标的额超过了申请数额，系认定事实错误。该公司请求撤销622号裁定。

北京高院在复议程序中查明的事实与北京一中院基本相同。但该院对北京一中院查明的以下事实未予认定：(一)安×公司未依约按期发放借款；(二)中信公证处未将安×公司的主张通知各方债务人；(三)执行证书计算的执行标的额超出了安×公司申请的数额。

北京高院复议认为：本案中，公证债权文书涉及的是委托贷款关系，由安×公司委托杭州银行北京分行向××发放贷款，杭州银行北京分行应当是委托贷款合同的主体之一。中信公证处应当对由杭州银行北京分行作为主体的三方协议进行公证，而不是对没有杭州银行北京分行参加的《委托贷款合同》和《还款协议》作出公证书并出具执行证书。因此，中信公证处(2009)京中信内经证字11928号公证书及(2010)京中信执字00049号执行证书确有错误，应当不予执行。622号裁定结果正确，应予维持。该院于2011年9月27日作出107号裁定，驳回安×公司的复议请求，维持622号裁定。

安×公司不服上述裁定向本院申诉称，107号裁定及622号裁定认定事实不清，适用法律错误，请求最高人民法院予以撤销。同时，请求驳回被执行人的执行异议申请，对中信公证处(2009)京中信内经证字11928号公证书及(2010)京中信内经执字00049号执行证书予以执行。理由如下：

(一)本案是合法的委托贷款关系，不是企业之间的资金拆借。申诉人与被执行人之间的多个合同清楚证明，申诉人与××、杭州银行北京分行之间委托贷款法律关系清晰，权利义务关系明确。北京一中院认为《委托贷款合同》、《还款协议》违反金融管理的强制性规定是不当的。

(二)《委托贷款合同》、《还款协议》以及相关担保合同是订立《委托贷款借款合同》的前提，它们之间是互补关系，而不是对立关系。《委托贷款合同》确立申请执行人与被执行人通过"委托贷款"方式借款的合意；各担保合同是为确保出借人款项安全的法律保障；《还款协议》则是预先约定借款人逾期不还时的法律救济方式。

（三）存在多个合同时，对哪个合同进行公证，法律没有明文规定。由于《委托贷款借款合同》更多侧重于放款对象、用途、金额、期限、利率等贷款法律关系的内容，且是格式合同，在借款人逾期不还时，很难采取救济措施。因此，借贷双方另行约定逾期不还时如何处理并申请公证，不违反法律的强制性规定。107 号裁定强行要求公证哪个合同没有法律依据。

（四）《委托贷款合同》、《还款协议》、担保合同以及《委托贷款借款合同》，都是各方当事人的真实意思表示。在《还款协议》中各担保人明确：如××到期不履行还款义务，担保各方自愿放弃一切抗辩权，并自愿接受人民法院执行。被申请执行人各方的抗辩本身违反了合同义务。

除以下事实外，本院查明的事实与北京一中院和北京高院查明的事实相同：（一）安×公司委托杭州银行北京分行于2009 年9 月29 日向××放款3000 万元，10 月 20 日放款3000 万元。（二）中信公证处在8 月 6 日上午向主债务人××的法定代表人孙××进行了电话核实，同日上午也向孙×、孙×××进行了核实，孙××、孙×、孙×××除了表示已经支付部分数额外，对其他问题未提出异议。而后，在签发执行证书后的8 月 9 日上午向济南××的法定代表人冯××进行了核实，其未提出异议。（三）安×公司在8 月 6 日向中信公证处提交《强制执行申请书》中所附具的利息和违约金计算明细表中，第二笔贷款利息的起算日期为2009 年 10 月 20 日，逾期罚息的起算日期为2009 年 11 月 29 日，截止日期均为2010 年 8 月 6 日。申请的利息总额（含罚息）为 382.5 万元，违约金总额为 7230 万元。同时，安×公司认可××已经偿还贷款利息 60 万元。

本院认为，人民法院对公证债权文书的监督主要应围绕两个方面：一是债权人的债权是否真实存在并且合法。二是当事人是否自愿接受强制执行。只要公证债权文书能够反映债权合法存在，债权的数额和种类确定，当事人自愿接受强制执行的意思表示清楚，人民法院就应当予以执行。就本案而言，则涉及三个焦点问题，即：（一）《委托贷款合同》和《还款协议》是否违反金融管理的强制性规定；（二）是否只能对三方当事人之间的《委托贷款借款合同》进行公证；（三）执行证书的签发程序是否存在足以不予执行的违法情形。分析如下：

（一）关于《委托贷款合同》和《还款协议》是否违反金融管理的强制性规定

企业委托银行进行贷款的行为，根据银行业管理部门的有关规定，并不违法。从本案当事人双方所签合同中，无论是《委托贷款合同》还是《还款协议》均明确指出，双方的借贷款是通过杭州银行北京分行进行委托贷款，其后在履行合同时也通过杭州银行北京分行发放了贷款，说明《委托贷款合同》和《还款协议》指向的标的是委托贷款法律关系。622 号裁定割裂《委托贷款合同》、《还款协议》与通过杭州银行北京分行进行的委托贷款之间的联系，抛开委托贷款关系的实质，将《委托贷款合同》和《还款协议》等同于资金拆借行为，显属不当。

（二）关于是否只能对三方当事人之间的《委托贷款借款合同》进行公证

本案当事人之间存在多个合同，其中《委托贷款合同》、《还款协议》、《委托贷款借款合同》之间关于委托贷款事项的约定，除关于违约金数额的计算标准不同外，利率、期限等核心条款均不存在冲突。根据《委托贷款借款合同》，在委托贷款关系的三方当事人中，杭州银行北京分行仅负有通知、提醒和监管职责，不承担任何实体义务，所有的违约责任均由安×公司和××自行承担。故安×公司作为实际权利人和委托人，与借款人另行签订《还款协议》，与委托贷款业务的性质并无不合。在当事人之间对同一笔债权存在多个合同时，公证哪一个合同属于当事人意思自治的范围，人民法院不应当干预。安×公司和××选择最有利于债权实现的《委托贷款合同》和《还款协议》进行公证，不违反法律的禁止性规定。107 号裁定以当事人之间的债权债务的基础法律关系是委托贷款关系，就必须公证《委托贷款借款合同》的结论没有法律依据。

(三)关于执行证书的签发程序是否存在足以不予执行的违法情形

第一,关于未对安×公司违约放款的事实核查的问题。根据三方签订的《委托贷款借款合同》第四条约定,借款实际放款日和到期日以借款借据为准,说明该期限是可变期限。安×公司在申请执行证书时,已经将第二笔款项的到期日按照实际放款日相应予以顺延,对第二笔贷款的计息日也按照实际放款日进行计算。同时,如果安×公司确实存在违约情形,××应当对违约放款的问题提出异议,但直至安×公司申请执行,该公司始终未对第二笔款项放款的期限提出异议,而且一直在使用该笔借款。北京一中院仅仅依据双方当事人之间合同的某一个条款就判断安×公司违约放款,显然没有对当事人之间的合同约定进行全面审查。622号裁定关于此点的认定事实有误。

第二,关于未询问债务人的问题。中信公证处除对担保人济南××的核实在执行证书签发之后,其他时间均是在执行证书签发当天。而且当天接受询问的债务人提出的数额问题,安×公司在申请时已经认可。对济南××的核实虽在执行证书签发之后,但是,由于其是从债务人,在主债务人对债权债务关系并无异议的情况下,对其是否核实并不构成对执行证书签发程序的重大影响,且其在事后的核实程序中也并无异议。因此,622号裁定关于此点的事实认定亦属错误。

第三,关于执行证书多计算债权数额的问题。执行证书是否多计算债权数额,不能构成人民法院不予执行的理由。如果确实存在多计算债权数额的问题,人民法院查实后在执行程序中可以进行核减。

另外,关于被执行人在北京一中院审查时所提出的违约金数额过高的问题,由于违约金数额是否过高不能构成不予执行公证债权文书的理由,且北京一中院和北京高院对此问题均未审查,本院在执行监督程序中亦不予审查。

综上,被执行人××、济南××、××集团、孙×、孙××、孙×××不予执行公证债权文书的申请不能成立,应予驳回。622号裁定认定事实不清，适用法律错误，应予撤销；107 号裁定认定事实清楚，但适用法律错误，亦应当予以撤销。依照《中华人民共和国民事诉讼法》第二百一十四条、本院《关于人民法院执行工作若干问题的规定（试行）》第 129 条之规定，经本院审判委员会讨论决定，裁定如下：

一、撤销北京市高级人民法院（2011）高执复字第 107 号执行裁定；

二、撤销北京市第一中级人民法院（2011）一中执异字第 622 号执行裁定；

三、驳回被执行人××肿瘤医院有限公司、××投资集团有限公司、济南××肿瘤医院有限公司、孙×、孙××、孙×××不予执行北京市中信公证处（2009）京中信内经证字 11928 号公证书和（2010）京中信执字 00049 号执行证书的申请；

四、由北京市第一中级人民法院继续执行北京市中信公证处（2009）京中信内经证字 11928 号公证书和（2010）京中信执字 00049 号执行证书。

审　判　长　黄×××
代理审判员　范××
代理审判员　黄××
二〇一二年九月十四日
书　记　员　黄×

中华人民共和国最高人民检察院
检察建议书

高检民建〔2014〕1 号

江苏××肿瘤医院有限公司因与××担保有限公司等执行异议纠纷一案，不服最高人民法院（2011）执监字第 180 号执行裁定，向本院申请监督。本案现已审查终结。

2009年9月26日,××担保有限公司(以下简称安×公司)与江苏××肿瘤医院有限公司(以下简称××)签订编号为BJAD09012-01号的《委托贷款合同》,约定:安×公司(甲方)将6000万人民币经受托人杭州银行股份有限公司北京分行(以下简称杭州银行北京分行)向××(乙方)发放委托贷款。贷款利率按月利率0.5%执行;借款期限自2009年9月29日至2009年11月28日共计60天,最终以借款人和受托人签订的《委托贷款借款合同》约定的期限为标准;在本合同签订后三日内,乙方向甲方支付全部利息60万元;本合同生效后,除本合同另有约定外,任何一方需变更本合同条款或解除本合同的,应由甲乙双方协商一致达成协议,除本合同和借款人与受托人签订的《委托贷款借款合同》另有特别声明外,本合同与《托贷款借款合同》存在冲突的,以本合同为准;借款期限届满,如乙方未能及时、足额向甲方清偿借款本息的,乙方除应按本合同项下借款利率向甲方支付逾期期间借款利息外,并应按逾期金额5‰每日的标准向甲方支付逾期还款违约金。2009年9月27日,北京市中信公证处(以下简称中信公证处)为上述《委托贷款合同》作出(2009)京中信内经证字10739号公证书。

2009年9月26日,××(甲方)与安×公司(乙方)及孙×(丙方)、孙××(丁方)、孙×××(戊方)、××投资集团有限公司(以下简称××集团)(已方)、珠海××医院有限公司(以下简称珠海××)(庚方)、济南××肿瘤医院有限公司(以下简称济南××)(辛方)又签订一份编号一为BJAD09012B的《还款协议》,约定:甲乙双方签订编号为BJAD09012-01的《委托贷款合同》,乙方向甲方提供期限为60天、金额为6000万元的委托贷款,乙方于2009年9月29日通过杭州银行北京分行向甲方发放该委托贷款,甲方应于2009年11月28日前偿还该委托贷款;作为委托贷款的担保,丙方、丁方、戊方分别与乙方签订了《保证合同》,丁方、戊方分别另与乙方签订了《股权质押协议》,庚方另与乙方签订了《抵押合同》,已方、庚方、辛方分别另与乙方签订了《保证合同》；一旦甲方未完全、适当履行还本付息义务，乙方有权向甲方、丙方、丁方、戊方、巳方、庚方、辛方（以下简称担保各方）追偿。担保各方承诺在乙方主张追偿权后三日内向乙方偿还全部款项，如到期不履行还款义务，担保各方自愿放弃一切抗辩权，并自愿接受人民法院对《还款协议》的强制执行。同日，中信公证处为上述《还款协议》作出赋予强制执行效力的（2009）京中信内经证字11928号公证书（以下简称11928号公证书）。

2009年9月28日，安×公司（甲方）、××（乙方）、杭州银行北京分行（丙方）三方签订《委托贷款借款合同》，约定：乙方向甲方申请借款，甲方经审查同意后委托丙方发放贷款。合同载明借款金额为6000万元，借款期限自2009年9月29日起至2009年11月28日止。借款实际放款日和到期日以借款借据为准；贷款利率为月利率5‰；逾期贷款罚息利率为在本合同第五条约定的月利率5‰水平上加收50%。

安×公司委托杭州银行北京分行于2009年9月29日向××发放3000万元，2009年10月20日发放3000万元。××于2010年2月10日向安×公司偿还部分利息计人民币60万元。

2010年8月6日安×公司向中信公证处申请签发执行证书。其请求为：（一）借款本金人民币6000万元整，截至2010年8月6日欠付利息人民币325万元整，共计6325万元整。（二）自逾期之日起至清偿之日止相应的逾期违约金，按照《委托贷款合同》约定的逾期金额的5‰每日计算。中信公证处于安×公司申请执行证书当日作出（2010）京中信执字00049号执行证书（以下简称执行证书）。执行证书载明以下内容：（一）安×公司已委托杭州银行北京分行于2009年9月29日向××发放3000万元，2009年10月20日发放3000万元。（二）××在获得上述款项后，于2010年2月10日向安×公司偿还部分利息计人民币60万元。（三）至安×公司申请出具《执行证书》之日，××及其担保各方均未再向乙方偿还上述所欠款项。（四）经与被申请执行人××及其担保各方核实，被申请执行人均未对安×公司的上述债权主张提出相反证据。该执行证书确认的执行标的为:(一)借款本金人民币6000万元整,截至2010年8月6日利息382.5万元(按《委托贷款合同》约定的月利率5‰执行),共计6382.5万元整。(二)自逾期之日起至清偿之日止相应的逾期违约金(按《委托贷款合同》约定的逾期金额的5‰每日计算)。(三)实现债权所支付的其他费用(按实际发生额计算)。

2010年12月,安×公司向北京市一中院申请执行11928号公证书及执行证书,北京一中院立案执行。

2011年1月6日,被执行人××、××集团、济南××、孙×、孙××、孙×××向北京一中院提出不予执行上述公证债权文书申请。主要理由为:(一)公证书对其不具有法律效力,安×公司并未按照《还款协议》约定的日期发放贷款。(二)安×公司利用其担保专业知识,欲侵吞被执行人所有公司的全部财产。(三)中信公证处未遵守《公证法》和其他民事法律规定进行审查,依据公证书作出的执行证书,不具有法律效力。民间借贷的最高利率不得高于同期银行贷款利率的四倍,超过部分不应保护;执行证书多计算了千余万元的非法利息,执行数额明显错误。

2011年6月20日,北京一中院作出(2011)一中执异字第622号执行裁定,认为:(一)中信公证处公证的《委托贷款合同》和《还款协议》违反我国金融管理的强制性规定。非金融企业机构之间的资金拆借为我国金融管理制度所禁止。安×公司不具有金融许可证,其未经金融机构直接与××及其担保人签订《委托贷款合同》和《还款协议》违反我国金融管理的强制性规定。(二)中信公证处在作出《执行证书》时违反相关规定,对安×公司未依约履行的事实未做核查。(三)中信公证处在作出《执行证书》时存在违反公证程序的情形。本案中,中信公证处在签发执行证书前,未依相关规定及明示的公证程序询问各债务人。(四)中信公证处作出的《执行证书》的执行标的额超出了安×公司的申请数额。安×公司申请签发执行证书时请求的执行标的额为借款本息6325万元人民币,中信公证处签发的执行证书确认的执行标的额为本息6382.5万元人民币，高出安×公司申请执行标的额57.5万元人民币。综上，11928号公证书及执行证书确有错误，裁定：不予执行11928号公证书及执行证书。

安×公司不服北京一中院(2011)一中执异字第622号执行裁定，向北京高院申请复议，请求撤销该裁定。理由为：(一)执行法院认定中信公证处公证的《委托贷款合同》和《还款协议》违反金融管理的强制性规定，属认定事实不清，适用法律错误。安×公司、××在与杭州银行北京分行签订《委托贷款借款合同》前，自行签订了《委托贷款合同》和《还款协议》，三个合同之间相互关联，构成委托贷款借款合同的完整组成部分，不违反现行金融管理规定。(二)执行法院认定安×公司出借的款项未依约按期发放，而中信公证处未进行充分调查，系认定事实错误。(三)执行法院认定中信公证处在签发执行证书前未依相关规定及明示的公证程序询问各债务人，系认定事实不清。(四)执行法院认定中信公证处作出的执行证书的执行标的额超出了安×公司的申请数额，系认定事实错误。

北京高院在复议程序中查明的事实与北京一中院基本相同。但该院对北京一中院查明的以下事实未予认定：(一)安×公司未依约按期发放贷款；(二)中信公证处未将安×公司的主张通知各方债务人；(三)执行证书计算的执行标的额超出了安×公司申请的数额。

2011年9月27日，北京高院作出(2011)高执复字第107号执行裁定，认为：本案中，公证债权文书涉及的是委托贷款关系，由安×公司委托杭州银行北京分行向××发放贷款，杭州银行北京分行应当是委托贷款合同的主体之一。中信公证处应当对由杭州银行北京分行作为主体的三方协议进行公证，而不是对没有杭州银行北京分行参加的《委托贷款合同》和《还款协议》作出公证书并出具执行证书。因此，11928号公证书及执行证书确有错误，应当不予执行。裁定驳回安×公司的复议请求，维持北京一中院(2011)一中执异字第622号执行裁定。

安×公司不服上述裁定向最高院申诉，认为北京高院(2011)高执复字第107号执行裁定以及北京一中院(2011)一中执异字第622号执行裁定认定事实不清,适用法律错误,请求最高人民法院予以撤销。同时,请求驳回被执行人的执行异议申请,对11928号公证书及执行证书予以执行。理由主要是:(一)本案是合法的委托贷款关系,不是企业之间的资金拆借。(二)《委托贷款合同》、《还款协议》以及相关担保合同是订立《委托贷款借款合同》的前提,它们之间是互补关系,而不是对立关系。(三)存在多个合同时,对哪个合同进行公证,法律没有明文规定。(四)《委托贷款合同》、《还款协议》、担保合同以及《委托贷款借款合同》,都是各方当事人的真实意思表示。

2012年9月14日,最高人民法院作出(2011)执监字第180号执行裁定,认为,人民法院对公证债权文书的监督主要应围绕两个方面:一是债权人的债权是否真实存在并且合法;二是当事人是否自愿接受强制执行。只要公证债权文书能够反映债权合法存在,债权的数额和种类确定,当事人自愿接受强制执行的意思表示清楚,人民法院就应当予以执行。就本案而言,则涉及三个焦点问题。(一)《委托贷款合同》和《还款协议》是否违反金融管理的强制性规定。企业委托银行贷款的行为,根据银行业管理部门的有关规定,并不违法。从本案当事人所签合同中,无论是《委托贷款合同》还是《还款协议》均明确指出,双方的借贷款是委托杭州银行北京分行进行委托贷款,其后在履行合同时也通过杭州银行北京分行发放了贷款,说明《委托贷款合同》、《还款协议》与通过杭州银行北京分行进行的委托贷款之间的联系,抛开委托贷款关系的实质,将《委托贷款合同》和《还款协议》等同于资金拆借行为,显属不当。(二)是否只能对三方当事人之间的《委托贷款借款合同》进行公证。本案当事人之间存在多个合同,其中《委托贷款合同》、《还款协议》、《委托贷款借款合同》之间关于委托贷款事项的约定,除关于违约金数额的计算标准不同外,利率、期限等核心条款均不存在冲突。根据《委托贷款借款合同》,在委托贷款关系的三方当事人中,杭州银行北京分行仅负有通知、提醒和监管职责,不承担任何实体义务,所有的违约责任均由安×公司和××自行承担。故安×公司作为实际权利人和委托人，与借款人另行签订《还款协议》，与委托贷款业务的性质并无不合。在当事人之间对同一笔债权存在多个合同时，公证哪一个合同属于当事人意思自治的范围，人民法院不应当干预。安×公司和××选择最有利于债权实现的《委托贷款合同》和《还款协议》进行公证，不违反法律的禁止性规定。107号裁定以当事人之间的债权债务的基础法律关系是委托贷款关系，就必须公证《委托贷款借款合同》的结论没有法律依据。（三）执行证书的签发程序是否存在足以不予执行的违法情形。第一，关于未对安×公司违约放款的事实核查的问题。根据三方签订的《委托贷款借款合同》第四条约定，借款实际放款日和到期日以借款借据为准，说明该期限是可变期限。安×公司在申请执行证书时，已经将第二笔款项的到期日按照实际放款日相应予以顺延，对第二笔贷款的计息日也按照实际放款日进行计算。同时，如果安×公司确实存在违约情形，××应当对违约放款的问题提出异议，但直至安×公司申请执行，该公司始终未对第二笔款项放款的期限提出异议，而且一直在使用该笔借款。北京一中院仅仅依据双方当事人之间合同的某一个条款就判断安×公司违约放款，显然没有对当事人之间的合同约定进行全面审查。622号裁定关于此点的认定事实有误。第二，关于未询问债务人的问题。中信公证处除对担保人济南××的核实在执行证书签发之后，其他时间均是在执行证书签发当天。而且当天接受询问的债务人提出的数额问题，安×公司在申请时已经认可。对济南××的核实虽在执行证书签发之后，但是，由于其是从债务人，在主债务人对债权债务关系并无异议的情况下，对其是否核实并不构成对执行证书签发程序的重大影响，且其在事后的核实程序中也并无异议。因此，622号裁定关于此点的事实认定亦属错误。第三，关于执行证书多计算债权数额的问题。执行证书是否多计算债权数额，不能构成人民法院不予执行的理由。如果确实存在多计算债权数额的问题，人民法院查实后在执行程序中可以进行核减。另外，关于被执行人在北京一中院审查时所提出的违约金数额过高的问题，由于违约金数额是否过高不能构成不予执行公证债权文书的理由，且北京一中院和北京高院对此问题均未审查，本院在执行监督程序中亦不予审查。裁定：1. 撤销北京市高级人民法院(2011)高执复字第107号执行裁定；2. 撤销北京市第一中级人民法院(2011)一中执异字第622号执行裁定；3. 驳回被执行人××、××集团、济南××、孙×、孙××、孙×××不予执行11928号公证书及执行证书的申请；4. 由北京市一中院继续执行11928号公证书及执行证书。

最高人民法院(2011)执监字第180号裁定送达后，安×公司再次向北京一中院申请执行。北京一中院于2012年11月19日重新启动立案程序，确定案号为(2012)一中执字第1130号，并开始执行。后于2012年12月25日再次立案，并确定案号为(2013)一中执字第32号。并先后制作送达(2012)一中执字第1130号执行裁定书、(2012)一中执字第1130号执行通知书、(2013)一中执字第32号执行通知书，均载明北京一中院依安×公司中请强制执行11928号公证书及执行证书。

2012年11月29日，××向北京一中院执行庭提交《申请书》，请求对违约金内容进行审查，并撤销北京中院相关裁定中关于违约金计算依据以及计算标准的相关内容，依法对违约金进行减少。北京市一中院未答复。2013年1月22日和1月28日，××以执行证书存在错误为由，向北京一中院提出执行异议审查申请书。北京一中院立案庭拒绝受理、审查，未出具书面文书。

2012年11月27日，××按照最高人民法院关于委托贷款合同纠纷案件相关管辖规定，向杭州银行北京分行所在地北京市东城区人民法院提起诉讼，请求法院对双方合同违约金过高进行调整。东城区人民法院立案庭不子受理，未出具书面文书。

2013年3月27日，××向北京市朝阳区人民法院提起诉讼，请求对双方合同违约金过高进行调整，朝阳区人民法院也不予受理，未出具书面文书。

本院经审查认为，最高人民法院(2011)执监字第180号执行裁定书认定事实与适用法律均存在错误。涉案公证债权文书确有错误，应裁定不予执行。

一、中信公证处违法出具公证书，公证债权文书确有错误

根据《公证法》第十三条、第三十一条规定，公证机构不得为不真实、不合法的事项出具公证书。《公证法》第二十八条规定："公证机构办理公证，应当根据不同公证事项的办证规则，分别审查一下列事项：……(三)提供的证明材料是否真实、合法、充分；(四)申请公证的事项是否真实、合法。"本案公证债权文书涉及的是委托贷款关系，中信公证处分别于2009年9月26日、9月27日对《还款协议》、《委托贷款合同》进行公证，应当对委托贷款的真实性、合法性进行审查。

中国人民银行《贷款通则》第七条规定："委托贷款，系指由政府部门、企事业单位及个人等委托人提供资金，由贷款人(即受托人)根据委托人确定的贷款对象、用途、金额期限、利率等代为发放、监督使用并协助收回的贷款。贷款人(受托人)只收取手续费，不承担贷款风险。"据此，委托贷款法律关系的主体至少有三方，即委托人、受托人(即贷款人)以及借款人。本案中委托贷款关系据以成立的基础是安×公司、杭州银行北京分行、××于2009年9月28签订的《委托贷款借款合同》。中信公证处于2009年9月26日、9月27日对《还款协议》、《委托贷款合同》进行公证时，三方《委托贷款借款合同》尚不存在，杭州银行北京分行对此也并不知情，《还款协议》《委托贷款合同》还不符合委托贷款的要求，委托贷款关系能否确立尚不清楚，其真实性、合法性均无法认定。中信公证处不应对《还款协议》与《委托贷款合同》进行公证。

中信公证处违反《公证法》的规定出具公证书，本案公证债权文书确有错误。

二、执行证书签发程序违法，执行标的超出了11928号公证书的范围

(一)没有证据证明中信公证处签发执行证书时尽到了审查义

务,签发程序违法。根据《最高人民法院、司注部关于公证机关赋予强制执行效力的债权文书执行有关问题的联合通知》第五条规定:“公证机关签发执行证书应当注意审查:(一)不履行或不完全履行的事实确实发生;(二)债权人履行合同义务的事实和证据,债务人依照债权又书已经部分履行的事实;(三)债务人对债权文书规定的履行义务有无疑义。”本案中,用以证明中信公证处签发执行证书前履行了审查义务的主要证据是中信公证处的核实工作记录。该记录存在重大缺陷,不能证明中信公证处尽到了审查义务。

1. 根据司法部《公证程序规则》第二十九条的规定,“采用询问方式向当事人、公证事项的利害关系人或者有关证人了解、核实公证事项的有关情况以及证明材料的,应当告知被询问人享有的权利、承担的义务及其法律责任。询问的内容应当制作笔录。……询问笔录应当交由被询问人核对后签名或者盖章、捺指印。”中信公证处的核实工作记录上没有被询问人的签名或者盖章,不符合《公证程序规则》规定的核实程序,也不能证实其核实的真实性。查阅人民法院组织的历次谈话及听证记录,××等被执行人一直否认中信公证处曾进行核实。最高人民法院(2011)执监字第180号执行裁定称“中信公证处除对担保人济南××的核实在执行证书签发之后,其他时间均是在执行证书签发当天”,系认定事实错误。

2. 即便中信公证处的核实工作记录是真实的,也不能证明中信公证处尽到了审查核实义务。根据该核实工作记录,核实过程并未告知被询问人享有的权利、承担的义务及其法律责任。而且,安×公司2010年8月6日提出申请,中信公证处于当天即签发了执行证书。本案法律关系有较大争议,债权数额巨大,履行过程也比较复杂,中信公证处收到申请当天即签发执行证书,没有时间做必要的审查。况且部分被执行人表示已经偿还了部分款项,实际上是对执行标的提出疑义,中信公证处也要求被执行人尽快提交相关材料。被执行人尚未提交材料,中信公证处即签发执行证书、未尽到审查核实义务。另外,根据核实工作记录,中信公证处于8月6日签发执行证书，却在8月9日上午对济南××进行核实，违反程序。

3. 根据核实工作记录，中信公证处向被执行人核实的本息金额是6325万元，执行证书中却载明是6382.5万元，多出57.5万元。被执行人对执行证书载明的数额持有异议。

（二）执行证书确定的执行标的超出了11928号公证书的范围。安×公司的强制执行申请书和申请执行的标的，依据是11928号公证书公证的《还款协议》。根据《还款协议》，逾期还款的利息是按《委托贷款合同》约定的月利率0.5%执行，应为255万元。但是执行证书最终确定的执行标的第一项却是按照《委托贷款借款合同》，以月利率0.75%执行，即在月利率5‰的水平上加收50%，为382.5万元。这超出了经过公证的《还款协议》的范围。

中信公证处违法出具公证书，又违法签发执行证书，足以构成不予执行公证债权文书的理由。

三、关于《委托贷款合同》约定的违约金条款的问题

（一）本案争议的违约金是否过高的问题，实际上是在《委托贷款合同》与《委托贷款借款合同》约定的违约责任条款相冲突的情况下，应当按照哪个合同履行的问题。

本案委托贷款关系据以成立的基础是安×公司、杭州银行北京分行、××签订的《委托贷款借款合同》，这也是确定本案委托贷款权利义务关系的依据，《委托贷款合同》、《还款协议》的约定与此相冲突的，应当以此合同为准。《委托贷款合同》约定的5‰每日的违约金与《委托贷款借款合同》约定的月利率7.5‰相冲突，应当按照《委托贷款借款合同》履行，而不是按照《委托贷款合同》。虽然安×公司与××在《委托贷款合同》中特别约定，除该合同和借款人与受托人签订的《委托贷款借款合同》另有特别声明外，该合同与《委托贷款借款合同》存在冲突的，以该合同为准。但是该约定仅是安×公司与××双方之间的合意，不能用来约束安×公司、杭州银行北京分行、××三方之间的委托贷款关系。

（二）即便《委托贷款合同》的违约金条款可以适用，最高人民法

院(2011)执监字第180号执行裁定书称"关于被执行人在北京一中院审查时所提出的违约金数额过高的问题,由于违约金数额是否过高不能构成不予执行公证债权文书的理由,且北京一中院和北京高院对此问题均未审查,本院在执行监督程序中亦不予审查。"也系适用法律错误。

1. 民事诉讼法明确规定,"公证债权文书确有错误的,人民法院裁定不予执行,并将裁定书送达双方当事人和公证机关。"何为"确有错误",依条文原义,人民法院对公证债权文书的审查既包括程序审查,也包括实体审查。事实上,北京市一中院、北京高院、最高人民法院都对公证债权文书做了全面审查。对约定的违约金是否过高这一实体问题也应进行审查。

2. 北京一中院和北京高院裁定不予执行公证债权文书,事实上已经涵盖了对违约金问题的答复,不予执行公证债权文书,违约金是否过高的问题也就不存在了。最高人民法院裁定应当执行公证债权文书,既要执行,就有必要针对××提出的违约金过高的问题进行审查并予以答复。

3. 即便北京一中院和北京高院对违约金过高问题均未审查,也不当然构成最高人民法院执行监督程序亦不予审查的理由。下级法院在审查中遗漏了当事人的请求,执行监督程序中应该予以纠正。最高人民法院以北京一中院和北京高院对此问题均未审查为由,也未对此进行审查,侵害了当事人的诉讼权利,有怠于履行职责之嫌。而且,违约金数额是否过高为何不能构成不予执行公证债权文书的理由?最高人民法院应当予以阐明。

4. 就本案的情况看,确实存在违约金过高的问题。《委托贷款合同》约定,借款期限届满,如××未能及时、足额向安×公司清偿借款本息,××除应按合同项下借款利率向安×公司支付逾期期间借款利息外,并应按逾期金额5‰每日的标准向安×公司支付逾期还款违约金。该违约金计算标准不仅远高于同类贷款利率的4倍,更是远高于实际造成损失的30%。依据《中华人民共和国合同法》第一百一十四条第二款的规定："约定的违约金过分高于造成的损失的，当事人可以请求人民法院或者仲裁机构予以适当减少。"本案中，××多次提出执行异议要求减少违约金，未获法院支持。

综上所述，本案公证债权文书确有错误，应裁定不予执行。法院裁定继续执行，认定事实与适用法律均存在错误。经本院检察委员会讨论决定，根据《中华人民共和国民事诉讼法》第二百三十五条的规定，特提出检察建议，建议撤销最高人民法院(2011)执监字第180号执行裁定书，裁定不予执行中信公证处(2009)京中信内经证字11928号公证书及(2010)京中信执字00049号执行证书。

请在收到本建议书一个月内作出处理并将处理结果书面回复本院。

此致

中华人民共和国最高人民法院

二〇一四年三月十七日

中华人民共和国最高人民法院
执行裁定书

(2011)执监字第180－1号

申诉人(被执行人)：江苏××肿瘤医院有限公司。住所地：江苏省无锡市惠山区×××路。

法定代表人：孙××，该公司董事长。

申请执行人：××担保有限公司。住所地：北京市朝阳区建国路×××。

法定代表人：王××，该公司董事长。

被执行人：××投资集团有限公司。住所地：北京市海淀区紫××路×××号。

法定代表人:孙×,该公司董事长。

被执行人:济南××肿瘤医院有限公司。住所地:山东省济南市×××路8号。

法定代表人:冯××,该公司董事长。

被执行人:孙×,男,1951年6月2日出生,汉族,住山东省淄博市××区××路×××号。

被执行人:孙××,女,1976年5月19日出生,汉族,住北京市××区××街××号。

被执行人:孙×××,男,1978年7月17日出生,汉族,住山东省淄博市××区××路××号。

申诉人江苏××肿瘤医院有限公司(以下简称无锡忆仁)不服本院(2011)执监字第180号执行裁定,向最高人民检察院申请监督。最高人民检察院经审查,向本院提出高检民建(2014)1号检察建议书。本院受理后,依法组成合议庭进行了审查,现已审查终结。

本院经审查查明,2009年9月26日,××担保有限公司(以下简称安×公司,甲方)与××(乙方)签订《委托贷款合同》,主要条款有:(1)安×公司将人民币6000万元委托杭州银行股份有限公司北京分行(以下简称杭州银行北京分行)向××发放委托贷款,月利率按0.5%执行,借款期限自2009年9月27日至2009年11月28日共计60天,最终以借款人和受托人签订的《委托贷款借款合同》约定的期限为准。(2)在协议签订后三日内,乙方向甲方支付全部利息60万元;为保证乙方全额还款,孙×、孙××、孙×××个人及××投资集团有限公司(以下简称××集团)、济南××肿瘤医院有限公司(以下简称济南××)为其提供担保(分别签订了担保合同)。(3)借款期限届满,如乙方未能及时、足额向甲方清偿借款本息的,乙方除应按本合同项下借款利率向甲方支付逾期期间借款利息外,并应按逾期金额每日5‰的标准支付违约金。同日,安×公司、××向北京市中信公证处(以下简称中信公证处)申请公证。9月27日,中信公证处为上述《委托贷款合同》作出(2009)京中信内经证字10739号公证书。

2009年9月26日同一天，××（甲方）与安×公司（乙方）及前述各担保人又签订《还款协议》，主要内容有：(1)乙方于2009年9月29日通过杭州银行北京分行向甲方发放该委托贷款，甲方应于2009年11月28日前偿还。(2)一旦甲方未完全、适当履行还本付息义务，乙方有权向甲方及各担保人追偿。被追偿各方同意按各自签署的协议、法律文书的规定支付违约金，没有明确规定的，按应付额每日1%向乙方支付违约金。同日，××、安×公司及担保各方向中信公证处申请公证，公证处当日为上述《还款协议》作出(2009)京中信内经证字11928号公证书。

2009年9月28日，安×公司（甲方）、××（乙方）、杭州银行北京分行（丙方）三方签订《委托贷款借款合同》，约定：(1)乙方向甲方申请借款，甲方经审查同意后委托丙方发放贷款，借款金额为人民币6000万元，借款用途为购进医疗设备，借款期限自2009年9月29日至11月28日。借款实际放款日和到期日以借款借据为准。(2)本合同贷款利率执行固定贷款利率，为月利率5‰。逾期贷款罚息利率为贷款利率水平上加收50%。合同签订后，安×公司委托杭州银行北京分行于2009年9月29日、10月20日向××分别放款3000万元，共计6000万元。

借款到期后，××未能按期还款，安×公司和杭州银行北京分行于2009年11月30日向其发出《逾期委托贷款催收通知书》。××于2010年2月10日向安×公司偿还60万元利息。

2010年8月6日，安×公司向中信公证处申请执行证书，要求××除支付本金外，还需支付截止当天的利息382.5万元（逾期月息0.75%）、违约金7230万元（每日5‰）。中信公证处工作人员当天向××和担保人××集团、孙××、孙×、孙×××进行了核实，并告知安×公司申请执行的标的，并询问对上述事实有无异议。孙××、孙×表示知晓此事但已偿还了部分款项，中信公证处通知其尽快提交有关证明材料。孙×××表示知晓此事，未对上述事实提出异议，同日，中信公证处作出(2010)京中信执字00049号执行证书，确认安×公司申请执行××及各担保人的执行标的为：(1)借款本金人民币6000万元，截至2010年8月6日利息382.5万元(按《委托贷款合同》约定的月利率0.5%计算)，共计欠付人民币6382.5万元。(2)相应的逾期违约金(按《委托贷款合同》约定的逾期每日5‰计算)。(3)实现债权所支付的其他费用(按实际发生额计算)。8月9日上午，中信公证处工作人员向另一担保人济南××董事长冯××进行核实，冯××表示知晓此事，未提出异议。

2010年12月，北京市第一中级人民法院受理安×公司的强制执行申请，并裁定冻结××等被执行人相应财产。2011年1月6日，××及各担保人向北京市第一中级人民法院提出不予执行申请，主要理由是：(1)安×公司并未按照《还款协议》约定的期限发放贷款。(2)在借款合同履行过程中，安×公司存在欺诈行为。(3)民间借贷的最高借贷利息不得高于同期银行贷款利率的四倍，执行证书多计算了非法利息，执行数额明显错误，不能作为法院执行依据。2011年6月20日，北京市第一中级人民法院作出(2011)一中执异字第622号执行裁定书，裁定不予执行北京市中信公证处(2011)京中信内经证字11928号公证书及(2011)京中信执字00049号执行证书。主要理由是：(1)非金融机构的企业间拆借为我国金融管理制度所禁止。安×公司未经金融机构直接与××及其担保人签订《委托贷款合同》和《还款协议》违反我国金融管理的强制性规定。(2)安×公司出借的部分款项并未依约按期发放，中信公证处并未进行充分核查。(3)中信公证处在签发执行证书前，未依相关规定及明示的公证程序询问各债务人。(4)执行证书确认的执行标的额为本息6382.5万元人民币，实际应为6325万元，数额出现错误。

安×公司不服北京市第一中级人民法院(2011)一中执异字第622号执行裁定，向北京市高级人民法院申请复议。北京市高级人民法院于2011年9月27日作出(2011)高执复字第107号裁定，认为本案公证的债权文书涉及的是委托贷款关系、由安×公司委托杭州银行北京分行向××发放贷款，杭州银行北京分行应当是委托贷款合同的主体之一。中信公证处应当对由杭州银行北京分行作为主体的三方协议进行公证，而不是对没有杭州银行北京分行参加的双方协议和《还款协议》作出公证书并签发执行证书，北京市中信公证处(2009)京中信内经证字11928号公证书及(2011)京中信执字00049号执行证书确有错误，应当不予执行。据此，裁定驳回安×公司的复议请求。

2011年10月，安×公司向本院申诉，请求撤销北京市高级人民法院和北京市第一中级人民法院相关裁定，继续执行该案。主要理由是：(1)本案是合法的委托贷款关系，不是企业之间的资金拆借。北京市第一中级人民法院认为《委托贷款合同》、《还款协议》违反金融管理的强制性规定不当。(2)《委托贷款合同》、《还款协议》以及相关担保合同是订立《委托贷款借款合同》的前提，也是委托贷款组成部分，它们之间是互补关系，而不是对立关系。(3)借贷双方在《委托贷款借款合同》之外，另行约定逾期不还时如何处理并申请公证，属于当事人自由选择，不违反法律的禁止性规定。(4)《委托贷款合同》、《还款协议》以及《委托贷款借款合同》，都是各方当事人的真实意思表示。是各当事人的真实意思表示。本院经审查于2012年9月14日作出(2011)执监字第180号执行裁定，认为：(1)《委托贷款合同》、《还款协议》均明确指出，双方的借资款是通过杭州银行北京分行进行委托贷款，其后在履行合同时也是通过银行发放了贷款，说明《委托贷款合同》和《还款协议》指向的标的是委托贷款法律关系，不存在违反金融管理强制性规定的问题。(2)《委托贷款合同》、《还款协议》、《委托贷款借款合同》之间除了违约金数额的计算标准不同外，利率、期限等核心条款均不存在冲突。安×公司作为实际权利人和委托人，与借款人另行签订还款协议，与委托贷款业务的性质并无不合。在当事人之间对同一笔债权存在多个合同时、公证哪一个合同属于当事人意思自治的范围，人民法院不应当干预。(3)执行证书的签发程序不存在足以导致不予执行的违法情形。第一，关于未对安×公司违约放款事实核查的问题，《委托贷款借款合同》第四条约定,借款实际放款日和到期日以借款借据为准,说明该期限是可变期限,不能认为安×公司存在违约放款事实。第二,关于未询问债务人的问题。签发执行证书当天接受询问的债务人提出的已还部分款项的问题,已被实际采纳。对担保人之一的济南××的核实虽在执行证书签发之后,由于其并无异议,不构成对执行证书签发程序的重大影响。第三,关于执行证书多计算债权数额的问题,人民法院在执行程序中查实后可以进行核减。第四,关于被执行人提出违约金数额过高的问题,不能构成"不予执行的理由"。据此,裁定撤销北京市高级人民法院、北京市第一中级人民法院相关裁定,驳回××及各担保人的不予执行申请,由北京市第一中级人民法院继续执行北京市中信公证处(2009)京中信内经证字 11928 号公证书和(2011)京中信执字 00049 号执行证书。

××不服本院上述裁定,向最高人民检察院申请监督,最高人民检察院经审查,向本院提出检察建议书,认为涉案公证债权文书确有错误,建议撤销(2011)执监字第 180 号执行裁定书,裁定本案不予执行,主要理由有:

(一)公证处违法签发公证书,公证债权文书确有错误。《中华人民共和国公证法》第十三条、第三十一条规定,公证机构不得为不真实、不合法的事项出具公证书。本案中,委托贷款关系据以成立的基础是安×公司、杭州银行北京分行、××于 2009 年 9 月 28 签订的《委托贷款借款合同》。但中信公证处于 2009 年 9 月 26 日、9 月 27 日对《还款协议》、《委托贷款合同》进行公证时,三方《委托贷款借款合同》尚不存在,委托贷款关系能否确立尚不清楚,其真实性、合法性均无法认定。

(二)执行证书签发程序违法,执行标的超出了证书的范围。(1)中信公证处签发执行证书未尽到审查义务,程序违法。中信公证处的核实工作记录上没有被询问人的签名或者盖章,××等被执行人一直否认公证处曾进行核实。即便核实工作记录是真实的,也不能证明其尽到了审查核实的义务。部分被执行人表示已经偿还了部分款项，中信公证处也要求被执行人尽快提交相关材料，但未等到被执行人提交材料，当天即签发了执行证书。公证书工作记录还证实，公证处是在执行证书签发之后，才对担保人济南××进行核实。(2)执行证书确定的执行标的超出了(2009)京中信内经证字11928号公证书的范围。根据《还款协议》，逾期还款的利息应按《委托贷款合同》约定的月利率0.5%执行，但执行证书是按照《委托贷款借款合同》约定的月利率0.75%计算，超出了经过公证的《还款协议》的范围。

(三)《委托贷款合同》约定的违约金过高，应进行审查。《委托贷款合同》约定，逾期按每日5‰的标准计算违约金，不仅远高于同类贷款利率的四倍，更是远高于实际造成损失的30%。本案确实存在违约金过高的问题。安×公司、杭州银行北京分行、××签订的《委托贷款借款合同》，是确定本案委托贷款权利义务关系的依据。《委托贷款合同》约定的逾期按每日5‰计算违约金的标准，与《委托贷款借款合同》约定的逾期按月利率7.5‰追究违约责任的规定相冲突，应当以后者为准。

本院认为，公证债权文书是经公证的以给付为内容并载明债务人愿意接受强制执行承诺的法律文书。债权人以债务人不履行或不完全履行债务为由，向公证机关申请签发执行证书并向人民法院申请强制执行的，人民法院应全面审查当事人之间经过公证的债权债务关系是否真实、合法，公证机关签发执行证书是否符合法定程序。就本案而言，安×公司对××经过公证的债权，是否应当执行以及如何执行。应针对检察建议书提出的三个方面的问题，进行重点审查。

关于检察建议书提出公证处违法签发公证书、公证债权文书确有错误的问题。经查，安×公司、××于2009年9月26日签订的《委托贷款合同》、《还款协议》以及同年9月28日双方与杭州银行北京分行三方签订的《委托贷款借款合同》均是真实意思表示。《委托贷款合同》、《还款协议》均明确指出双方的借贷款是通过杭州银行北京分行进行委托贷款，其后在履行合同时安×公司也确实通过该银行向××发放了贷款。在上述三份合同中。安×公司、××选择对《还款协议》、《委托贷款合同》进行公证，属于意思自治的范围，并不违反有关法律的禁止性规定。双方经过公证的债权文书以及事后通过银行发放贷款的事实，表明双方的债权债务关系真实、合法存在，且××在公证时明确表示如未能按约履行还款协议将自愿接受强制执行，故中信公证处经安×公司申请签发执行证书符合法律规定，检察建议书关于双方委托贷款关系的真实性、合法性无法认定，公证处属于违法签发公证书、公证债权文书确有错误的主张不能成立。

关于检察建议书提出执行证书签发程序违法，执行标的超出公证书范围的问题。经查，中信公证处在签发执行证书过程中，虽然存在当天受理申请、当天即签发执行证书的情况，但事实上××及其他被申请人直至安×公司申请人民法院强制执行前，均未对此提出异议，且××一直在使用借款，公证机关在签发执行证书前核实程序上的瑕疵不足以导致认定其签发执行证书违法。另外，执行证书确定的执行标的多出57.5万元的情况属实，适宜在执行程序中进行核减，不能据此不予执行公证债权文书。故检察建议书提出执行证书签发程序违法的依据不充分，公证机关签发执行证书核实程序上的瑕疵，以及执行证书确定的执行标的额计算确有误差的问题，均不足以成为裁定不予执行整个公证债权文书的事由。

关于检察建议书提出违约金过高的问题。经查，安×公司、××之间经过公证的《委托贷款合同》约定，如××未能及时、足额向安×公司偿还借款本息，应按逾期金额每日5‰的标准计算违约金。照此计算，则××借款6000万元本金，逾期未还需偿付的违约金数额为每年1.08亿元，相当年利率180%，远高出本院《关于人民法院审理借贷案件的若干意见》规定的民间借贷利率最高不得超过银行同类贷款利率四倍的标准，确属过高。考虑到公证债权文书制度的核心价值在于使当事人在自愿的基础上通过非诉的方式解决纠纷，促进交易效率，节省司法资源，本案安×公司通过银行向××发放贷款、××未按约偿还借款的基本事实客观存在，如果仅因双方约定的违约金过高就裁定全案不予执行，不符合公证债权文书制度设置的价值追求。安×公司对××的违约金利益，应在法律和司法解释许可的范围内得到执行。因此，检察建议书关于本案当事人约定违约金过高的问题客观存在，本院予以采信，但亦不能据此裁定全案不予执行。

综上，安×公司、××之间经过公证的债权债务关系真实、合法，且公证书已载明债务人××有自愿接受强制执行的承诺，公证机关签发执行证书虽存在程序瑕疵但并未违法，执行证书存在多计算债权数额的问题也可以在执行程序中予以核减，本案公证债权文书依法应当执行。本院于2012年9月14日针对安×公司要求执行公证债权文书的申诉，依法作出(2011)执监字第180号执行裁定，明确北京市中信公证处(2009)京中信内经证字11928号公证书和(2010)京中信执字00049号执行证书应当继续执行，并无不当。本案在执行程序中，最高人民检察院根据××的申诉向本院提出的违约金过高问题虽然属实，但该问题不足以导致全案不予执行。本案违约金及逾期利息部分的执行，应当参照本院《关于人民法院审理借贷案件的若干意见》的规定精神，在总额不超过银行同类贷款利率四倍的范围内执行。对不予执行部分，安×公司可另循法律途径解决。依照《中华人民共和国民事诉讼法》第二百三十五条、第二百三十八条和本院《关于人民法院执行工作若干问题的规定(试行)》第129条之规定，经本院审判委员会讨论决定，裁定如下：

北京市第一中级人民法院在执行北京市中信公证处(2009)京中信内经证字11928号公证书和(2010)京中信执字00049号执行证书过程中，对借款期限届满后产生的违约金及逾期利息总额按照不超过银行同类贷款利率四倍的标准执行。

审　判　长　毛××
审　判　员　闫　×
代理审判员　万××
二〇一五年一月十六日
书　记　员　刘　×

案例2：本案标的额较大，中信公证处准确地适用法律，及时地签发执行证书，最大限度地保护了当事人利益，充分发挥了公证非诉纠纷解决机制的作用。本案的意义是区分了合同公证时双方“同意合同具有强制执行效力的承诺”和实际履行过程中债务人“同意承担具体违约责任的承诺”的内容和可能的法律后果，确立了“只要当事人明确约定并提出申请的，公证机构可以在债权到期前签发执行证书”的法律适用规则。此类情况实践中较少，具有示范价值。

上海市高级人民法院
执 行 裁 定 书

(2015)沪高执复字第4号

申请复议人(被执行人)上海××××房地产有限公司，住所地上海市××区××路××号。

法定代表人王××，该公司总经理。

委托代理人裴××，该公司员工。

申请执行人××信托有限公司，住所地贵州省贵阳市××区××南路×号。

法定代表人李×，该公司董事长。

委托代理人李××，上海市×××律师事务所律师。

委托代理人张×，上海市×××律师事务所律师。

申请复议人上海××××房地产有限公司(以下称××××公司)不服上海市第一中级人民法院(以下简称一中院)(2015)沪一中执异地15号执行裁定，向本院申请复议。本院受理后，依法组成合议庭进行审查，现已审查终结。

2015年1月21日北京市中信公证处(以下简称中信公证处)制发(2015)京中信执字00071号执行证书，该执行证书的主要内容是：××信托有限公司(以下简称华能公司)与××××公司于2013年8月15日签订了《借款合同》及补充协议，由华能公司向××××公司提供借款11.755亿元(币种为人民币,下同),以实际发放的借款金额为准,借款期限为24个月,年利率11%。作为上述借款的担保,××××公司与华能公司于同日签署《最高额抵押合同》,以××××公司名下的沪房地浦字(2013)第061930号房地产权证项下国有土地使用权等作为担保,并办理了抵押登记。上述两份合同分别在中信公证处办理了公证,并赋予强制执行的效力。公证书号分别为(2013)京中信内经证字28188、28189号。为了确保贷款资金安全,××××公司与华能公司、佳兆业集团控股有限公司(以下简称佳兆业公司)等各方签署《项目管理协议》,明确约定了××××公司开发项目的管理进度和销售进度,并规定××××公司可就《项目管理协议》附件所列取得项目四证时间等节点申请延期,但延期不得超过2个月,否则华能公司有权要求××××公司支付违约金,并要求××××公司等提前履行交易文件项下的全部义务。2013年8月28日,华能公司向××××公司一次性发放借款11.555亿元。××××公司在履行合同、协议过程中,出现项目工程进度明显滞后的重大违约,以及佳兆业公司实际管理人、经营管理层发生变更、该公司位于深圳的项目被政府部门“锁定”等情况。2015年1月14日,华能公司向××××公司宣布《借款合同》项下全部借款提前到期,要求××××公司立即支付借款本金、利息、违约金和其他费用。中信公证处就华能公司的上述债权主张向××××公司发函核实,该公司虽就华能公司提前终止《借款合同》的依据提出异议,但无法提出合理有效的相反证据,故中信公证处不予认可。

根据申请执行人华能公司的申请,中信公证处依法出具执行证书,华能公司可持该执行证书及(2013)京中信内经证字28188及28189号公证书,向有管辖权的人民法院申请强制执行,执行标的为借款本金11.555亿元及按《借款合同》第12.3条第(2)项计算的利息、按《借款合同》第12.3条第(3)项规定应付的违约金及实现债权所发生的公证费、律师费、执行费等费用。××××公司不能履行上述债务的,华能公司可对××××公司名下沪房地浦字(2013)第061930号房地产权证项下国有土地使用权行使抵押权优先受偿。

2015年1月22日,华能公司依据(2013)京中信内经证字28188、28189号公证书及(2015)京中信执字00071号执行证书向一中院申请执行,执行案号为(2015)沪一中执字第127号。执行过程中,××××公司以公证债权文书确有错误为由,申请不予执行上述债权文书。

××××公司向一中院申请不予执行上述债权文书的主要理由是:1、中信公证处出具的(2013)京中信内经证字28189号公证书的对象是《最高额抵押合同》,该合同属担保合同,依法不能通过公证程序取得强制执行效力。2、《借款合同》仍在履行,执行证书认为××××公司构成违约,与事实不符。(1)中信公证处引用《项目管理协议》条款作为华能公司有权宣布借款提前到期的依据,并据此认为××××公司违约,实际是将未被赋予强制执行效力的《项目管理协议》变相赋予执行效力,违背公证程序的规定。(2)××××公司的项目工程存在一定的滞后,原因是项目需与上海市政工程"轨道交通18号线"相连,项目滞后系不可抗力造成,不能成为华能公司要求××××公司提前还款的理由。3、××××公司控制方及控制方名下项目的状况与《借款合同》约定的违约事项无关。华能公司宣布《借款合同》到期理由是佳兆业公司的经营管理人发生变更,该公司位于深圳的项目被政府部门"锁定",但佳兆业公司并非合同当事人,华能公司及中信公证处以第三人的行为或经营现状认定××××公司违约,违背合同相对性原则。

华能公司答辩认为:1、无论是《借款合同》还是《最高额抵押合同》,均系双方向中信公证处申请办理赋予强制执行效力的公证,中信公证处就上述两份合同出具《公证书》,并赋予强制执行效力,并不违反现行法律、司法解释的规定。2、根据《借款合同》的规定,××××公司违反《项目管理协议》约定,即视为违反《借款合同》的约定,××××公司认为工程进度延期属"不可抗力",既无合同依据,又无法律依据。3、××××公司及其关联方佳兆业公司等单位违约行为已严重影响华能公司的债权安全，实际已无意愿和更无能力履行《借款合同》。

一中院认为：中信公证处(2015)京中信执字00071号执行证书及(2013)京中信内经证字28188、28189号赋予强制执行效力的公证债权文书，不存在法律规定的不予执行的情形。根据《最高人民法院关于人民法院办理执行异议和复议案件若干问题的规定》第二十二条之规定，“公证债权对主债务和担保债务同时赋予强制执行效力的，人民法院应予执行。人民法院受理担保债务的执行申请后，被执行人仅以担保合同不属于赋予强制执行效力的公证债权文书范围为由申请不予执行的，不予支持。”故××××公司以担保合同不属于赋予强制执行效力的公证债权文书范围为由，申请不予执行的理由，该院不予支持。××××公司对上述执行证书证明其违约提出的异议，因没有相应的事实和证据佐证，该院不予采信，华能公司的答辩意见成立，应以采纳。据此，一中院于2015年5月8日裁定驳回××××公司不予执行北京市中信公证处(2015)京中信执字00071号执行证书及(2013)京中信内经证字28188、28189号公证书的申请。

申请复议人××××公司不服上述裁定，向本院提出复议，请求撤销一中院(2015)沪一中执异字第15号执行裁定，其主要理由是：1、《最高额抵押合同》不属于债权文书，不具有法定给付内容，原审法院以担保债务能够被赋予强制执行效力为由认为担保合同也能够被赋予强制执行效力，属适用法律错误。2、截至华能公司申请执行之日，《借款合同》一直处于正常履行状态，而影响上海佳兆业金融中心项目进度的原因确系不可抗力事件，原审法院认定××××公司违约，属事实不清，证据不足。

华能公司认为，××××公司的复议申请依据不足，应予驳回。其理由是：1、如果主合同不能履行，就得处置担保合同项下的财产来履行主合同项下的有关给付义务，担保合同因此具有给付内容，可以通过公证来赋予强制执行效力。且本案债务人和担保人同为××××公司,执行《最高额抵押合同》就是执行××××公司的财产。××××公司认为《最高额抵押合同》不能被赋予强制执行效力,属对法律条文的误解误读。2、××××公司违约事实清楚。(1)对于轨道交通政府早有规划,工程项目滞后是××××公司原因造成。对于××××公司单方提出的工程进度延期申请,华能公司从未认可。(2)合同履行期间出现了××××公司实际控制人变更,以及其他危及《借款合同》项下债权安全的情形,根据《借款合同》的规定,在此情形下华能公司有权宣布借款提前到期,要求××××公司提前归还借款本息,支付违约金。(3)按借款合同约定,××××公司应于2015年2月28日偿还不低于2亿元的借款本金并支付对应利息、于3月20日支付当期应付利息、于4月28日再归还2亿元并支付对应利息,但上述款项××××公司均分文未付。

本院查明:

一、××××公司(甲方)与华能公司(乙方)签订的《借款合同》第8条"担保与保障措施"中的第3款规定,"乙方有权对甲方经营状况、资金使用等情况进行现场检查,甲方承诺接受并配合检查,具体以相关方另行签署的《项目管理协议》约定为准。"上述合同第12条"违约责任及发生危及乙方债权情形的补救措施"载明:"12.1甲方违约情形"为,"(1)本合同项下借款利息及本金未按时足额支付;(2)甲方违反本合同、就本项目与乙方签署的其他协议项下任一约定(含申明与承诺条款)或违反任何法定义务;(3)甲方明确表示或以其行为表明将不履行本合同项下的任一义务;(4)双方约定的其他违约情形。""12.2可能危及乙方债权的情形"为,"(1)甲方发生下列情形之一,危及本合同项下债权安全的:发生承包、托管(接管)、股份制改造、减少注册资本金、对外投资、联营、合并、兼并、收购重组、分立、合资、(被)申请停业整顿、申请解散、被撤销、(被)申请破产、控股股东/实际控制人变更或重大资产转让(商品房销售、租赁、委托经营等除外)、停产、歇业、被有权机关施以高额罚款、被注销登记、被吊销营业执照、涉及重大法律纠纷、生产经营出现严重困难或财务状况恶化、法定代表人或主要负责人无法正常履职又没有新的法定代表人或负责人接任；(2)……(3)……(4)……(5)危及本合同项下债权安全的其他情形。”“12.3 乙方救济措施”为，“出现本合同第12.1条或第12.2条约定的任一情形，乙方应书面通知甲方纠正，如果自乙方发出上述通知书之日起5个工作日内，上述情形未得到解除的，则乙方有权单独或一并行使下述权利：(1)停止发放借款；(2)宣布借款立即到期，要求甲方立即偿还本合同项下所有到期及未到期的本金、利息、违约金和其他费用……(3)甲方逾期归还借款的，乙方除要求甲方继续还款外，还有权要求甲方对逾期借款本金按照万分之五/天支付违约金，自逾期之日起计算；(4)解除合同；(5)双方约定的其他违约责任处理方式……”

二、本案所涉《项目管理协议》载明，鉴于华能公司与佳兆业公司签订的《股权转让协议》、华能公司与××××公司签订的《借款合同》，以及佳兆业公司、佳兆业集团(深圳)有限公司、上海新湾投资发展有限公司、××××公司之间逐层的实际控制或直接、间接100%持股关系，为确保华能公司的投资安全及×××××地铁站项目的顺利进行，上述五方签订《项目管理协议》。上述协议第14条“不可抗力”言明，“本协议所称的不可抗力是指本协议签订并生效后，非由于任何一方的过失或疏忽，发生了各方不能预见、不能避免并不能克服的致使本协议不能履行或不能完全履行的事件，该事件包括但不限于地震、台风、洪水、火灾、瘟疫、战争或其他类似事件。……如发生不可抗力事件，遭受该事件的一方当事人应当立即以本协议第14条约定的方式将事件情况如实通知其他各方，并在15日内提供事件发生地有关部门或者公证机构出具的证明……”

三、2014年3月3日，华能公司向××××公司、上海新湾投资发展有限公司、佳兆业集团(深圳)有限公司、佳兆业公司发出《通知函》，申明“截至本通知函发出之日止，上海赢湾仍尚未取得《建设工程规划许可证》《建筑工程施工许可证》和完成本项目‘工程 ±0’,其工程进度已严重滞后,违反了《项目管理协议》等交易文件的约定,已构成违约。”

四、2014 年 9 月 19 日,上海市浦东新区规划和土地管理局向××××公司颁发本案所涉工程项目“佳兆业金融中心(暂定名)”的“0 平方米(桩基)”建设工程规划许可证。同月 30 日,上海市浦东新区建设和交通委员会颁发本案所涉工程项目“佳兆业金融中心(暂定名)”桩基部分的建筑工程施工许可证。

五、根据佳兆业公司于 2014 年 12 月发布的公告,佳兆业公司股权结构及董事会成员发生重大变化,其位于深圳的在售项目被“锁定”或被限制转让抵押。

以上事实,有双方当事人提供的证据予以证明。

本院认为,关于《最高额抵押合同》是否可以赋予强制执行效力的问题,(2015)沪一中执异字第 15 号执行裁定已予以阐明,华能公司在本案中也作出了针对性的答辩,本院所持观点与上述文书、答辩中的意见一致,故不再赘述。根据《借款合同》第 8.3 条“甲方承诺接受并配合检查,具体以相关方另行签署的《项目管理协议》约定为准”,以及《项目管理协议》对于订立该协议原因的表述,可以认定《项目管理协议》属于《借款合同》第 12.1 条第(2)项中的“就本项目与乙方签署的其他协议”范畴,××××公司违反《项目管理协议》规定的有关行为可以构成华能公司宣布借款提前到期的依据。至于不可抗力的问题,相关当事人已在《项目管理协议》中明确了相关认定标准与认定程序,××××公司的相关主张没有事实和法律依据,不能予以支持。合同责任系严格责任,佳兆业公司与××××公司的关系,相关当事人在合同等文件中已经载明,以佳兆业公司的行为或经营现状认定××××公司违约,具有事实和法律依据。综上,××××公司的复议请求,理由不能成立,本院不予支持。依照《中华人民共和国民事诉讼法》第二百三十八条第一款和《最高人民法院关于人民法院办理执行异议和复议案件若干问题的规定》第十条之规定，裁定如下：

驳回复议申请。

本裁定送达后立即生效。

审　判　长　耿××
审　判　员　张××
审　判　员　康××
二〇一五年七月二十七日
书　记　员　史××

附：相关法律条文

一、《中华人民共和国民事诉讼法》

第二百三十八条　对公证机关依法赋予强制执行效力的债权文书，一方当事人不履行的，对方当事人可以向有管辖权的人民法院申请执行，受申请的人民法院应当执行。

公证债权文书确有错误的，人民法院裁定不予执行，并将裁定书送达双方当事人和公证机关。

二、最高人民法院《关于人民法院办理执行异议和复议案件若干问题的规定》

第十条　当事人不服驳回不予执行公证债权文书申请的裁定的，可以自收到裁定之日起十日内向上一级人民法院申请复议。上一级人民法院应当自收到复议申请之日起三十日内审查，理由成立的，裁定撤销原裁定，不予执行该公证债权文书；理由不成立的，裁定驳回复议申请。复议期间，不停止执行。

案例3：本案的意义在于涉及多种债务关系的公证债权文书，并不直接意味着人民法院不予执行，问题的关键点在于是否能够厘清多种债权债务关系的千头万绪。公证机构只要做好每种债务关系真实性的核实工作，按照各方当事人的真实意思表示，在债权文书中针对给付数额、期限、方式作出明确具体的约定，那么即便是涉及多种债务关系的公证债权文书也是完全可以被人民法院认可并执行的。

北京市第一中级人民法院
执行裁定书

(2014)一中执复字第779号

申请复议人(原审申请执行人)马××,男,1976年3月20日出生。

委托代理人赵××,北京市××律师事务所律师。

委托代理人何××,北京市××律师事务所律师。

原审不予执行申请人(原审被执行人)付××,男,1960年3月30日出生。

委托代理人雷×,北京市××律师事务所律师。

委托代理人李××,北京市××律师事务所律师。

原审被执行人承德××房地产开发有限公司,住所地河北省承德市××县××村。

法定代表人付××,董事长。

原审被执行人承德××环保技术发展有限公司,住所地河北省承德市××县××村。

法定代表人付××,董事长。

原审被执行人付××,男,1985年11月29日出生。

上述三被执行人之委托代理人雷×,北京市××律师事务所律师。

上述三被执行人之委托代理人李××,北京市××律师事务所律师。

申请复议人马××因不服北京市海淀区人民法院(2014)海执异字第097号执行裁定书,向本院申请复议。本院依法组成由审判员冯更新担任审判长,助理审判员张×、王×参加的合议庭,以公开听证的方式进行了审查。申请复议人马××的委托代理人赵××、何××,原审不予申请执行人付××、原审被执行人承德××房地产开发有限公司(以下简称潮河源公司)、承德××环保技术发展有限公司(以下简称三意公司)、付××之委托代理人李××参加了听证。本案现已审查终结。

付××原审述称：付××与马××的债务清偿合同经北京市中信公证处(以下简称中信公证处公证)出具(2013)京中信内经证字07506号公证书及(2013)京中信执字00131号执行证书，但该公证书公证的债务本金不真实，且内容违反法律规定。马××实际借给了付××646.7万元，付××已归还536.6511万元，公证书中的债务存在利息预扣计入本金并虚构违约金的问题，故双方间的债务并非公证书中的1665万元。马××将借款给付××后，付××又将借款取出交予马××，由其作为购房款再交给潮河源公司，故而马××给付××的借款和其交纳的购房款每笔金额都是一致的，每笔借款与购房款实际上都是同一笔钱。公证员在不核实真实债务数额的情况下做出公证书，违反了法律关于民间借贷中出借人不得将利息计入本金谋取高利的规定。此外，该公证书既约定了按年利率22.4%的利息，又约定了日万分之五的违约金(相当于年利率18.25%)，两者之和远高于同期银行贷款利率的4倍，违反了最高人民法院有关民间借贷利率上限的规定，属于无效公证。故此，请求法院不予执行北京市中信公证处(2013)京中信内经证字07506号公证书和(2013)京中信执字00131号执行证书。

马××原审述称：公证书是真实有效的，马××认可公证书中记载的所有事实。债务利息并没有超出银行同期贷款利率的4倍，是合法的；违约金并非利息，且计算适中。公证的债权1665万元是马××与付××等人对债权整体约定的一个总数，包含了借款本金、应退购房款、利息、违约金、投资收益，由于计算较为麻烦，所以没有再对各项区分；如果对方违约就以1665万元为基数，计算违约金和利息。马××给付××的每笔借款和马××交纳的购房款仅是金额一样，但每次都是独立的两笔钱，并非付××所称的同一笔钱交了两次。马××在2012年11月30日前，收到付××还款154.304372万元;在2013年2月8日前,收到付××还款55.79697万元,这两部分款项与公证债权文书中的标的均没有关系,均已排除在公证书和执行证书外。2013年8月23日至2014年7月17日期间,马××收到付××还款1347.524万元,这部分钱是付××给马××违约金和利息,不包括本金,没有通过法院。综上,马××认为公证书的内容是合法有效的,请求法院驳回付××的不予执行申请。

潮河源公司、三意公司、付××原审述称:潮河源公司、三意公司、付××的意见同付××的意见。

原审法院经审查查明:2013年4月9日,中信公证处出具(2013)京中信内民证字第07506号公证书。公证书证明,马××、付××、潮河源公司的法定代表人付××、三意公司的法定代表人付××及付××于2013年4月9日签订了《债务清偿合同》;五方当事人的签约行为符合《中华人民共和国民法通则》第五十五条的规定,合同内容符合《中华人民共和国合同法》的规定;合同上五方当事人的签名、印鉴及所按指纹均属实。根据《中华人民共和国民事诉讼法》、《中华人民共和国公证法》和《公证程序规则》的有关规定,该公证书具有强制执行效力。2013年5月22日,根据马××的申请,中信公证处出具(2013)京中信执字第00131号执行证书,执行证书中确认执行标的为:一、债务清偿款人民币1665万元整;二、自2013年7月1日起至债务清偿款实际清偿之日止的债务清偿款利息,按年利率22.4%计算;三、自2013年5月1日起至上述债务清偿款全部实际清偿之日止的违约金(其中上述债务清偿款中人民币360万元的部分自2013年5月1日起按未还款金额的每日万分之五计算,剩余的人民币1305万元自2013年5月10日起按未还款金额的每日万分之五计算);四、实现债权的费用(按实际发生额计算)。2013年5月30日,马××持公证书及执行证书向该院申请执行。

在上述公证的《债务清偿合同》中列明,合同主体甲方为马××、乙方为付××、丙方(保证人1)为潮河源公司、丁方(保证人2)为三意公司、戊方(保证人3)为付××;在第1.1款中列明,马××、付×

×、潮河源公司、三意公司、付××、王冬雪于2011年12月4日签订《出借款合同》，马××借款给付××，付××给马××开具的收款收据合计借款金额646.7万元，借款期限为自2011年12月4日起至2018年12月31日止，担保方潮河源公司、担保方三意公司、担保方付××、担保方王冬雪自愿为付××的上述借款向马××提供连带保证担保；第1.2款中列明，马××、潮河源公司二方于2011年12月6日分别签订5份《商品房买卖合同》，马××分别购买潮河源公司开发的位于兴隆县月亮湖生态新村明号5套房屋，潮河源公司给马××开具的收款收据合计购房款金额475万元；第1.3款中列明，马××、潮河源公司于2012年6月1日分别签订5份《商品房买卖合同》，马××分别购买潮河源公司开发的位于兴隆县月亮湖生态新村明号5套房屋；第1.4款中列明，马××、潮河源公司于2012年5月30日签订《商品房买卖合同》补充合同，对马××已签订《商品房买卖合同》购买的潮河源公司房屋，未在约定时间到国家有关部门做商品房预售登记的，未付清购房款全款的所有房屋，原房屋合同价改为降价50%卖给马××；第1.5款中列明，马××、潮河源公司于2012年5月11日签订《商品房买卖合同》补充合同，因马××提前支付潮河源公司购房款，所以潮河源公司无偿借给马××170万元；第2条"债务清偿涉及的有关合同内容约定的—重新约定"中列明，现因上述潮河源公司房屋地产项目整体转让及或融资入股、房产升值等原因，且潮河源公司未能按照合同的约定按时为马××办理房屋预告登记、开具发票、收房手续和房产证，马××、付××、潮河源公司、三意公司四方经协商一致，潮河源公司同意马××办理退房手续，潮河源公司同意免除无偿借给马××的170万元借款，潮河源公司同意将马××所缴纳的购房款及相应的利息、违约金和投资收益偿还给马××，付××同意将上述借款的本金、利息一并偿还给马××，且付××同意承担潮河源公司对马××的上述债务，且潮河源公司和三意公司分别自愿为付××的上述债务向马××承担连带保证责任，为此，马××、付××、潮河源公司、三意公司四方就上述债务的清偿事宜于2012年12月24日在中信公证处签订了《债务清偿合同》,并就上述合同办理了赋予强制执行效力的债权文书公证[公证书编号:(2012)京中信内经证字第25599号],根据上述《债务清偿合同》,付××应向马××偿还债务共计人民币1714万元正,截至本合同签订之日,付××已经向马××偿还了债务人民币55.58697万元正,但因为付××未严格按照原《债务清偿合同》所约定的期限偿还,导致部分新的违约金产生,所以付××的剩余债务为人民币1665万元正(含:新产生的违约金及违约费用),为保证马××的合法权益,付××和三意公司也分别自愿为付××的上述债务向马××承担连带保证责任,为此马××、付××、潮河源公司、三意公司、付××就付××所欠马××的剩余债务的清偿事宜达成新的如下约定:即第2.1款,马××、付××、潮河源公司、三意公司、付××五方共同确认:截至该合同签订之日,付××共欠马××借款本金、应退购房款、利息、违约金、投资收益共计人民币1665万元(此款定称为债务清偿款);第2.1.1项中约定,付××承诺按以下还款期限向马××分别偿还完上述1665万元正债务清偿款:2013年4月1日至2013年4月30日上午12时偿还360万元正(第2.1.1.1小项),2013年5月1日至2013年5月31日上午12时偿还305万元正(第2.1.1.2小项),2013年6月1日至2013年6月30日上午12时偿还1000万元正(第2.1.1.3小项);第2.1.3项中约定,若本合同债务清偿款未在签订合同当日至2013年6月30日前按合同履行完毕,则马××、付××、潮河源公司、三意公司、付××五方同意对未清还剩余的所有债务清偿款合计金额从2013年7月1日当天算起,按年利率22.4%计算利息,由付××每月底最后一天上午12时前支付一次当月的利息给马××及债务清偿款时支付一次当月已过实际天数的利息给马××;第2.2款中约定,潮河源公司、三意公司、付××自愿为付××的上述债务向马××提供连带保证担保,保证担保的范围为上述债务的本金、利息、违约金和马××实现债权的相关费用,保证期限为主债务履行届满之日起两年;第6节"违约责任"中约定,若付××未按照合同所约定的任意一项还款期限内履行对马××的按期还款义务，付××需按未还款金额的每日万分之五向马××支付违约金。

另查，中信公证处曾于2012年12月26日出具(2012)京中信内经证字第25599号公证书，对马××、付××、潮河源公司、三意公司于2012年12月24日签订的《债务清偿合同》办理公证，并赋予强制执行效力。该《债务清偿合同》中第2.1款确认，付××共欠马××借款本金、应退购房款、利息、违约金和投资收益共计人民币1714万元。

本次审查中，法院向中信公证处调取(2013)京中信内民证字第07506号公证卷宗的材料。中信公证处公证员称，因(2013)京中信内民证字第07506号公证书所公证的债务源自(2012)京中信内经证字第25599号公证书所公证的债务，故借款借据、商品房买卖合同、转账凭证等相关证据材料均在(2012)京中信内经证字第25599号公证卷宗中。根据(2012)京中信内经证字第25599号公证卷宗中的证据材料显示，2011年12月4日，马××(出借方)、付××(借款方)、潮河源公司(担保方)、三意公司(担保方)、付××(担保方)、王冬雪(担保方)签订《出借款合同》，该合同第6节"借款本金及利息标准"的第一条约定，借款方向出借方借款金额1500万元(可分期分别汇款，以实际汇出款金额为准)：第一笔借款××万元，第二笔借款××万元，第……根据公证卷宗中的银行转账汇款电子回单及借款借据显示借款情况如下：(1)2011年12月6日，马××向付××转账汇款100万元，付××同日出具借款借据；(2)2011年12月9日，马××向付××转账汇款80万元，付××同日出具借款借据；(3)2011年12月31日，马××向付××转账汇款70万元，付××同日出具借款借据；(4)2012年1月12日，马××向付××转账汇款75万元，付××同日出具借款借据；(5)2012年2月10日，马××向付××转账汇款100万元，付××同日出具借款借据；(6)2012年3月7日，马××向付××转账汇款20万元，付××同日出具借款借据；

(7)2012年3月9日,马××向付××转账汇款30万元,付××同日出具借款借据;(8)2012年4月2日,马××向付××转账汇款78万元,付××同日出具借款借据;(9)2012年4月3日,马××向付××转账汇款62万元,付××同日出具借款借据;(10)2012年4月6日,马××向付××转账汇款31.7万元,付××同日出具借款借据;上述10笔转账汇款金额共计646.7万元(马××曾于2012年1月11日向付××转账汇款71.2万元,因属误汇已被付××全款退回给马××,故该笔款项未计入上述转账汇款总金额)。另,马××与潮河源公司于2011年12月6日签订四份《商品房买卖合同》,购买位于承德市兴隆县六道河镇杨树沟村月亮湖生态新村(以下简称为月亮湖新村)A区的××号房、××号房、××号房、××号房;于2012年2月12日签订《商品房买卖合同》购买A32号房;于2012年6月1日签订五份《商品房买卖合同》,分别购买月亮湖新村B区的××号房、××号房、××号房、××号房、××号房。马××交纳购房款情况如下:(1)2011年12月8日,马××向潮河源公司转账汇款100万元,当日潮河源公司向马××开具月亮湖新村××号房、××号房、××号房、××号房、××号房的购房款总计100万元(每户房屋购房款各20万元)的购房款收据;2012年5月10日马××收到潮河源公司汇入的退2011年12月8日的月亮湖新村××号房购房款20万元,2012年5月18日潮河源公司收到马××汇入的月亮湖新村××号房购房款20万元,2012年5月22日潮河源公司向马××开具证明月亮湖新村××号房购房款20万元转为××号房购房款的收据;(2)2011年12月12日,马××向潮河源公司转账汇款80万元,当日潮河源公司向马××出具月亮湖新村××号房购房款80万元的收据;(3)2012年1月1日,马××向潮河源公司转账汇款70万元,当日潮河源公司向马××出具月亮湖新村××号房购房款70万元的收据;(4)2012年1月13日,马××向潮河源公司转账汇款75万元,当日潮河源公司向马××出具月亮湖新村××号房购房款75万元的收据;(5)2012年2月12日,马××向潮河源公司转账汇款

100 万元,当日潮河源公司向马××出具月亮湖新村××号房购房款 100 万元的收据;(6)2012 年 3 月 7 日,马××向潮河源公司转账汇款 20 万元,当日潮河源公司向马××出具月亮湖新村××号房购房款 20 万元的收据;(7)2012 年 3 月 12 日,马××向潮河源公司转账汇款 30 万元,当日潮河源公司向马××出具月亮湖新村××号房购房款 30 万元的收据;(8)2012 年 4 月 5 日,马××向潮河源公司转账汇款 78 万元、2012 年 4 月 6 日转账汇款 62 万元、2012 年 4 月 9 日转账汇款 31.7 万元,2012 年 4 月 9 日,潮河源公司向马××开具了月亮河新村××号房购房款总计 171.7 万元(此系三笔款项合计金额)的收据;(9)2012 年 5 月 14 日,潮河源公司向马××出具月亮湖新村××号房购房款 170 万元的收据,该笔款项系马××作为借款人向兴隆县农村信用合作联社申请的个人住房按揭贷款,借款日期为 2012 年 5 月 14 日至 2022 年 5 月 13 日;上述购房款收据合计金额为 816.7 万元。

原审法院认为,根据我国公证法及相关规定,公证机关赋予强制执行效力的债权文书应当符合规定的范围,具备债权债务关系明确及债权人和债务人对债权文书有关给付内容无异议等条件,公证事项亦应当真实并符合法律规定。本案中,中信公证处出具的(2013)京中信内民证字第 07506 号公证书,对马××、付××、潮河源公司、三意公司及付××于 2013 年 4 月 9 日签订的《债务清偿合同》予以公证,根据该合同第 2.1 款约定,付××共欠马××借款本金、应退购房款、利息、违约金、投资收益共计人民币 1665 万元,结合该合同的相关内容可见,该债务清偿款的确认实际上是对于马××与付××之间的借款关系、马××与潮河源公司之间的商品房买卖关系和潮河源公司与付××之间的债务转移关系所形成的多种债务的处理,但该债务清偿款并未明确载明借款本金、应退购房款、利息、违约金、投资收益各自的具体金额,难以区分不同法律关系形成的债务份额,故不符合债权债务关系明确的要求;且商品房买卖合同关系是较为复杂的双务合同关系,有关解除合同及退房、退款等事宜应属于商品房买卖合同关系调整的范围,对于单独的退款事项办理赋予强制执行效力的债权文书公证有所不当。同时,从上述《债务清偿合同》中有关利息和违约金计算的约定来看,债务清偿款1665万元中已包含借款本金和利息、违约金等,以此为基数再行计算利息及违约金违反了最高人民法院《关于人民法院审理借贷案件的若干意见》第7条有关出借人不得将利息计入本金谋取高利的规定;而按年利率22.4%计算利息,并按未还款金额的每日万分之五支付违约金的约定,违反了最高人民法院《关于人民法院审理借贷案件的若干意见》第6条有关民间借贷利率最高上限规定。因此,该公证债权文书涉及违法事项,属于确有错误,公证书及执行证书应当不予执行。综上,该院依照《中华人民共和国民事诉讼法》第二百三十八条的规定,裁定:对北京市中信公证处出具的(2013)京中信内民证字第07506号公证书及(2013)京中信执字00131号执行证书不予执行。

马××不服原审裁定向本院申请复议,其复议理由为:1、原审裁定书关于《债务清偿合同》中的债权债务关系不明确的认定属于认定错误。正是由于存在诸多法律关系,所以马××与付××经逐一核实、对账,最终形成《债务清偿合同》,债权债务关系明确,给付金额明确具体。2、原审裁定关于商品房买卖合同,单独的退款事项办理赋予强制执行效力的债权文书有所不当的认定,属于对我国赋予强制执行效力债权文书公证法律制度的歪曲理解,显属适用法律错误。3、原审裁定依据审理民间借贷案件的相关法律规定认定本案公证债权文书关于利息和违约金的约定内容违法,错误地理解了法律规定的本意,显属适用法律错误。利息和违约金不是同一法律概念,法律规定超出部分不予保护,并不是全盘否定。综上原审裁定认定事实和适用法律均有根本性错误,请求撤销原审裁定。

付××、潮河源公司、三意公司、付××辩称:公证债权文书公证的本金不真实,内容违法,约定的违约金及利息超过了民间借贷利率的四倍,原审裁定正确,请求驳回马××的复议申请。

本院经审查查明的事实与原审法院查明的事实一致。

本院认为：公证债权文书确有错误，一般包含所公证的债权文书没有给付内容，给付数额、期限、方式不明确或存在争议，债权文书没有明确载明债务人自愿接受强制执行的承诺，债务人与债权人恶意串通损害第三人利益，有证据足以推翻公证债权文书、公证程序违法等情形。执行程序中对公证债权文书不予执行的审查，所审查对象是被赋予强制执行效力的债权文书本身。本案中，双方签订的《债务清偿合同》对债务的本金及利息等进行了确认，约定的还款数额、还款期限具体明确，有债务人表明自愿接受强制执行的承诺，无证据证明债务人签订该协议意思表示不真实。因此，该《债务清偿合同》系双方当事人的真实意思表示。付××提出的该公证书公证的债务本金不真实，且内容违反法律规定的主张，因其未提交证据加以证明，本院不予支持。关于付××提出的该公证书既约定了按年利率22.4%的利息，又约定了日万分之五的违约金，两者之和远高于同期银行贷款利率的4倍，违反了最高人民法院有关民间借贷利率上限的规定，属于无效公证的问题。本院认为，最高人民法院《关于人民法院审理借贷案件的若干意见》第6条规定："民间借贷的利率可以适当高于银行的利率，各地人民法院可根据本地区的实际情况具体掌握，但最高不得超过银行同类贷款利率的四倍（包含利率本数）。超出此限度的，超出部分的利息不予保护"。本案中，双方签订的《债务清偿合同》即应遵守最高人民法院《关于人民法院审理借贷案件的若干意见》中有关利率的规定，超出部分不应保护。原审裁定认定双方既约定了利息又约定了违约金违反了有关民间借贷利率最高上限规定，裁定将公证书及执行证书全部不予执行欠妥，本院予以纠正。综上，依照《中华人民共和国民事诉讼法》第一百五十四条第一款第（十一）项之规定，裁定如下：

一、撤销北京市海淀区人民法院（2014）海执异字第097号执行裁定书；

二、对北京市中信公证处出具的（2013）京中信执字00131号执行证书第二、三项之和超过银行同期同类贷款利率的四倍的部分不予执行；

三、驳回付××提出的其他不予执行申请。

本裁定送达后立即生效。

审 判 长 冯××

代理审判员 张×

代理审判员 王×

二〇一四年十二月十九日

书 记 员 徐××

图书在版编目(CIP)数据

趋势　洞见　实践：强制执行公证实务研究／王明亮等著. -- 北京：法律出版社，2017.7
ISBN 978 -7 -5197 -0822 -1

Ⅰ. ①趋… Ⅱ. ①王… Ⅲ. ①强制执行－研究－中国 Ⅳ. ①D925.04

中国版本图书馆 CIP 数据核字(2017)第 100217 号

趋势·洞见·实践：
强制执行公证实务研究
QUSHI·DONGJIAN·SHIJIAN:
QIANGZHI ZHIXING GONGZHENG SHIWU YANJIU

王明亮 等著

策划编辑 周丽君
责任编辑 周丽君
装帧设计 李　瞻

出版 法律出版社
总发行 中国法律图书有限公司
经销 新华书店
印刷 晟德(天津)印刷有限公司
责任校对 郭艳萍
责任印制 张建伟

编辑统筹 独立项目策划部
开本 A5
印张 8.5
字数 215 千
版本 2017 年 12 月第 1 版
印次 2017 年 12 月第 1 次印刷

法律出版社／北京市丰台区莲花池西里 7 号(100073)
网址／www.lawpress.com.cn
投稿邮箱／info@lawpress.com.cn
举报维权邮箱／jbwq@lawpress.com.cn
销售热线／010 -63939792/9779
咨询电话／010 -63939796

中国法律图书有限公司／北京市丰台区莲花池西里 7 号(100073)
全国各地中法图分、子公司销售电话：
统一销售客服／400 -660 -6393
第一法律书店／010 -63939781/9782
西安分公司／029 -85330678
重庆分公司／023 -67453036
上海分公司／021 -62071639/1636
深圳分公司／0755 -83072995

书号：ISBN 978 -7 -5197 -0822 -1
定价：28.00 元